Achim Broszewski

Unternehmerisches Handeln in moderner Gesellschaft

AF211630

Achim Brosziewski

Unternehmerisches Handeln in moderner Gesellschaft

Eine wissenssoziologische Untersuchung

Mit einem Geleitwort von Prof. Dr. Peter Gross

DUV **Deutscher Universitäts Verlag**
GABLER · VIEWEG · WESTDEUTSCHER VERLAG

Die Deutsche Bibliothek – CIP-Einheitsaufnahme

Brosziewski, Achim:
Unternehmerisches Handeln in moderner Gesellschaft : eine
wissensoziologische Untersuchung / Achim Brosziewski.
Mit einem Geleitw. von Peter Gross. –
Wiesbaden : Dt. Univ.-Verl., 1997
(DUV : Sozialwissenschaft)
Zugl.: St. Gallen, Univ., Diss., 1996
ISBN 978-3-8244-4211-9   ISBN 978-3-322-95355-1 (eBook)
DOI 10.1007/978-3-322-95355-1

Der Deutsche Universitäts-Verlag ist ein Unternehmen
der Bertelsmann Fachinformation.

© Deutscher Universitäts-Verlag GmbH, Wiesbaden 1997

Lektorat: Claudia Splittgerber

Gedruckt auf chlorarm gebleichtem und säurefreiem Papier

ISBN 978-3-8244-4211-9

Geleitwort

Unternehmen, so die herkömmliche Bestimmung, sind wirtschaftlich-rechtlich organisierte Gebilde, in denen auf nachhaltig ertragbringende Leistung gezielt wird. Diese Bestimmung verdeckt, dass die Unternehmung von unternehmerischem Handeln getragen wird und dass es keineswegs nur die Unternehmerinnen oder Unternehmer sind, die dergestalt, eben unternehmerisch, handeln. Auch die Arbeitnehmerinnen und Arbeitnehmer müssen in aller Regel etwas, manchmal sogar ziemlich viel, unternehmen, um ihren Arbeitsplatz zu bekommen und zu behalten. Es liegt von daher nahe, nach den Persönlichkeitszügen von unternehmerisch denkenden und handelnden Personen, nach typischen Persönlichkeitsmerkmalen, nach deren Risikobereitschaft und Wagemut zu fragen.

Die vorliegende Arbeit anerkennt diesen Ausgangspunkt, entwirft in der Folge gleichwohl eine radikal andere Sichtweise unternehmerischen Handelns. Die Beweggründe werden nicht in typische Eigenschaften, Charakterzüge und Motivlagen unternehmerischer Personen zurückverlegt, sondern sozialkonstruktivistisch in einem andauernden Konstruieren und Erfinden von Zukunft gedeutet, deren Sogkraft menschliches Handeln nach vorne zieht und "rückwärts" sinnhaft strukturiert. Diese Bestimmung orientiert sich an den Gegebenheiten moderner privatwirtschaftlich operierender und demokratisch verfasster Gesellschaften, in denen die Zukunft einen gigantischen Möglichkeitsraum darstellt, auf den hin die Gegenwart bewegt werden kann. In diesem Sinne wird der Raum des wirtschaftlich Möglichen ständig erweitert, und werden die technischen Innovationen, sobald sie gedacht oder vielleicht auch nur geträumt sind, zu Tat-Sachen gemacht. In diesem Sinne sind wirtschaftliche Unternehmen für den Verfasser "Trajektories", d.h. Koordinationen von Handlungsplänen, die an der Veränderung, Erweiterung und Sicherstellung der wirtschaftlichen Möglichkeiten orientiert sind.

Anhand verschiedener einschlägig relevanter Themen- und Problemfelder wird in dieser Studie die Typik unternehmerischen Handelns rekonstruiert. Insofern sie Neuland betritt und die Unternehmensforschung von den überkommenen Bearbeitungsversuchen befreien will, stellt sie selber ein Trajekt und ein Produkt unternehmerischen Denkens dar, dessen Riskanz dem Verfasser auch bewusst ist.

Peter Gross

VII

INHALT

X

Einleitung

Unternehmern und Unternehmerinnen wird seit einiger Zeit eine erhöhte Aufmerksamkeit zuteil: die Politik fördert sie, die Ethik fordert sie, die Massenmedien porträtieren sie, der Buchmarkt bringt Autobiographien erfolgreicher UnternehmerInnen und ManagerInnen hervor, in Filmen und Romanen durchleben sie als Proto- und Antagonisten die nach Ansicht der Autoren spannendsten Momente von deals und big business. Auch die Zeitgeistkritik profitiert von diesem wachsenden öffentlichen Interesse am Unternehmer / an der Unternehmerin, wird sie doch mit einem Thema versorgt, das sich für Ideologie- und Mythologiekritik geradezu anbietet. Mit etwas größerem Abstand zu den Aufgeregtheiten der Tagesdiskussionen kann man jedoch vermuten, daß das gesteigerte Interesse an jenen, von denen man wirtschaftliche Initiative erhofft, in einigen Krisenerfahrungen der jüngeren Zeit begründet ist. Die Sorgen um die ökologische Umgestaltung der Produktion, um die Umgestaltung ganzer nationaler Produktionsapparate auf marktkonforme Planungsprozeduren, um den Bestand etablierter Branchen im internationalen Wettbewerb, um die Gleichverteilung von Karriere-, Einfluß- und Machtchancen im Geschlechterverhältnis - in all diesen Problembereichen scheint Initiative gefragt zu sein, und die Gestaltungshoffnungen, die sich an Staat und Politik richten, sind weitgehend erschöpft. Man sucht andere Adressaten für die versammelten Besserungswünsche - und im Zuge dieser Suche erscheinen Unternehmerinnen und Unternehmer nicht ganz uninteressant.

Aber nun ist es eine Sache, nach Initiative zu rufen und an Unternehmergeist zu appellieren und eine ganze andere Sache, selbst Initiative zu ergreifen und in seinen eigenen Handlungen eine unternehmerische Haltung zu präsentieren und durchzuhalten. Man muß konkrete Ansatzpunkte für Unternehmungen identifizieren, an denen sich überhaupt Gestaltungsabsichten verwirklichen lassen. Nur dem, der sich auf solche Absichten einläßt und sich an ihnen zu orientieren bereit ist, dem kann eine Unternehmung zu einem dringlichen Handlungsthema werden - mit der Folge, daß er der Enttäuschungsmöglichkeiten gewahr wird, die jedem Verwirklichungsversuch inhärent sind.

Die vorliegende Untersuchung setzt an diesem Punkt an. Sie fragt, was unternehmerisches Handeln für diejenigen bedeutet und mit sich bringt, die sich jenseits aller Appelle, Moralisierungen und Grundsatzkritiken in solch einem Handeln persönlich engagieren. Sie fragt, wie sich persönliche Interessen an einem Handlungsfeld ausbilden können, das mit wirschaftlichen Gestaltungschancen, aber eben nur mit *Chancen* und daher auch mit entsprechenden *Unsicherheiten* durchsetzt ist. Der Bezug auf persönliche Interessen am wirtschaftlichen Risiko deutet an, in welchem Bereich unternehmerisches Handeln zu einem im Wortsinne *dringlichen* Thema werden kann - und zwar nicht für jene, die lediglich auf Aktionen dringen, sondern gerade für jene, die aktiv werden (wollen): Jede Unternehmung setzt sich wirtschaftlichen Risiken aus, die Möglichkeiten des Erfolgs sind von den Möglichkeiten des Mißerfolgs begleitet. Dort, wo man Besserungen erhofft, sind Unternehmerinnen und Unternehmer den Erwartungen auf mehr oder weniger bestimmte *Erfolge* ihres Handelns ausgesetzt - und man *überläßt* es ihnen, mit den Möglichkeiten der Mißerfolge, mit den Risiken ihres Geschäfts fertig zu werden. Und fraglich ist, welche persönlichen Absichten und Interessen der Bereitschaft zugrunde liegen (können), sich auf diese asymmetrische Erwartungsstruktur einzulassen.

Auch die Soziologie hat - nimmt man die Publikationen zum Thema als Maß - auf das gestiegene Interesse am Unternehmer reagiert, nachdem sie über lange Zeit auf die Probleme der Arbeit im Industrie- und Großbetrieb fixiert war und über die Kontrastierungen von Arbeiter und Manager einerseits, Managern und Eigentümern andererseits die Bedeutung unternehmerischen Handelns aus dem Blick verloren hatte. Diese forschungsthematische Verengung gipfelte in dem Vorschlag, den Begriff des Unternehmers aus dem analytischen Inventar der Soziologie überhaupt zu streichen.[1] Neben der Sozialpsychologie, die mit ihren zumeist eigenschafts- und attributionstheoretischen Figuren in der Soziologie wenig Resonanz findet, versuchte allein die empirische Forschung zur mittelständischen Wirtschaft dem industriesoziologischen Mainstream standzuhalten.[2] Mittlerweile wird der Ruf nach einer Soziologie der Unternehmung und des Unternehmers laut,[3] aber man weiß noch nicht, ob sie als Bindestrich-Unterabteilung der Industriesoziologie,[4] der Betriebssoziologie,[5] der Wirtschaftssoziologie,[6] der Berufssoziologie,[7] der Sozialstrukturfor-

---

1   "Die Wirklichkeit selber zwingt dazu, von den tradierten Unternehmerbegriffen Abschied zu nehmen. Bedenkt man alle die Veränderungen, die ihnen widerfuhren, dann wäre es zweckmäßig, ganz auf sie zu verzichten." (Pross 1973, S.85).
2   Vgl. Kießling 1994, S.75-83.
3   Lambelet 1993.
4   Bardmann/Franzpötter 1990, Trinczek 1993.
5   Kotthof/Reindl 1990.
6   Light 1987, Oesterdiekhoff 1993.
7   Burrage/Polk 1988, Eberwein/Tholen 1990.

schung[8] oder irgendwie quer und eigenständig gegen diese Disziplinen[9] etabliert werden soll.

Die vorliegende Untersuchung zum unternehmerischen Handeln versucht - die Titelerweiterung "in moderner Gesellschaft" gibt dies zu erkennen -, das Thema *nicht* auf *einen* der fachdisziplinär bereits ausgearbeiteten Beobachtungsrahmen einzugrenzen, sondern den Blick auf jene allgemeineren gesellschaftlichen Kontexte offenzuhalten, die die persönlichen Interessen an wirtschaftlicher Gestaltung einerseits befördern, die Gestaltungsabsichten zugleich aber auch unter hohen Erfolgsdruck setzen. *Den erkenntnisleitenden Rahmen bildet dabei die Theorie der Wissenssoziologie*, die Peter L. Berger und Thomas Luckmann in den 60er Jahren im Anschluß an die Grundlegung verstehender Soziologie durch Alfred Schütz ausformuliert haben.[10] Das Thema dieses Ansatzes ist die Frage, *wie* individuelle und soziale Wirklichkeiten *konstruiert* werden. Und die grundsätzliche Antwort lautet: Indem Einzelne den Sinn, den sie der Welt ihrer Erfahrungen abgewinnen, in ihrem Handeln *entäußern*, schaffen sie - für andere und für sich selbst - Tat-Sachen, die sich zu Gewißheiten verdichten, an denen sie selbst und andere sich in ihrem weiteren Erleben und Handeln orientieren können - und müssen.[11] Die soziale Welt ist eine Welt solcher Tat-Sachen. Für das Thema der vorliegenden Untersuchung ist durch den gewählten Ansatz das Programm vorgegeben, die Tat-Sachen des Wirtschaftens auf jene Sinndimensionen hin abzusuchen, die unternehmerischem Handeln seine *Typik* verleihen, in denen erkennbar wird, welchen Sinn Unternehmer und Unternehmerinnen durch ihr Handeln der Welt ihrer Erfahrungen abgewinnen und verleihen.

Zuvor ist jedoch darzustellen, wie der Zusammenhang von Erfahrung und Handeln, von Wissenserwerb und Entäußerung zu sehen ist, wenn man den konstruktiven Aspekt individuellen Handelns verstehen will. Dies wird in Kapitel 1 geschehen. Ein besonderes Augenmerk gilt dabei den Objektivationen, also jenen Resultaten des Handelns, in denen dieser konstruktive Aspekt überhaupt sichtbar und in diesem Sinne *gegenständlich* wird. Diese "Gegenstände" des Handelns machen Wissen nicht nur für die sozialwissenschaftliche Beobachtung zugänglich, sondern für die

---

8 Bögenhold/Staber 1994.
9 Martens 1989, Baecker 1993.
10 Schütz 1971, 1972, 1981, 1982, Schütz/Luckmann 1979, 1984, Berger/Luckmann 1984.
11 Das mittlerweile schon obligatorische Zitat hierzu: *"Gesellschaft ist ein menschliches Produkt. Gesellschaft ist eine objektive Wirklichkeit. Der Mensch ist ein gesellschaftliches Produkt."* (Berger/Luckmann 1984, S.65).

Handelnden selbst. "Die Wirklichkeit der Alltagswelt ist nicht nur voll von Objektivationen, sie ist vielmehr nur wegen dieser Objektivationen wirklich. Ich bin dauernd umgeben von Objekten, welche subjektive Intentionen meiner Mitmenschen 'proklamieren', obgleich ich manchmal nicht sicher bin, was ein bestimmter Gegenstand eigentlich 'proklamiert'."[12]

Der Proklamationsgehalt der wichtigsten Typen von Objektivationen, des Sprechens und des Schreibens, wird in Kapitel 2 vorgestellt. Dabei wird - um das spezielle Thema dieser Untersuchung vorzubereiten - auch auf einen besonderen Typus von Objektivationen einzugehen sein: auf jenen Typus von Objektivationen, in denen dem Zählen und dem Kalkulieren eine zentrale Stellung zukommt. Zahlen und Kalküle, Zählungen und Berechnungen *spalten* die Wissensbereiche der modernen Gesellschaft wie kaum irgendein anderes Verfahren. Technik, Wissenschaft und Wirtschaft erzeugen durch den Einsatz von Zählungen und Berechnungen ein Wissen, das sich von anderen Wissensbereichen fast schon als "Geheimwissen" abgrenzt, obwohl die Zählungen und Berechnungen zumeist ganz "öffentlich" vorgelegt werden und in der Regel ohne institutionelle oder rituelle Zugangsschranken "im Prinzip" von jedermann/jederfrau rezipiert werden könnten. Die "Innumeracy" ist in der Moderne neben der "Illiteracy" für viele Wissens- und Handlungsbereiche zu einer der nachhaltigsten Einschluß-/Ausschlußmerkmale geworden.[13]

So soll, um einen ersten Grenzübertritt in die "Geheimnisse" wirtschaftlichen Wissens vorzubereiten, der Einsatz von Zählungen und Kalkülen ganz unabhängig von den bekannten Rationalitätsattributen, die diesen Methoden oft unbesehen zugeschrieben werden, als Objektivation, als Entäußerung von Wissen dargestellt und auf seinen grundlegenden Sinngehalt hin befragt werden. Zählungs- und Kalkülmethoden *standardisieren* die Beschreibung und die Zuordnung von "Gegenständen" und machen so die *Verständigung* über Einheiten, Vielheiten und Gesamtheiten möglich. Zählverfahren erzeugen dort, wo - mit welchen Mitteln auch immer - auf ihre Anerkennung verpflichtet werden kann, zunächst einmal *Konventionen* und verlangen dem Einzelnen *Disziplin* in der Befolgung der Konventionen ab. Über die "Rationalität" der Regeln kann nur geurteilt und gestritten werden, wo der Sinn der Konventionen plausibel erscheint.

---

12 Berger/Luckmann 1984, S.37.
13 Patricia Cohen prägt in "A Calculating People" (1982) für die Fertigkeiten des Zählens und methodisch angeleiteten Quantifizierens in Übernahme einer bildungspolitischen Wortschöpfung den Ausdruck "Numeracy" und zeichnet ihren Siegeszug im Nordamerika des 18. und 19. Jahrhunderts nach.

Nach diesen allgemeinen Grundlegungen des wissenssoziologischen Ansatzes wird Kapitel 3 das Besondere, das Typische, das Abgrenzende der Erfahrungswelt des Wirtschaftens einführen. Die für Wirtschaft typische Erfahrungsqualität liegt in der Erfahrung, daß *der Zugriff auf Begehrtes* - seien es dinghafte Objekte, also Güter, seien es begehrte Leistungen, also Dienste - *beschränkt* ist; und zwar *nicht* - wie eine naturalistische Lesart nahelegt - beschränkt aufgrund "natürlicher" Eigenschaften des Begehrens oder der begehrten Objekte und Dienste, sondern dadurch beschränkt, daß *ein* Zugriff einen *zweiten* Zugriff *ausschließt*. Die *Art* der wechselseitigen Beschränkung zwischen zwei Zugriffen kann - dies wird in Kapitel 3 eingehend erläutert - sachlich, sozial und zeitlich ausgelegt werden. Und in diesen Auslegungen konstituieren sich wirtschaftliche Erfahrungen, wirtschaftliches Wissen und speziell wirtschaftliche Handlungen.

Dabei steht in der modernen Gesellschaft der Begriff der *Knappheit* für das wirtschaftliche Grundproblem des ausschließenden Zugriffs auf begehrte Güter und Dienste. Und wissenssoziologisch gesehen - darauf weisen Alois Hahn und Niklas Luhmann explizit hin - ist Knappheit selbst ein soziales Konstrukt, über das das wirtschaftliche Grundproblem kommunizierbar wird.[14] Mit dem Blick auf das Problem der Zugriffsbeschränkung wird deutlich - so das Fazit Luhmanns -, daß sich die moderne Wirtschaft in einem *Paradox* eingerichtet hat.[15] Wirtschaftliches Wissen identifiziert bestimmte Beschränkungszustände, richtet Handeln auf die Aufhebung solcher Schranken - etwa durch Arbeit, Produktion und Tausch - und schafft ... neue Zugriffsbeschränkungen. Denn was immer auch konkret an Gütern und Diensten erarbeitet, produziert oder eingetauscht wird - ein einzelnes Gut oder ein einzelner Dienst kann immer nur an einem Ort, zu einer Zeit und von einem oder wenigen mehreren Nutznießern verbraucht werden - und an allen anderen Orten, in allen anderen Zeiten und von allen anderen potentiell oder faktisch Bedürftigen *nicht* verbraucht werden. Das Problem der Knappheit kann unter diesen Voraussetzungen als solches *nie* gelöst werden - dafür es ist aber offen für stets *neue* Handlungsmotive, die sich mit *konkreten* Zugriffsmöglichkeiten und -schranken auseinandersetzen.

Der Einzelne ist in erster Linie über Konsum- beziehungsweise *Haushaltungsfragen* mit Knappheitsproblemen konfrontiert und muß sich in wirtschaftlicher Hin-

---

14   Hahn 1987, Luhmann 1989, S.177-229.
15   Luhmann 1989, S.179.

sicht innerhalb der Erwerbs- und Verbrauchsmöglichkeiten einrichten, die ihm seine biographisch erworbenen Erfahrungen als gegeben anzeigen. Ähnliches gilt für jene, die in Organisationen für die Bewirtschaftung der organisationseigenen Mittel zuständig sind. Der überwiegende und *alltagspraktisch bedeutendste* Teilbereich wirtschaftlichen Wissens ist in solchen Haushaltungskontexten verankert, jenem Bereich der Wirtschaft, der in der europäischen Tradition mit dem Titel "Ökonomie" (von oikonomia, griech. "das ganze Haus") belegt wurde.

Das *unternehmerische Wissen* hat sich - seit der Frühmoderne bis heute - *parallel* zu diesem Haushaltungswissen entwickelt und ein anderes Handlungsmotiv herausgearbeitet: das Motiv der *Veränderung des wirtschaftlich Möglichen*. Unternehmer suchen - dieses Motiv ist seit Schumpeter allgemein bekannt - nach neuen Möglichkeiten, sei es im Bereich der Beschaffung, in neuartigen Tauschbeziehungen, in neuen Möglichkeiten der Herstellung.[16] Die Geschichte der modernen Wirtschaft liefert - den Blick über ganze Jahrhunderte schweifen lassend - ein Bild der "Entfesselung" der Innovationskräfte; ein Bild, das den Blick auf die *Beschränkungen* der vielen einzelnen Such- und Verwirklichungsaktivitäten weitgehend verstellt; so wie umgekehrt ein Blick auf die spezifischen Beschränkungen *betrieblich organisierten* Wirtschaftens zu einem gegenteiligen Urteil provoziert: Sie brächten - so das Fazit Schumpeters und vieler ihm hierin folgender Beurteilungen - jegliches unternehmerisches Engagement und jede persönliche Risikobereitschaft zum Erliegen.

Im Sinne der wissenssoziologischen Herangehensweise ist hier vorsichtiger zu urteilen. Zunächst gilt es, mit wissenssoziologischen Mitteln zu klären, was "Risikobereitschaft" im unternehmerischen Handeln für den Handelnden selbst - und nicht für jene, die sich für Beurteilungen zuständig erklären - bedeuten kann. Mögliches auszuprobieren heißt, es auf Machbarkeit hin auszuloten und zu überprüfen. Es heißt damit auch, die selbstgesehene Möglichkeit und alles Handeln, das dieser Möglichkeit folgt, der *Möglichkeit des Scheiterns* auszusetzen. Eine Veränderung gelingt oder sie gelingt nicht, oder auch teils teils - und in allen Fällen, bei Erfolg wie bei Mißerfolg wie bei Teilerfolg, muß der Handelnde zusehen, was mit den Resultaten weiter angefangen werden kann. Dieses Verhältnis von Möglichkeit und Machbarkeit, von Plan und Resultat, von Erfolg und Mißerfolg wird mit den Begriffen von Risiko und Verantwortung gefaßt. Ihr Gehalt erschließt sich allein,

---

16   Schumpeter 1980, S.134-142.

wenn man *die Zeit des Handelns* und nicht nur seine sachlichen Resultate berücksichtigt. Die Geschichte, so lehrt die Geschichte, ist eine Geschichte der Siege und
der Sieger. Von der Vergangenheit bleiben, soweit es um persönlich-individuelle
Beiträge zur Geschichte geht, in der Regel nur *erfolgreiche* Taten und Persönlichkeiten in Erinnerung. Mißerfolge werden in der Regel lieber den "Umständen" als
den Beiträgen Einzelner zugerechnet, außer wenn es darum geht, Schuldige für
Mißstände zu identifizieren und einem (moralischen, juristischen oder historischen)
Urteilsspruch zuzuführen. Diese allgemeine Geschichtserzählungstendenz ist im
Bereich unternehmerischen Handelns evident wirksam. Wenn von Unternehmern
erzählt wird, so wird an erfolgreiche oder wenn schon an gescheiterte, dann an
grandios gescheiterte Unternehmer gedacht. Die dunkle Seite des Erfolgsstrebens
und des "Mutes" zum Risiko bleibt in der Vergangenheitserweckung ebenso wie im
Zukunftsappell an Risikobereitschaft unausgesprochen, wird dort allenfalls mit
Abenteuer- und Kämpferherzmetaphern stilisiert.

Aber gerade *diese "dunkle Seite", das Mißlingen, ist praktisch gesehen die infor-
mativere Seite* unternehmerischen Handelns. Pläne haben und sich für ihre Durchführung ein erfolgreiches Ende wünschen, ist eine Sache, in der Durchführung für
Erfolg *sorgen* müssen, eine andere. Und es ist diese spezielle Sorge, in der sich
persönliche Interessen am wirtschaftlichen Risiko abarbeiten müssen und zugleich
auch *ausbilden können*. Dieser Doppelaspekt des unternehmerischen Risikos - daß
dieses Risiko Möglichkeiten *und* Beschränkungen individuell erfahrbar macht -
kommt in biographischen Selbsterzählungen von Unternehmerinnen und Unternehmern deutlich zum Vorschein. Diese Erzählungen werden in Kapitel 4 als eine
besondere Form der Wissensobjektivation untersucht.

Biographisches Erzählen wird dabei als eine Möglichkeit verstanden, sich selbst
und interessierte Andere über ein individuelles Woher und Wohin im Laufe der Zeit,
im Laufe einer *eigenen* Zeit zu vergewissern. In dieser individuell konstruierten Zeit
sind im Falle von Unternehmern und Unternehmerinnen auch die persönlichen
Interessen am unternehmerischen Handeln zu artikulieren. Und die ausgewählten
Selbsterzählungen - einerseits aus Interviews, andererseits aus Autobiographien
gewonnen - zeigen deutlich, daß das persönliche Verhältnis zu Erfolg und Mißerfolg der eigenen Unternehmungen von hoher biographischer Relevanz ist. Im Zuge
dieser Untersuchung wird - vor allem im epochenübergreifenden Vergleich der
Autobiographien - auch gezeigt, daß die Rückführung von Erfolgsorientierung auf
charakterliche "Eigenschaften" für das Verständnis unternehmerischen Handelns zu

kurz greift. Erfolge und Mißerfolge sind in einer Zeit, die das individuelle Schicksal von Geburts- und Herkunftsqualitäten losgelöst hat, *Halte- und Fluchtpunkte*, die im Positiven wie im Negativen für die Ausbildung persönlicher Interessen unerläßlich sind. Die Autobiographien von Unternehmern sind in dieser Beziehung ein hervorragendes Beispiel dafür, daß Schicksalsfragen - statt über Herkunft und Bestimmung - im Licht erfahrener Erfolge und Mißerfolge als Herausforderungen an das Individuum reflektiert werden.

Interessen sind in diesem Zusammenhang nicht als historisch universale, sondern als typisch moderne Konstruktionen aufzufassen. Sich an Interessen zu orientieren, persönliche Interessen auszubilden und anderen zu signalisieren, daß man sich in seinem Handeln an solche Interessen bindet, ist *eine spezielle Form* der modernen, weitgehend über *anonyme Beziehungen und Regeln* organisierten Gesellschaft, dem Einzelnen jenseits standesgemäßer Zuordnungen die Profilierung einer eigenen Persönlichkeit zu ermöglichen. Dem Einzelnen wird überantwortet, seine *eigenen* Interessen auszubilden - und dann zuzusehen, was er selbst und andere mit konkreten Interessen anzufangen wissen. Das Engagement in unternehmerische Interessen und Handlungen zeigt sich in der Perspektive biographischer Erzählungen als eine Möglichkeit, sich in der Lebensperiode der Erwerbstätigkeit sozial zu verorten, einen individuellen Fluchtpunkt auszubilden, in dem sich persönliche Interessen mit teilweise anonymen Interessen anderer schneiden und zu sinnvollen Handlungs*zusammenhängen* verbinden können. Unternehmerisches Handeln ist genuin *soziales* Handeln, also ein Handeln, das sich seinem gemeinten Sinn nach am Handeln anderer orientiert.

Im Rahmen des gewählten Ansatzes wird also nicht - um einen Kontrast zu einem anderen Ansatz (Habermas) vorab klarzustellen - strategisches (interessegeleitetes) *versus* kommunikatives (verständigungsorientiertes) Handeln gegenübergestellt.[17] Interesse zeigen wird hier vielmehr als *eine* Möglichkeit (neben anderen) verstanden, Verständigungsabsichten kundzutun und gegebenenfalls zu realisieren.[18] Interessen*gegensätze* auszuspielen ist diesem Verständnis nach nur möglich, wo Verständigung *über das Vorhandensein* von Interessen bereits stattgefunden hat. Interesse zeigen läuft aber nicht notwendigerweise auf Gegensätze und Nullsummenspiele hinaus. Die Verhandlungskunst ist in erster Linie eine Kunst der Parallelisierung von Interessen, wobei strategische und taktische Virtuositäten Erfolgsmomente neben anderen darstellen.

---

17   Habermas 1981a, S.385 u.ö.
18   Vgl. auch Grondin 1994, S.136-141.

In Kapitel 5 wird untersucht, was bis dahin nur implizit mitgeführt, eher als fraglos gegeben vorausgesetzt wird: der Unterschied von wirtschaftlichem Erfolg und Mißerfolg, auf dem seinerseits der Sinn des wirtschaftlichen Risikos gründet. Abermals wird nicht theoretisch definiert, was Erfolge/Mißerfolge "eigentlich sind". Vielmehr werden wiederum praktisch gehandhabte Objektivationsformen untersucht: die nach den Regeln der Handelslehre geführten Geschäftsbücher des Kaufmanns. *In diesen Büchern werden Erfolge und Mißerfolge sichtbar, in ihnen müssen sie ausgewiesen werden.* An dieser Stelle kommt die Untersuchung auf die oben bereits erwähnten Objektivationsmethoden des Zählens und Auszählens zurück. Insbesondere wird gezeigt, daß die *Einheit* der betrieblich organisierten Unternehmungen über Dokumentations- und Rechenwerke erzeugt und kommuniziert wird. Wirtschaftliche Erfolge kann sich in diesen Kontexten keine Einzelperson "ausdenken". Sie werden - ebenso wie Mißerfolge - in einer Realität festgestellt, die über bestimmte Akte des Auszählens sozial konstruiert wird; eine Realität, die über die Folgen ihres Auszählens - über weitere Regeln in Verantwortlichkeiten übersetzt - jene "harten Fakten" produziert, mit denen sich die wirtschaftliche Realität allen anderen Realitäten gegenüber zumeist großen Respekt verschafft.

Vermittelt über die dort dargelegten Feststellungstechniken lassen sich dann auch Fragen nach der Rationalität dieser Methoden und nach den Bedingungen unternehmerischen Handelns im Kontext von Betrieben, einschließlich von Großbetrieben stellen und wissenssoziologisch beantworten. Als "rational" erweist sich ihr Einsatz nur insoweit, als er mit den Erfahrungen *abgestimmt* ist, die für den Erfolg und Mißerfolg unternehmerischer Handlungen relevant sind. Insbesondere kann aber ihr Einsatz die *Unsicherheiten nicht aufheben*, die unternehmerischen Projekten inhärent bleiben. Der Einsatz von Berechnungen erlaubt es hingegen, a) neue Möglichkeiten durchzukalkulieren und sie b) als mögliche Projekte im Betrieb kommunikationsfähig zu machen. Mit Hilfe solcher Methoden wird es möglich, *Risiken und entsprechend auch Verantwortlichkeiten innerhalb der Organisation eines Betriebes zu verteilen.* Entgegen der Schumpeterschen Annahme kommt man wissenssoziologisch zu dem Schluß, daß der Kontext des Betriebes, auch des Großbetriebes, die Möglichkeiten unternehmerischen Handelns *nicht* abschneidet, sondern ihnen nur besondere Beschränkungen auferlegt, und sich persönliche Interessen an unternehmerischer Initiative im Hinblick auf diese Beschränkungen ausbilden müssen und können.

Mit dieser Folgerung ist bereits das im abschließenden Kapitel 6 vorgestellte Fazit vorbereitet. Unternehmerisches Handeln erweist sich in wissenssoziologischer Perspektive als ein Handeln, das seinen *Projektcharakter* nie verliert, das in seinem Vollzug immer wieder an die Unsicherheiten erinnert, auf denen konkrete Projekte gründen. Unternehmerische Erfolge und Mißerfolge sind Halte- und Fluchtpunkte, an denen sich sowohl persönliche als auch anonymere, z. B. organisierte Interessen orientieren und ausbilden können. Sich biographisch auf unternehmerische Handlungsfelder einzulassen - sei es in formaler Selbständigkeit, sei es in angestellter beziehungsweise delegierter Unternehmerschaft - ist mithin zugleich ein ebenso interessantes wie riskantes Unterfangen. Unternehmerische Interessen entsprechen mit diesen Merkmalen ganz den Merkmalen *anderer* für die Moderne typischer Interessen, wie zum Beispiel künstlerische, wissenschaftliche oder auch politische Interessen. In all diesen Interessenssphären weiß man über die Zukunft nicht viel mehr, als daß sie anders als die Gegenwart sein wird; und wer hier persönliche Interessen verwirklichen will, muß sich auf die Sicherheiten verlassen, die ihm seine eigenen Einschätzungen und der Rat informierter Mitstreiter möglich machen. "Riskante Freiheiten"[19] - dieser plakative Titel trifft die "Freiheiten", sich unternehmerisch zu engagieren, sehr genau.

---

19 Beck/Beck-Gernsheim, Hrsg., 1994.

1. Ansatz und Problemstellung der neueren Wissenssoziologie

Von Peter L. Berger und Thomas Luckmann wurde im Anschluß an Alfred Schütz eine wissenssoziologische Problemstellung formuliert, die über die Themen der klassischen Wissenssoziologie deutlich hinausgeht.[20] Paradigmatisch für den klassischen Ansatz steht die Wissenssoziologie von Karl Mannheim[21], einen Vorläufer kann man jedoch auch schon in Karl Marx sehen, der die in einer Gesellschaft gültigen Wissensformen als "Überbau", als Ableitung der grundlegenden materiellen Produktions- und Eigentumsverhältnisse interpretierte. Der Ideologieansatz stellte der Soziologie vor allem die Aufgabe, Kritik an den bestehenden Wissensformen zu üben, sie ihres herrschaftssichernden Charakters zu überführen. Jede rekonstruktiv-beschreibende Analyse, die sich nicht auf diese Aufgabe festlegen lassen wollte, wurde aus Sicht des ideologiekritischen Ansatzes herabsetzend als "affirmativ" bezeichnet.[22]

Die neue Wissenssoziologie von Berger und Luckmann hat sich vom a priori der Kritik gelöst. Sie liefert für diese Loslösung eine eigenständige Begründung und gibt mit ihr der Wissenssoziologie eine grundsätzlich neue Aufgabe. Wissen ist ihr zufolge die elementare Form der Welt- und Lebensorientierung des Menschen. Wissen befähigt zum Handeln und zur Teilnahme am sozialen Geschehen. Die moderne Gesellschaft zeichnet sich nun durch eine für den einzelnen Menschen unüberschaubare Fülle an möglichem Wissen und durch eine äußerst komplexe Verteilung des Wissens auf verschiedene Milieus, Schichten, Gruppen, Spezialisten-, Experten- und Professionsrollen aus.[23] In dieser Lage und aus erkenntnistheoretischen Gründen kann sich Wissenssoziologie nicht auf eine normative Aufgabe, nicht auf die Unterscheidung von "wahrem" und "falschem" Wissen festlegen lassen. Jede Zuordnung bestimmter Wissensbestände zu den Werten "wahr" und "falsch" kann - und in einer konsequent wissenssoziologischen Vorgehensweise: muß - ihrerseits auf deren "Wahrheit" und gesellschaftliche Abhängigkeit hin befragt werden. Mannheim hatte hier noch die Lösung einer "freischwebenden Intelligenz" angeboten, doch damit letztlich nur eine weitere Milieu- und Schichtgebundenheit des Wissens sichtbar gemacht.

---

20 Berger/Luckmann 1984.
21 Siehe vor allem sein Werk "Ideologie und Utopie" (1985). Hierzu und zum folgenden siehe Berger/Luckmann 1984, S.9-11, auch Meuser/Sackmann 1992, S.11-13.
22 Vgl. beispielsweise die Diskussion um die Hermeneutik Hans-Georg Gadamers in Apel et al. 1971.
23 Siehe Berger/Luckmann 1984, S.124-138, darüberhinaus auch Hitzler/Honer/Maeder, Hrsg., 1994.

Nach Berger und Luckmann muß es demgegenüber erste Aufgabe der Wissenssoziologie sein, die Differenzierungen des modernen Wissens selbst sichtbar zu machen, in der Fülle konkreten Wissens die allgemeinen Formen verschiedener Wissensgebiete zu beschreiben.[24] Mit diesem *deskriptiven* Programm hat sich die Wissenssoziologie zunächst einmal von der Klassen- und Herrschaftssoziologie getrennt. Zum zweiten ist ihr die *analytische* Aufgabe gestellt, die verschiedenen Arten des Wissens auf die *Handlungsprobleme* zu beziehen, die mit ihrer Hilfe bewältigt werden. Es reicht in dieser Sicht nicht aus, Wissen bestimmten Gruppen zuzuordnen und ihnen pauschal ein Herrschaftsinteresse an der Perpetuierung des Wissens zu unterstellen. Man muß vielmehr einsichtig machen, für welche konkreten Probleme ein bestimmtes Wissen *gebraucht* und *benutzt* wird, bevor es einer etwaigen Kritik zur Disposition gestellt werden könnte. Diese Art Wissenssoziologie unterläuft also die Trennung in "affirmativ" und "kritisch" und hält an der Möglichkeit wertfreier Wissenschaft fest.

Kurz gesagt, *teilt* die jüngere Wissenssoziologie mit ihren klassischen Vorgängern die Annahme der Relativität und der Sozialgebundenheit allen Wissens; erstere *unterscheidet sich* von letzterer jedoch durch die *Lokalisierung* der Gebundenheit konkreter Wissensformen und -bereiche. Die Letztbindung konkreter Wissensformen wird nicht mehr in Klassen- und Schichtinteressen gesehen, obwohl auch solche Aggregate in bestimmten Fällen sinnvolle Analyseeinheiten sein können. Dieser Weg wird in der vorliegenden Arbeit jedoch nicht gewählt. Sie sucht den Bezugspunkt der hier zur Deskription und Analyse anstehenden Wissensformen in elementaren Handlungsproblemen, die sich im Bereich wirtschaftlichen Handelns in der modernen Gesellschaft stellen. Doch bevor mit diesen konkreten Analysen begonnen werden kann, ist zunächst darzustellen, wie in der jüngeren Wissenssoziologie *der allgemeine Zusammenhang von Wissen, Problemen und Handeln* gesehen wird.

---

24 "Wir behaupten also, daß die Wissenssoziologie sich mit allem zu beschäftigen habe, was in einer Gesellschaft als 'Wissen' gilt, ohne Ansehen seiner absoluten Gültigkeit oder Ungültigkeit. Insofern nämlich alles menschliche 'Wissen' schließlich in gesellschaftlichen Situationen entwickelt, vermittelt und bewahrt wird, muß die Wissenssoziologie zu ergründen versuchen, wie es vor sich geht, daß gesellschaftlich entwickeltes, vermitteltes und bewahrtes Wissen für den Mann auf der Straße zu außer Frage stehender 'Wirklichkeit' gerinnt. Mit anderen Worten behaupten wir: *Die Wissenssoziologie hat die Aufgabe, die gesellschaftliche Konstruktion der Wirklichkeit zu analysieren.*" (Berger/Luckmann 1984, S.3)

1.1. Erleben, Erfahren, Wissen

Bei dem genannten Analyseanspruch dürfte deutlich sein, daß es eines sehr weiten Begriffs von Wissen bedarf. Wissen bezeichnet hier mehr als nur alle spezifischen Inhalte formalisierter, lehr- und lernbarer Wissensgebiete, wie sie beispielsweise in Erziehung und Ausbildung, in der Schule und anderen Bildungseinrichtungen unterrichtet und eingeübt werden können. *Wissen bezeichnet vielmehr ganz allgemein alle festeren Formen des Erlebens und Erfahrens.* Wissen ist im Erleben, Erfahren und ganz deutlich im Handeln des einzelnen Menschen permanent "im Einsatz", im Gebrauch. Das Verhältnis von Wissen zu Erfahrung beschreiben Schütz und Luckmann mit dem etwas metaphorischen Ausdruck des "Sediments", was soviel wie "Ablagerung" bedeutet: "Der lebensweltliche Wissensvorrat ist in vielfacher Weise auf die Situation des erfahrenden Subjekts bezogen. Er baut sich auf aus Sedimentierungen ehemals aktueller, situationsgebundener Erfahrungen."[25]

Der Begriff des Sediments verweist auf ein komplexes Verhältnis von vergangenen, gegenwärtigen und zukünftigen Erfahrungen, die sich in der Lebenswelt eines einzelnen Menschen konstituieren.[26] Entscheidend für die wissenssoziologische Analyse ist der durchlaufende Bezug allen Wissens auf Aktualitäten und Situationen, auf Probleme, Problembestimmungen und Problemlösungen. Alles Wissen wird *in Situationen* erworben und angewandt, nur in Form von Wissen können ansonsten diffuse Erlebnisse zu Situationen des *eigenen* Erlebens und Handelns werden.[27] Dieser Verweis auf Aktualitäten (einschließlich *möglicher* Aktualitäten) des Wissenserwerbs und der Wissensverwendung ist der grundlegende Ansatzpunkt der neueren Wissenssoziologie. Sedimente sind abstrahierende Vergegenwärtigungen früherer Erfahrungen, die zur Strukturierung des aktuellen Erlebens und zur Projektierung künftiger Erfahrungen verfügbar sind. "Der Wissensvorrat ist also sowohl genetisch als auch strukturell als auch funktional auf die Situation bzw. die situationsgebundene Erfahrung bezogen."[28]

Innerhalb eines subjektiven Wissensvorrates sind grundsätzlich drei verschiedene Arten des Wissens zu unterscheiden, die in einer Art Verfestigungshierarchie vorgestellt werden können. Schütz und Luckmann unterscheiden a) *Grund-*

---

25 Schütz/Luckmann 1979, S.133.
26 Zur Konstitutionsanalyse von Sinn: Schütz 1981.
27 Schütz/Luckmann 1979, S.148-154.
28 Ebd., S.133.

elemente des subjektiven Wissensvorrates, b) *Gewohnheitswissen* (Routineelemente) und c) *spezifische Teilinhalte* des Wissensvorrats.[29]

a) Die *Grundelemente des subjektiven Wissensvorrates* ergeben sich aus den Erfahrungen der Begrenztheit allen Erlebens, vor allem hinsichtlich seiner Zeit- und Raum-, darüber hinaus seiner Sozialgebundenheit. Man erfährt die Differenz von innerer Dauer des Erlebens und den Ereignissen, die einer eigenen Rhythmik folgen, die nicht mit der inneren Dauer synchronisiert sind. In räumlicher Hinsicht ist alles Erleben an die eigene Körperlichkeit gebunden, der Körper bildet eine Art Koordinatenzentrum der subjektiv erfahrbaren Welt. Aus diesen Begrenzungen des situationsgebundenen Erlebens, die sich im sukzessiven Wissenserwerb sedimentieren, ergibt sich eine zeitliche, räumliche und soziale Gliederung des individuellen Wissens von der Welt, der Lebenswelt. "(D)ie Lebenswelt kann nur auf Grund dieser Gliederung erfahren werden. Demnach gehört auch sie nicht zu den spezifischen Teilinhalten des Wissensvorrats ..., sondern bildet ein immer gegenwärtiges Wissen, das in jedem Erfahrungshorizont enthalten ist."[30]

b) Eine Mittelstellung zwischen den Grundelementen und den spezifischen Teilinhalten des Wissensvorrats nimmt das *Gewohnheitswissen* ein. "Gewohnheitswissen in all seinen Unterformen hat mit den Grundelementen des Wissensvorrats gemeinsam, daß es in Situationen mitvorhanden, nicht bloß von Fall zu Fall vorhanden ist."[31] Als Unterformen des Gewohnheitswissens nennen Schütz und Luckmann b1.) Fertigkeiten, die auf den Funktionseinheiten der Körperbewegung aufbauen, b2.) Gebrauchswissen, d.h. eingelebte, feste Zweck-Mittel-Einheiten, die in die körperlichen Fertigkeiten integriert sind sowie - allerdings ohne eine feste Grenze zum Gebrauchswissen - b3.) Rezeptwissen, das nicht unmittelbar auf körperlichen Fertigkeiten aufbaut, gleichwohl in automatisierter und standardisierter Weise für situationsabhängige Aufgaben aktualisiert werden kann. Allein das Gewohnheitswissen befähigt zur *routinemäßigen* Bewältigung von Situationen. Schütz und Luckmann weisen auf die paradoxe Relevanzstruktur des Gewohnheitswissens hin: "Es ist von größter Relevanz und dennoch von sozusagen untergeordneter Relevanz."[32] "Untergeordnete Relevanz" meint hier: aufbauend auf routinemäßigem Erleben braucht das erfahrende Subjekt seine *Aufmerksamkeit*

---

29 Ebd., S.133-145.
30 Ebd., S.137.
31 Ebd., S.141.
32 Ebd., S.143.

gerade nicht auf diese Elemente seines Wissens zu richten. Es kann sich sehr speziellen Inhalten und Interessen zuwenden und diese Interessen "allem anderen" überordnen.

c) Die Bestimmung der *spezifischen Teilinhalte des Wissensvorrats* ergibt sich aus den Punkten a) und b): Sie umfassen alle übrigen, auf konkrete Problemhorizonte bezogenen und auf diese ausgeformten Wissenselemente, die - anders als Grundelemente und Gewohnheitswissen - nur *von Fall zu Fall* aktualisiert werden. Erst innerhalb dieses fall- und themenbezogenen Wissensbereiches ist - wiederum als ein Teilausschnitt - all jenes Wissen zu verorten, das im Rahmen expliziter Erziehung und Ausbildung von Erfahrenen an Novizen weitervermittelt werden kann; wobei auch solche Vermittlungen nicht nach dem Modell des "Nürnberger Trichters" gedacht werden können. Generell ist "Wissenserwerb ... die Sedimentierung aktueller Erfahrungen nach Relevanz und Typik, die ihrerseits in die Bestimmung aktueller Situationen und Auslegungen aktueller Erfahrungen eingeht."[33] Prinzipiell findet - wegen des unauflöslichen Aktualitätsbezuges - Wissenserwerb in jeder Situation, vom individuellen Erleben her gesehen ständig statt, nur bringt er oft "'nichts Neues' ... Deshalb kann es in manchen Zusammenhängen nützlich sein, vom Wissenserwerb im engeren Sinne zu sprechen, der aus der Sedimentierung 'neuer' Auslegungen besteht."[34]

1.2. *Selektivität der Auslegung und des Wissenserwerbs: Das Typische und das Nichtwissen*

Erleben vollzieht sich immer innerhalb der Totalität aller aktuellen Wahrnehmungsinhalte, kann in dieser Totalität selbst jedoch keine Struktur und, grundlegender noch, keinen Sinn gewinnen. Als ein Grenzfall kann man sich den Zustand der Panik vorstellen. Im Moment der Panik beeindruckt die Gesamtheit und die Totalität des Erlebens so stark, daß kein konkreter Aspekt des Erlebens hervortritt, um etwas "Naheliegendes" anzukündigen, also konkrete Gestalten kommenden Erlebens erwartbar zu machen. Totales Erleben ist unfaßbar. Sinn wird durch das Sicheinlassen auf "hervorgehobene" Wahrnehmungsinhalte gewonnen.[35] In diesem "Hervorheben" baut sich Erfahrung, also sinnhaftes Erleben auf. Solche Hervorhe-

---

33 Ebd., S.154.
34 Ebd., S.159.
35 Ein anderes Extremerleben wäre die Langeweile. Auch sie ist durch Konturlosigkeit der Erlebensinhalte gekennzeichnet, wobei hier die Konturlosigkeit nicht durch zu starke, sondern durch zu schwache Eindrücke hervorgerufen wird.

15

bungen sind Leistungen des Bewußtseins und nicht etwa Leistungen der je wahrgenommenen Gegenstände oder Vorgänge. Husserl hat für die Beschreibung dieser Bewußtseinsleistung auf das Bild des Horizontes zurückgegriffen.

Jedes konkrete Erleben ist über Retentionen (Rückwendungen) und Protentionen (Vorgriffe) in seine zeitlich "benachbarten", die gerade vergehenden und die gleich kommenden Erlebnismomente, in diesen Wechsel der Erlebnisinhalte eingebunden und verweist bereits in diesem elementaren Fließen auf den Gesamthorizont des Vergangenen und den Gesamthorizont des Zukünftigen. Dieser Einschluß erzeugt die Gegenwart des Augenblicks, als momenthaftes Erleben einer gerade vergehenden Gegenwart und einer gerade kommenden Gegenwart. Doch auch diese Doppelhorizonte des Vergehenden und des Kommenden sind nicht total erfahrbar. Sie sind in sich als *Erinnerungen* beziehungsweise als *Erwartungen* strukturiert. Erinnerungen und Erwartungen bilden Horizonte in den Horizonten, prinzipiell unendliche Möglichkeiten, Spuren des aktuellen Erlebens zu anderen Erlebnissen zu verfolgen und zu legen. "Hervorhebungen" konkreter Wahrnehmungsinhalte sind ein Produkt dieser Spurenlegung und -verfolgung, des Sicheinlassens auf bestimmte Verweisungen unter Ausschluß aller anderen Verweismöglichkeiten.[36]

Man kann jetzt sagen: Erfahrung *ist* die Einbettung aktuellen Erlebens in Horizonte weiteren Erlebens. Schütz und Luckmann bezeichnen dies als die *polythetische* Struktur der Erfahrung:[37] Jeder einzelne Verweisungshorizont bietet für aktuelles Erleben eigene Sinnbestimmungsmöglichkeiten, d.h. eigene Möglichkeiten für den Aufbau von Erfahrung. Hingegen wird im *monothetischen* Zugriff des Bewußtseins *nur einer dieser vielen Horizonte zur Sinnbestimmung herangezogen* und der konkrete Wahrnehmungsinhalt genau vor diesem Horizont unter Ausblendung aller anderen *hervorgehoben*. Dies läßt sich vielleicht noch einmal am Grenzfall der Panik veranschaulichen. Erst wenn es gelingt, "Etwas" aus dem momentanen Erleben hervorzuheben und in einen oder wenige mögliche Erfahrungshorizonte einzustellen, hat man ein "Problem", auf das man reagieren, sinnvoll eingehen kann - was nicht heißen muß, daß das Problem damit schon gelöst wäre.[38] Es *kann* sich als

---

36 In der Wahrnehmungspsychologie wird diese Leistung als "Gestaltbildung" beschrieben, wobei statt von Horizonten von "Hintergründen" gesprochen, also der sachliche stärker als der zeitliche Aspekt betont wird.

37 Schütz/Luckmann 1979, S.155.

38 Schütz und Luckmann (1979, S.227f. u.ö.) veranschaulichen diese Zusammenhänge und Abläufe "am dritten Beispiel des Carneades ... . Ein Mann betritt ein schlecht beleuchtetes Zimmer und glaubt in der Zimmerecke ein Seilknäuel zu bemerken. Er sieht aber den Gegenstand nur verschwommen. So fragt er sich, ob es denn wirklich ein Seilknäuel sei. Könnte es nicht auch eine eingerollte Schlange sein?"

unlösbar, als unabweisbar gefährlich herausstellen, dies allerdings nur *im Wissen* um Gefahren, Probleme und Lösungen. Umgekehrt kann sich das Erleben im Horizont dieses bestimmten Wissens auch als "problemlos" herausstellen. Beide Arten der Problemlösung, erst recht alle Zwischenformen des Problembewältigens, sind jedoch Leistungen der Hervorhebung von Erlebnisaspekten, des Herausstellens von relevanten Bezügen vor bekannten Erfahrungshorizonten.[39] Alles andere bleibt "Erlebnisflut" und unfaßbar, der Problemstellung und erst recht jeder Bewältigung unzugänglich.

Wissen wurde eingangs als festere Form des Erlebens beschrieben. Dies läßt sich nun noch einmal genauer formulieren. Wissen ist verweisungsbezogenes Erleben, das Zurück- und Vorgreifen von Erleben auf Erleben. Seine Leistung ist, aus der Totalität der Wahrnehmungs- und Erlebnisinhalte *Bemerkenswertes* hervorzuheben und dessen Verweisungen herauszustellen. Wissen ist - auf allgemeinster Ebene - die *Disposition* für Erleben. Und auch die Vorgänge des Wissenserwerbs lassen sich im Verhältnis von "Polythetik" und "Monothetik" genauer kennzeichnen: "Die Erfahrungen bauen sich polythetisch auf, ihr Sinn kann jedoch in Blickzuwendungen - die wiederum 'motiviert' sind - monothetisch erfaßt werden. Dies ist von größter Bedeutung für die Vorgänge, in denen Erfahrungen im Wissensvorrat sedimentiert werden. Im allgemeinen wird der polythetische Aufbau der Erfahrungen 'gerafft' und nur ihr typischer relevanter Sinn monothetisch erfaßt, geht 'endgültig' als merkenswert in den Wissensvorrat ein."[40]

Im monothetischen Zugriff werden konkrete Inhalte des Erlebens also nicht als totale Gegebenheiten, sondern je nach aktuellen Relevanzkriterien (die auferlegt oder selbstmotiviert sein können) als "Aspekthaftigkeiten" in die subjektive Erfahrung integriert. Schütz und Luckmann bezeichnen diesen Vorgang als *Typisierung*. Die Typisierung stellt *eine besonders wichtige Leistung des Wissenserwerbs* dar. Als typisiert können jene Wissenselemente bezeichnet werden, die sich "nicht auf spezifische Gegenstände und Personen beziehen, sondern auf typische *Aspekte und Attribute* von Gegenständen, Personen und Vorgängen."[41] Wissenserwerb ist immer zugleich ein *Hervorheben* von "Etwas" *und* ein *Ausblenden* von "allem Anderen": "der Typ ist ... ein Bestimmungszusammenhang, in dem irrelevante Bestimmungsmöglichkeiten konkreter Erfahrungen

---

39 Eingehende Beschreibungen von Problemstellungen und -auslegungen bei Schütz/Luckmann 1979, unter dem Stichwort "Relevanz", S. 224-276. Siehe darüberhinaus auch Schütz 1982.
40 Schütz/Luckmann 1979, S.155.
41 Ebd., S.181, Herv. A.B.

unterdrückt werden. Jede konkrete Erfahrung muß folglich 'a-typische' Elemente enthalten."[42] Typisierung ist somit *ein aktiver Bewußtseinsakt der Auslegung, eine Selektion in bezug auf die "Verwendbarkeit"* und daraus abgeleitet auch auf die "Wiederverwendbarkeit" der aktuellen Erlebnisinhalte.

Als "typisch relevanter Sinn" kann dann der "bemerkenswerte" Zusammenhang eines Erlebnisaspekts mit anderen Erlebnisaspekten gefaßt werden, und mit "Typisierung" ist der Akt des Zusammenstellens von Bemerkenswertem zu bezeichnen. Die auf diese Weise zusammengestellten Typen dienen der Wiedererkennung von Aspekten und Attributen von Wahrnehmungsinhalten. Nur wiedererkennbaren Gegenständen und Vorgängen ist - im Modus des Vergleichens und Unterscheidens - neues Wissen abzugewinnen, das zum einen der Bestimmung und der Bewältigung aktueller Situationen und - je nach Relevanz - dem Aufbau künftiger Wiedererkennungschancen dient. Die Gesamtheit der erworbenen Typisierungen von Gegenständen und Vorgängen bildet Lexikon und Syntax der subjektiven Wissenselemente, die ihrerseits erst spezifizierende Antizipationen kommender Ereignisse ermöglicht: "Wie in automatischen Protentionen werden auch in expliziten Vorhersagen nicht die 'einzigartigen', unwiederholbaren Aspekte zukünftiger Ereignisse erfaßt, sondern nur die Möglichkeit, Wahrscheinlichkeit usw. des Wiedereintreffens typischer Abläufe, typischer Verhältnisse, typischer Handlungsweisen usw."[43]

Anne Honer unterscheidet *vier* für den Aufbau einer lebensweltlichen Orientierung *elementare Formen der Typisierung*. In ihrer Beschreibung dieser elementaren Typisierungsformen wird nochmals anschaulich, daß Hervorhebungen nur durch Ausblendungen gewonnen werden können. "Wir typisieren in diesem Sinne *Handlungsabläufe* (d.h., wir sehen davon ab, was sich 'en detail' konkret ereignet, und 'idealisieren' das, was wir wahrnehmen, als intendiert, ohne die tatsächlichen 'Intentionen' des Handelnden zu berücksichtigen), *Personen* (d.h., wir sehen davon ab, was ein Mensch 'en detail' tut, und 'idealisieren' eine 'dahinter' vermutete bzw. unterstellte, generelle Motivlage), *nicht-motivierte Ereignisse und Zustände* (d.h., wir sehen davon ab, was konkret geschieht bzw. der Fall ist, und 'idealisieren' das, was wir wahrnehmen, als von keiner Person intendiert) und auch *nicht-personale Phänomene* (d.h., wir sehen sowohl davon ab, was sich konkret ereignet, als auch

---

42 Ebd., S.286.
43 Ebd., S.288f.

davon, diesen Phänomenen eigene Motivlagen (d.h. 'Persönlichkeit' zu unterstellen)."[44]

Wissen ermöglicht Orientierung durch Ausblendung alles A-Typischen und enthält somit auch das Potential einer beständigen Wissenserweiterung. Gerade darin verweist Wissen aber immer auch auf das *Nicht-Wissen*, das es durch die Ausblendungen selbst erzeugt (hat). Genau besehen, sind es gerade die Strukturen und Formen des Nichtwissens, die subjektives Wissen konturieren und sozial profilieren. Gerade angesichts der Schranken und Begrenzungen, angesichts der faktischen und potentiellen Negationen subjektiven Wissens erfährt man die Zugänglichkeiten und Verschlossenheiten der eigenen Lebenswelt, gewinnen typische Situationen und Typen der subjektiven Teilhabe an Situationen Profil, zeigt sich, was Situationen typischerweise "bringen", und was als Eigenleistung beizutragen ist.

Schütz und Luckmann unterscheiden drei Modalitäten des Nicht-Wissens, innerhalb dessen sich jede lebensweltliche Orientierung konturiert: eine relative Undurchsichtigkeit der Lebenswelt, eine grundsätzliche Undurchschaubarkeit der Lebenswelt und die Lückenhaftigkeit des subjektiven Wissensvorrats.[45] *Die relative Undurchsichtigkeit* der Lebenswelt ergibt sich bereits aus den Grenzen und der Selektivität der Auslegung, die in allen Situationen und allen Vorgängen des Wissenserwerbs wirksam sind. Man kann sich mit allen einzelnen Elementen und Aspekten einer Situation nur mehr oder weniger vertraut machen, kann sie nicht endlos auf ihre äußeren Zusammenhänge oder ihre Rückbezüge zu eigenen Erinnerungen und Erwartungen befragen und ergründen. Jede konkrete Auslegung ist eine Auslegung "bis auf weiteres", wird durch situative Auferlegtheiten oder eigene Motivierung ab- oder unterbrochen. So verbleiben viele Elemente oder Aspekte *im Horizont möglicher Auslegungen,* ohne in den thematischen Kern der Auslegung zu gelangen. Im Modus der relativen Undurchsichtigkeit grenzen sich Zonen der Vertrautheit und Klarheit von Zonen der Unbestimmtheit der Lebenswelt ab. Diese Erfahrung wirkt wohl "(a)m eindringlichsten ..., wenn man die Zukunft voraussagen muß, wenn man Handlungen entwirft, deren Durchführbarkeit erwägt, deren Folgen ermißt."[46]

---

44 Honer 1993, S.111.
45 Schütz/Luckmann 1979, S.203-218.
46 Ebd., S.208.

Von dieser relativen Undurchsichtigkeit ist eine *grundsätzliche Undurchschaubar-keit* der Lebenswelt zu unterscheiden, die in jenen Grenzsituationen erfahren wird, in denen subjektiv unfaßbare Ereignisse registriert werden; Ereignisse, die nicht einmal in den Horizonten der Lebenswelt und des subjektiven Wissensvorrates verortet werden können.

Die *Lückenhaftigkeit* lebensweltlichen Wissens wird durch Vergleiche erfahrbar. Man kann bisheriges mit neuerworbenem Wissen vergleichen und die Möglichkeit solcher Einsichten auch auf andere, viele oder gar alle Elemente des subjektiven Wissens projizieren. Man kann sein Wissen mit dem Wissen anderer vergleichen, es auch auf das "objektive", von den kulturell anerkannten Autoritäten vertretene Wissen beziehen, und in all dem die Lücken und die prinzipielle Erweiterbarkeit des subjektiven Wissens gegenwärtigen.

1.3. Das Typische und das Kategorische

Für eine wissenssoziologische Analyse ist es besonders wichtig, zwischen Typus und Kategorie beziehungsweise zwischen Typisierung und Kategorisierung zu unterscheiden. Wie gezeigt, ist Typisierung ein elementarer Vorgang für den Aufbau einer individuell geordneten Welterfahrung. Objekte, Vorgänge, Personen und Handlungen werden in Form von Typen zu Konstellationen (Ereignisse und Zustände) zusammengestellt, und erst das Wiedererkennen von solchen Konstella-tionen versetzt den Einzelnen in die Lage, dem erlebten Geschehen Sinn abzuge-winnen, eigenes und fremdes Erleben zu *Situationen* zu verdichten, in die er für sich sinnvoll eingreifen kann.[47] Typisierung ist mithin notwendige und hinrei-chende Voraussetzung für die Sinnhaftigkeit des Erlebens und den Aufbau von Erfahrungen. Im Unterschied hierzu ist Kategorisierung für die Sinnhaftigkeit des Erlebens zunächst einmal nur subsidiär. Wenn unter Typisierung die Zuordnung von Aspekten zu anderen Aspekten (von Objekten, Vorgängen, Personen, Situationen usw.) zu verstehen war, so ist unter Kategorisierung die *Regulierung des Zuordnungsvorganges selbst* zu verstehen.

Während Typisierungen über Retentionen und Protentionen sowie über Erinne-rungen und Erwartungen eng mit dem Ablauf von Erlebnissen und Erfahrungen

---

47 Webers "subjektiv gemeinter Sinn" des Handelns, siehe auch den noch folgenden Abschnitt zu "Wissen und Handeln".

verbunden sind, sind *Regeln* der Zuordnung, also Kategorisierungen, tendenziell vom Erfahrungsablauf losgelöst. Regeln transformieren situationsverhaftete Aspekte in generalisierte Aspekte, verwandeln einen situativen Aspekt in einen "Fall" der Anwendbarkeit von Zuordnungsregel X. Aus einem eßbaren und schmackhaften Objekt, als Typus eingebettet in die Erfahrungshorizonte des Begehrens und Genießens, wird ein Element der Mengen "Äpfel", "Obst", "Nahrungsmittel", "Konsumgut" - und hier muß, *sofern sich ein Zuordnungsbedarf einstellt*, zwischen den prinzipiell unendlichen Verweisungs- und Typisierungs- möglichkeiten *entschieden* werden. Es bedarf einer Regel der Zuordnung, einer irgendwie bestimmbaren Typisierung des Typisierens: einer Kategorie.

Der *Begriff* der Kategorie ist vor allem für die Philosophie und dort wiederum für die Erkenntnistheorie von Belang. Gerade in diesen Disziplinen ist die geregelte (und in diesem Sinne "disziplinierte") Zuordnung von "Objekten" und "Symbolen" zu "Sachverhalten" von ausschlaggebender Bedeutung. Und jeder Neubegrün- dungsversuch der Philosophie der letzten zwei Jahrhunderte kann als Versuch gelesen werden, die bestehende kategoriale Ordnung des Wissens zu "überwinden" und einen "vorprädikativen" Zugang zur Welterfahrung und zu den "Fundamenten" des Wissens zu erreichen. Husserls "phänomenologische Methode" stellt hierin keine Ausnahme dar. Aber im hier eingeführten Zusammenhang ist zu sehen, daß es sich bei diesen Problemen eben um Probleme der Philosophie und der Wissenschaften und damit um Probleme des Personals der "gehobenen" Wissensbe- stände geht. Wissenssoziologie *kann* es sich - als *eine* ihrer Möglichkeiten - zur Aufgabe machen, den sozialen Prozeß der Wissensproduktion und -reproduktion auf dieser Ebene zu untersuchen.[48]

Doch, um die *anderen* Möglichkeiten der Wissenssoziologie nicht zu vergeben, darf Wissen nicht mit wissenschaftlich kontrollierten und disziplinierten Wissen gleichgesetzt werden.[49] Dies hieße, die Bedeutung des kategorial geordneten Wissens für die individuelle und sozial kommunizierbare Welterfahrung erheblich zu überschätzen. Eine solche Überschätzung feststehender Zuordnungsweisen ist beispielsweise in der frühen Wissenssoziologie auszumachen, die sich teilweise als eine Soziologie der "Weltanschauung" präsentierte. Die Vorstellung einer

---

48 Man siehe etwa die Arbeiten von Ludwig Fleck (1980), Thomas S. Kuhn (1988) und Karin Knorr-Cetina (1991).

49 Solch eine Gleichsetzungstendenz ist jedoch beispielsweise in Nico Stehrs (1994) Begriff der "Wissensgesellschaft" auszumachen, der - folgt man den thematischen Studien - präziser durch "Wissenschaftsgesellschaft" gefaßt wäre.

"Weltanschauung" impliziert die Unterstellung einer äußerst rigiden Regulierung *aller* Typisierungen seitens der "Anhänger" solch einer "Weltanschauung". Die Unterstellung besagt, daß nicht bloß bestimmte Kategorisierungen benutzt werden, sondern daß ihre Anwendung selbst *einem* Prinzip oder einem bestimmten Set an Prinzipien untergeordnet sei. Vom Fluß des Erlebens und von der Flüchtigkeit jedes Moments des Erfahrens her gesehen ist es kaum vorstellbar, daß solch eine Vereinheitlichung gelingen kann, geschweige denn, daß solch eine Vereinheitlichung der "Weltanschauung" sozial irgendwie "implementierbar" sei.

Dies negiert keineswegs die Existenz eines *Strebens* nach Vereinheitlichung und Einheit der Welterfahrung. Wissenssoziologisch lassen sich viele philosophische, religiöse und theologische Bemühungen als Suche nach "letzten Prinzipien" und "Einheiten" interpretieren. Kennzeichnend für die "Weltanschauungs"-Soziologie ist folgerichtig auch, daß sie sich *material auf Texte* bezieht, die *Glaubensbekundungen* ihrer Autoren enthalten. Und die Textform selbst ist es, die den Eindruck einer "Einheitlichkeit" der Bekenntnisprinzipien erzeugen kann. Die Kommunikationsform des Textes zwingt in dem Maße, in dem sich Verfasser und Leser auf sie einlassen, unter das Gebot intensiver Konsistenzprüfung, was sowohl die Reihung in der Darstellung, als auch die Zuordnungen der einzelnen Bekundungen zueinander betrifft.[50] Die Intensität der gedanklichen Bearbeitung kann eine Einheitlichkeitserfahrung erzeugen, die aus der prinzipiell unendlichen Horizonthaftigkeit der Lebenswelt nicht abzugewinnen ist, die man allenfalls in religiöser Hinwendung *nachzuleben* versuchen kann.[51]

Neben der Tendenz zur Überschätzung kategorialer Ordnungen muß in der Wissenssoziologie, wie sie hier vorgeschlagen wird, jedoch gleichzeitig auch eine Tendenz zur *Unterschätzung* ihrer Bedeutung vermieden werden. Das Problem kategorialer, generalisierender Zuordnungen besteht nicht ausschließlich auf der Ebene "gehobener" und "höchster" Formen des Wissens. Wenn man Kategorisierung als generalisierte Typisierung, als situationsübergreifende und damit auch als "bewahrungs-" und "wiederholungsfähige" Typisierung versteht, dann ist auch und

---

50 Dies wird - im Abschnitt zu Objektivationen durch Schrift - noch eingehender behandelt.
51 In Ansätzen findet sich der genannte Weltanschauungs-Analyse-Modus auch in Max Webers Studien zur protestantischen Ethik und dem "Geist" des Kapitalismus. Weber (1991) untersuchte *Texte* a) von Vertretern protestantischer Glaubenslehrer und b) von *einem* erfolgreichen nordamerikanischem Unternehmer (aus autobiographischen Schriften von Benjamin Franklin). Im Textvergleich aus anderen Glaubenslehren, aus anderen Epochen und anderen Milieus (z.B. katholischen und jüdischen Milieus) stellte er Unterschiede fest und schloß aus diesen auf den "Geist" des Kapitalismus. In Kapitel 4 wird darauf zurückzukommen sein.

gerade die Alltagserfahrung durchsetzt mit dem Gebrauch von Kategorien, abhängig von einem großen Vorrat an *Regeln*, wie Situationsaspekte zu *bestimmten* anderen Aspekten zuzuordnen sind. Fast jedes Objekt, das uns "alltäglich" vorkommt, "enthält" sozusagen einen *bestimmten* Satz an Regeln, wie mit ihm umzugehen ist - und die Beherrschung solcher Regelrepertoires ist a) Voraussetzung für den Aufbau von *Routinen* des Deutens und Handelns (und damit für den *Eindruck* von "Alltäglichkeit"), b) entscheidend für die Erfahrung von *Selbstgewißheiten* und *Selbstverständlichkeiten* und, reziprok zu letzterem, c) permanenter Anlaß, sich mit Anderen *wechselseitig* über die Angemessenheit von bestimmten Zugriffsweisen abzustimmen. Erst solches Regelwissen ermöglicht sozusagen einen permanenten "Bewährungstest" und damit potentiell auch Erweiterungen des individuell erworbenen Wissens.

Kategoriale Ordnungen sind also nicht erst auf den Ebenen wissenschaftlichen oder weltanschaulichen Wissens wirksam. Sie sind zuallererst auch für die *Tradierung*, für die *Vermittlung* von Wissen von einem zum anderen, auch von einer Generation zur nächsten relevant. In Form kategorialer Ordnungen werden nicht nur Glaubenssätze, sondern auch *praktische* Fertigkeiten vermittelt und mit einem *normativen Gehalt* versehen. In jedem Sozialisationsprozeß werden die Eingriffe des/ der Lernenden in die äußere Welt beobachtet, und die Wirkungen dieser Eingriffe werden unter dem je gültigen Set an *Regeln für angemessenes Eingreifen* beurteilt und bewertet. Dies gilt sowohl für das Feld der engeren Bezugsgruppe als auch für das Feld der anonymeren Kontakte, auf die der/ die Einzelne durch seine/ ihre Bezugsgruppe vorbereitet wird. In der modernen Gesellschaft sind *Organisationen* die einflußreichsten Institutionen, in deren Rahmen feststehende Regeln angewandt, vermittelt und durchgesetzt werden. Im Kontakt mit Organisationen - sei es als Mitglied, sei es als Außenstehender - werden die potentiell unendlichen Verweisungshorizonte auf sehr wenige und sehr enge Auslegungsmöglichkeiten hin eingeschränkt, wird der Erfahrungsablauf drastisch "konzentriert", auf die Erfahrung als "Personalmitglied" oder als "Klient" reduziert.

Allerdings wäre es verfehlt, im Erlernen kategorialer Ordnungen schlichte und störungsfreie "Übernahmen" des Wissens seitens "Unwissender" von "Wissenden" zu sehen. Niemand - nicht Lehrende, nicht Lernende, nicht Wissenssoziologen - könnten die "Identität" des Wissens der Lehrenden und des Wissens der Lernenden "feststellen". Wechselseitig kann man nur den Gebrauch der Objektivationsformen beobachten - und dann nach eigenen, selbst wiederum typisierten oder kategorisierten Kriterien eine "Adäquanz" beziehungsweise eine "Unzulänglichkeit" des Gebrauchs attestieren. Die Prüf- und Kontrollvorstellung ist für die hier ausgebreitete wissenssoziologische Problemlage allzu eng an ein *Modell von Unterrichtung, Prüfung und Selektion* gebunden, wie es annähernd in der Rollenbeziehung zwischen Lehrer und Schüler oder zwischen Erzieher und Zögling realisiert wird. Nur in solch etablierten Rollenbeziehungen liegt es in der anerkannten oder oktroyierten Autorität, in der asymmetrischen Machtverteilung zugunsten des Einen, den Objektivationsgebrauch des Anderen auf "Angemessenheiten" hin zu beobachten, zu beurteilen und entsprechende Sanktionen auszuteilen. Doch letztlich können auch die lokalen Ausbildungs- und Bildungsautoritäten nur Personen und ihre Darstellungskompetenzen, nicht aber Wissen prüfen und auswählen.

Wissenssoziologisch sind Kategorisierungen also auf einer mittleren Ebene der Erfahrung anzusiedeln. Sie können weder die Erlebnis- noch die Erfahrungsinhalte vollständig abdecken. Bereits die Typisierung erzeugt Abstraktionen, die jedoch noch eng an den Erfahrungsablauf gebunden sind. Jede Regelstandardisierung zwingt darüber hinaus zur Reduktion auf eindeutig generalisierbare Aspekte und Eigenschaften von Objekten, Vorgängen, Handlungen und Personen. Doch ist es gerade diese Generalisierung, die das Erleben auf eine Art und Weise *strukturiert*, so daß sich konkrete *Erwartungen* an künftiges Erleben aufbauen können. Es bedarf hinreichender Generalisierungen, um zu "selbständiger" Erfahrung zu befähigen.

Kategorisierungen erfordern in der wissenssoziologischen Analyse eine besondere Aufmerksamkeit, will man die genannten Gefahren ihrer Über- oder Unterschätzung vermeiden. Hierin liegt ein zentrales Anliegen der folgenden Untersuchungen. Einerseits soll gezeigt werden, daß die Behandlung wirtschaftlicher Risiken einem relativ rigiden Netz an Vorschriften und Standards unterliegt; und zwar nicht nur in der wirtschafts*theoretischen* Hinwendung, sondern auch im Feld der *praktischen* Hinwendung zu wirtschaftlichen Risiken (vgl. Kapitel 5). Andererseits geht die *Typik* der unternehmerischen Erfahrungen und Handlungsweisen nicht in den kategorial angelegten Regeln auf (vgl. Kapitel 3, 4 und 6). Die Arbeit versteht sich als Wissenssoziologie, indem sie gerade die oft nicht eindeutig zu fassenden Grenzen zwischen kategorialen, sozial festgeschriebenen Ordnungen und typischen Erfahrungen zu beschreiben, zu verstehen und zu erklären versucht. Es soll gezeigt werden, daß persönliche Interessen an wirtschaftlichen Risiken in diesem Schnittfeld zwischen institutionell gesicherten Ordnungen und individuellen Vorhaben herausgebildet werden.

1.4. Wissen und Handeln

Wissenssoziologisch wird Handeln als Verhalten gesehen, das einer *vorentworfenen Erfahrung* folgt.[52] "Indem ich eine Erfahrung entwerfe und den Entwurf 'einhole', handle ich."[53] Der Entwurf, eine Projektion von Abläufen und Zuständen, ist es, der einem von anderen beobachtbaren Verhalten einen "subjektiv gemeinten Sinn" (Weber) verleiht. Handeln kann in dieser Sichtweise nicht auf ein bloßes "Zielerreichen" reduziert werden, denn dies hieße, daß "Ziele" beziehungsweise "Zwecke" stets "eindeutig bestimmt" wären. Sowohl der Handelnde als auch seine Beobachter können nur Verhalten beobachten, und die Zuordnung von Sinn bleibt immer *mehrdeutig*; denn Sinn zeichnet sich ja gerade durch seine Verweisungspotentiale aus. Sinn ist vieldeutig, also ist Handeln vieldeutig.

Vor dem zuvor explizierten wissenssoziologischen Hintergrund ist der Vollzug einer vorentworfenen Erfahrung, also Handeln, als Bewährung von Wissen, als Bewährung je situativ bestimmter Erlebens- und Erfahrungsdispositive zu verstehen. Jedes Eingreifen in die erlebte Welt verändert diese. Im Eingreifen erlebt man sich selbst handelnd, und man prüft die Ergebnisse des Eingreifens anhand der Typisierungen von Ergebnissen, die einem zuhanden und relevant sind. Dabei sind Entwurf und Handlung keineswegs identisch zu setzen. Entwurf und Handlung sind *zeitlich entgegengesetzte Modi* der Zuwendung zu eigenem Verhalten. Im Modus der Handlung wendet man sich eigenem Verhalten *rückblickend*, im Modus des Entwurfes *vorausschauend* zu. Die *zeitliche Einheit* des Handelns - Entwerfen, Eingreifen und Kontrolle der Ergebnisse anhand des Entwurfs - kann nach Schütz und Luckmann als ein vorausschauendes Rückblicken auf Verhalten beschrieben werden, ein Erfahren im *modus futuri exacti*: "ich werde getan haben".[54] Anders gesagt: Handeln ist Erleben, das sich an Abläufen orientiert, deren Typik ein eigenes Eingreifen erfordert, und das sich im Erfahrungsablauf anhand dieser Typik über die Wirkungen des Eingreifens kontrolliert. Man gibt sich nicht einfach den Umständen hin, man involviert die Umstände in eigene Vorhaben, man zeigt sich *motiviert*.

---

52 Schütz/Luckmann 1984, Kap.V., eine kurze Darstellung auch in Schütz 1971a, S.22-25.
53 Hitzler 1988, S.25.
54 Schütz 1971a, S.23, Schütz/Luckmann 1984, S.27ff. u.ö.

Die im Entwurf vorgesehenen Umstände können das Handeln *anderer* mit einbeziehen. Handeln, das im Entwurf das Erleben und Handeln anderer mit einbezieht, bezeichnen Schütz und Luckmann im Anschluß an Max Weber als *soziales* Handeln.[55] Erst in dieser Konstellation lassen sich die komplexen Möglichkeiten des Handelns fassen: Der Handelnde involviert seine eigene Zeit in Form von Zeitspannen, und er involviert andere Handelnde, denen er *ihre* eigenen Zeitspannen und Motive unterstellen muß, in seine Entwürfe, kann sie zu Situations-, Tages- und sogar zu Lebensplänen zusammenstellen - und sich so für sein eigenes Einwirken auf die erlebte Welt disponieren. Dabei ist "Disposition" keineswegs mit "Kontrolle" gleichzusetzen. Es sind immer nur *Aspekte*, als typisch bekannte Momente, die im Entwerfen als Ergebnisse eigenen Wirkens vorgestellt werden können - und hinsichtlich deren potentieller "Eigenkontrolle" kommt es ganz besonders darauf an, wieviel Wissen über die Wirkungen der Umstände und besonders der Handlungen anderer in den Entwürfen enthalten ist.

Handeln bleibt stets eine Bewährungsprobe für das gesamte Set an Typisierungen, das im relevanten Handlungsbereich erworben wurde und in Anschlag gebracht wird. Irritationen, Überraschungen und A-Typisches bleiben unabweisbar Momente des Handlungsvollzugs, da - wie oben beschrieben - eigenes Wissen, eigene Typisierungen und Vorhersagen immer auf der Selektivität des Erfahrens, Erinnerns und Erwartens beruhen. Im Extrem kann man sich sogar durch sein eigenes Handeln überraschen: Wenn man sich mit Tatsachen konfrontiert sieht, die sich unvorhergesehenerweise als Effekt eigener Einwirkungen darstellen und als solche im Entwurf von Folgehandlungen berücksichtigt werden müssen. Im Fall sozialen Handelns ist diese Art der Erfahrung gar nicht einmal eine seltene Ausnahme. Wenn beispielsweise Alter signalisiert, daß sein Verhalten durch ein Verhalten motiviert war, das Alter als Egos Handlung interpretiert, so ist Ego überraschend vor eine "eigene Handlung" gestellt. Die Unterstellung wechselseitiger Überraschungsfähigkeit dieser Art gehört sogar zu den typischen Kennzeichen bestimmter Begegnungsformen, etwa der Begegnungen "unter Fremden" oder auch der Begegnungen "in Geselligkeit". Zwar weiß man "gemeinhin", was in solchen Situationen voneinander zu erwarten ist, aber "en detail" erwartet man auch die Begegnung mit "Unerwartetem" - diese Erwartung macht den besonderen Reiz solcher Begegnungsformen aus.

---

55 Schütz 1971a, S.25-29, Schütz/Luckmann 1984, S.95-135.

1.5. Das Trajektorie: Einheiten des Handelns und soziale Zeit

Die beschriebene Zeitstruktur des Handelns - Handeln als vorentworfene Erfahrung, als ein Erleben im "modus futuri exacti" - öffnet der Wissenssoziologie ein breites Untersuchungsfeld, das über Ideologie-, Weltanschauungs- oder auch Wissenschaftssoziologie weit hinausgeht und bislang nur rudimentär erschlossen ist. Ein besonderes Augenmerk wurde bislang auf die Untersuchung von *Situationen*, von Momenten "gemeinsamen" Erlebens und Handelns *in kopräsenter Anwesenheit* gerichtet - man denke etwa an das Thomas-Theorem von der "Definition der Situation", an die Studien von Erving Goffman und der Ethno-methodologie. Für die hier anstehenden Untersuchungen zum unternehmerischen Handeln ist jedoch ein anderer Aspekt dieser Zeitstruktur von größerer Bedeutung: der Aspekt von situations*übergreifender* Aktion, die Frage nach der Planung, Koordination und Realisierung "gemeinsamer" Aktionen, deren Einheit - Anfang, Vollzug und Ende - nicht auf eine Situation reduziert werden kann - weder von den Handelnden, noch von der wissenssoziologischen Beobachtung. Die Entwürfe solcher situationsübergreifenden Vollzüge müssen *Übergänge, Neuanfänge und Warteschleifen* vorsehen. Hiermit ist das Problem der *Verknüpfung von Handlungen in der Zeit* angesprochen; ein Problem, zu dessen soziologischer Analyse Anselm Strauss das Konzept "trajectory" vorgeschlagen hat.[56]

"... I shall use *trajectory* in two ways: (1) the course of any experienced phenomenon as it evolves over time (an engineering project, a chronic illness, dying, a social revolution, or national problems attending mass or 'uncontrollable' immigration) and (2) the actions and interactions contributing to its evolution. That is, phenomena do not just automatically unfold nor are they straightforwardly determined by social, economic, political, cultural, or other circumstances; rather, they are in part *shaped by the interactions* of concerned actors."[57]

Strauss verwendet dieses Konzept nicht, um Handeln aus der Zeit, sondern die *soziale Zeit aus den Einheiten des Handelns* abzuleiten.[58] Das Trajektorie-Konzept

---

56 Strauss 1993, S.52-70. Trajektorie steht im Lateinischen für die Flugbahn eines Geschosses, in der Mathematik für eine Kurve, die jede Kurve einer gegebenen Schar von Kurven genau einmal schneidet. Zum Konzept siehe auch Strauss 1991, S.148ff., Strauss et al. 1985, S.8ff., Soeffner 1989a, S.146-151, Riemann/Schütze 1991.

57 Strauss 1993, S.53f.

58 Strauss selbst bezeichnet "trajectory" als das zentrale Konzept seiner theory of action " I ... concluded that this elaborated conceptualization of trajectory was the central concept in my sociological, interactionist theory. I realized also that it embodied all of the assumptions of a theory of action ... ". (1993, S.53).

"repräsentiert die Verknüpfung individueller Lebenszeiten zu einer sozialen, interaktiv und intersubjektiv koordinierten Zeit. Diese ist nicht in Zeitintervalle auflösbar, sondern nur in Handlungseinheiten. ... Strauss verlegt nicht das Handeln in eine bestimmte Zeit, sondern umgekehrt die Zeit in Handeln, Erleben, Wahrnehmen und Erfahren."[59] Hans-Georg Soeffner gibt in seiner Beschreibung zwei Beispiele solcher Trajektories, ein relativ plastisches, trivial anmutendes und doch hochkomplexes Beispiel sowie ein ungewöhnliches und zugleich sozial sehr relevantes Beispiel.[60] Das anschauliche Beispiel ist die Organisation eines Football-Spiels. Ein einziges Spiel hat seinen Ort und seinen Termin innerhalb einer ganzen Serie solcher Spiele. Es involviert die Teams inklusive der Trainer, Reservisten, Betreuer, Vereinsverwalter, darüber hinaus Finanziers, Werbe- und Verkaufsstrategen, verschiedene Arten von Zuschauern (Fans und ihren Anhang, Reporter und anderes beobachtendes "Personal" wie Eisverkäufer, Sanitäter, Feuerwehrleute, Polizisten, Techniker usw.). Sie alle koordinieren sich in dem Trajektorie eines einzigen *Ereignisses*. Es ist das *Thema*, das in den einzelnen Handlungsentwürfen einen für alle Beteiligten erkennbar "gemeinsamen Sinn" stiftet.

Das zweite Beispiel beschreibt ein Thema, dessen Realisierung nicht auf ein konkretes und zeitlich lokalisierbares Ereignis reduziert werden kann, dessen "Gemeinsamkeit" vielmehr durch eine dauerhafte Präsenz gestiftet wird. Es scheint zunächst etwas ungewöhnlich, aber auch das *Thema* "Sterben" kann als ein Trajektorie, als ein situationsübergreifendes, wechselseitiges Abstimmen von Handeln und Erleben aufgefaßt werden. Das Trajektorie Sterben "ist begleitet von 'Teil-trajectories', Krankheiten, Krisen, Rekonvaleszenzen, Phasen der 'Gesundheit': und es ist - natürlich - der eineiige Zwilling des 'trajectory' Leben."[61] Mal aufdringlich, mal weniger spektakulär ist in diesem komplexen Trajektorie immer eine *Gemeinsamkeit des Bemühens* erkennbar: "dem Sterben ein Stück Leben, der Krankheit ein Stück Gesundheit abzumogeln."[62] In unauffälliger Weise durchzieht dieses Trajektorie den Prozeß des Alterns, auch wenn er vordergründig allein durch biologische und psychologische Bedingungen geprägt zu sein scheint. "Immer aber vollziehen wir diesen Prozeß mit anderen, stehen wir in einem Handlungsgefüge, das sich an *seinem* Thema orientiert, uns gemeinsam mit anderen auf dieses Thema und das ihm entsprechende Handeln verpflichtet und gesellschaftliche Organisa-

---

59 Soeffner 1991, S.12.
60 Ebd., S.10f.
61 Ebd., S.11.
62 Ebd., S.11.

tionsformen (wieder) hervorbringt oder variiert, deren Autor nicht irgendein konkretes einzelnes alterndes Subjekt, sondern das 'trajectory' aller Beteiligten ist."[63]

Ein drittes Beispiel für ein Trajektorie - gewissermaßen ein Trajektorie "mittlerer Würdigkeit und sozialer Bedeutung" - beschreibt Soeffner in einer Studie über die Verknüpfung von polizeilichem und juristischem Handeln: das Trajektorie "Gerichtsverhandlung", an dessen Thema, dem rechtskräftigen Urteil, nicht nur der Richter in seinem Urteilsspruch, sondern alle Beteiligten - ab der Aufnahme einer Anzeige, in den Zeugen- und Beschuldigtenbefragungen, in der Erstellung von Protokollen und Aktenvermerken, in der Beweisaufnahme vor Gericht usw. - ihr Handeln orientieren.[64]

Im Rahmen solcher Trajektories - "würdiger" Trajektories wie Sterben und Altern, "trivialerer" Trajektories wie Football-Spiele und aller denkbaren Mischformen von "Würdigkeiten" und "Trivialitäten" - stellt sich für die Handelnden das Problem der *Identität*. "Teilhabe an einer sozialen Welt vollzieht sich im Handeln. Sich in ihr zu orientieren und zu bewegen, bedeutet, sich bestimmten Positionen und Aufgaben zuzuordnen - sich im Handeln zu 'verorten'."[65] Unternehmerisches Handeln - dies sollen die anschließenden Untersuchungen zeigen - ist *eine* der Möglichkeiten, *sich* in der modernen Gesellschaft durch die Beteiligung an Trajektories eines bestimmten Typs *sozial zu "verorten"*, seinem Erleben eine Strukturierung abzugewinnen, die Teilhabe am sozialen Geschehen *und* das Erleben eigener Identität ermöglicht. Innerhalb dieser Doppelstruktur des Handelns - soziale Positionierung und Intentionalität - kann das persönliche Interesse am wirtschaftlichen Risiko identifiziert werden.

1.6. Objektivationen

Im folgenden ist noch die Frage zu behandeln, wie "fremdes" Wissen überhaupt "beobachtet" oder zumindest ermittelt werden kann. Zuvor wurden Erleben, Erfahren und Strukturierungen des Wissenserwerbs beschrieben, als ob diese Vorgänge ohne weiteres beobachtet und gedeutet werden könnten. Erfahrungen

---

63 Ebd., S.11.
64 Soeffner 1992c, siehe auch Reichertz 1991 für das Trajektorie "Aufklärung eines Mordes", Schröer 1992 für das Teil-Trajektorie "Vernehmung eines Beschuldigten".
65 Soeffner 1991, S.7.

Anderer sind jedoch nur vermittelt zugänglich. Sie müssen über Erscheinungen der äußeren, der gegenständlichen Welt rückerschlossen werden. Dies gilt nicht nur für die wissenschaftliche Beobachtung, sondern in der alltäglichen Praxis des Fremdverstehens selbst. Erfahrungen vollziehen sich nicht allein in der inneren Dauer des Bewußtseins, sie sind zugleich auf Gegebenheiten der dem Bewußtsein äußeren Welt, auf Gegenstände des Erfahrens gerichtet. Husserl beschrieb diese *Einheit* von Bewußtsein und Phänomen als *Intention*. Erfahrungen entäußern sich: in Körperbewegungen, im gestischen und mimischen Ausdruck, im Einwirken auf materielle Gegebenheiten. Dieses Äußerungsmoment des Erfahrungsablaufes nennen Schütz und Luckmann "Objektivierung". "Mit diesem Ausdruck wollen wir allgemein die Verkörperung subjektiver Vorgänge in Vorgängen und Gegenständen der Lebenswelt bezeichnen."[66] Ähnlich heißt es bei Berger und Luckmann: "Der Vorgang, durch den die Produkte tätiger menschlicher Selbstentäußerung objektiven Charakter gewinnen, ist Objektivation, das heißt Vergegenständlichung."[67] Entäußerung und Objektivierung bilden eine untrennbare Einheit, nur durch diese Einheit sind Schlüsse auf Intentionen und auf fremdes Erleben möglich - für den lebensweltlichen wie für den wissenschaftlichen Beobachter.

Zur ersten Orientierung lassen sich grob vier Arten der Verkörperung, der Entäußerung und Objektivierung und damit auch der Zugänglichkeit subjektiver Erfahrungen für ein alter Ego unterscheiden:[68] 1. die elementaren *Körperbewegungen*, von denen ein Beobachter synchron auf den Erfahrungsablauf und den Wissenserwerb des Anderen rückschließen kann; 2. *Anzeichen*, die solche elementaren Bewegungen in der gegenständlichen Welt hinterlassen haben, ohne daß die Hinterlassenschaft selbst vom Handelnden intendiert sein muß (Beispiele: Spuren im Schnee, eine verlassene Feuerstelle); 3. *Erzeugnisse*, das sind intendierte Veränderungen der gegenständlichen Welt: Merkzeichen (Einkerbungen in Bäumen, um Wegführungen zu erinnern; Einkerbungen des Schäfers in Holzstücken, um die Zahl seiner Herdentiere zu memorieren, die sprichwörtlichen "Kerbhölzer"), Werkzeuge und Kunstwerke und 4. *Zeichen*, das sind Veränderungen in der gegenständlichen Welt, in denen der Beobachter erkennen kann, daß sie von jemanden zur nachvollziehenden Deutung durch einen Anderen vorgenommen wurden (elementare Beispiele: wenn die Baumkerben nicht für den Rückweg des Wanderers, sondern zur Orientierung anderer Wanderer gesetzt

---

66   Schütz/Luckmann 1979, S.317.
67   Berger/Luckmann 1984, S.65.
68   Schütz/Luckmann 1979, S.317-342.

wurden; oder die Kerbhölzer vom Hirten an den Besitzer der Tiere zur Prüfung weitergereicht werden; Lautzeichen wie Warnrufe; komplexeres Beispiel: Lautzeichensysteme, also Sprache).

Von allen vier Formen der Objektivation (Körperbewegungen, Anzeichen, Erzeugnissen und Zeichen) ist die Form der Zeichen und der Zeichensysteme die wirksamste zur *Vermittlung* subjektiven Wissens, auch wenn sich die Vermittlung von Wissen niemals ganz von den anderen Formen der Objektivation lösen kann. Im Unterschied sowohl zur synchronen Deutung von Körperbewegungen als auch zur nachvollziehenden Deutung von Anzeichen und Erzeugnissen kann die Deutung von Zeichen und Zeichensystemen sich fast völlig vom ursprünglich situativen Ablauf des Wissenserwerbs lösen. "Das Problem, dessen Lösung sich in bestimmten Anzeichen oder Erzeugnissen 'objektivierte', muß sich für denjenigen, der die Lösung in einer Deutung dieser 'Objektivierung' übernimmt, von vornherein in ähnlicher Weise darstellen wie für denjenigen, der die Lösung ursprünglich gefunden hatte. Die Deutung solcher 'Objektivierungen' als Anzeichen für Problemlösungen ist weitgehend davon abhängig, daß in der Deutungssituation die 'gleichen' Elemente wie in der ursprünglichen Problemsituation gegeben sind."[69] Auch die Deuter von Baumkerben wollen wie ihr Urheber den Weg durch den Wald finden, oder sie können sich zumindest vorstellen, daß sich diese Suche als ein eigenes Problem ergeben könnte. Die Entdecker von spitzen, platten und scharfkantigen Eisenstangen müssen sich vorstellen, damit einen Menschen töten zu können, um dieses Artefakt als "Schwert" bezeichnen und als Erzeugnis des Schmiedes einer kriegführenden Kultur identifizieren zu können, der für diese Kunstfertigkeit von seiner Stammes-, Dorf- oder Stadtgemeinschaft in Lohn und Brot gesetzt wurde.

Auf der Ebene der Zeichen und Zeichensysteme wird diese enge Bindung der Deutung an konkrete Situations- und Erfahrungsverläufe auf eine radikale Art und Weise unterbrochen. "Auf dieser Stufe kann auch subjektives Wissen, das von den räumlichen, zeitlichen und sozialen Aufschichtungen der Erfahrungen, aus denen es sich ursprünglich sedimentiert hatte, abgelöst ist, an Andere vermittelt werden. Die Deutung ist von den vorgegebenen Elementen der Deutungssituation und den Relevanzstrukturen der aktuellen Erfahrung des Deutenden weitgehend unabhängig. So kann auch Wissen, das für den Deutenden nur *hypothetisch*

---

69 Schütz/Luckmann 1979, S.332.

relevant ist, übernommen werden. Durch Zeichen können auch 'Problemstellungen', nicht nur 'Problemlösungen' vermittelt werden."[70]

Diese Einsicht in die besondere Objektivationswirkung des Zeichens und der Zeichensysteme deutet nochmals auf den Punkt, der die jüngere Wissenssoziologie von ihren klassischen Vorgängern trennt. Sie formuliert den tendenziellen Abstraktionscharakter von Zeichensystemen, betont jedoch gleichzeitig den in jedem Zeichensystem enthaltenen Verweis auf *Problemstellungen*, deren Erfahrungsqualitäten und Wirklichkeitsakzente rekonstruiert werden können. Die Wissenssoziologie im Anschluß an Schütz, Luckmann und Berger hat zum Ziel, in den der Analyse zugänglichen Zeichen und Zeichensystemen die grundlegenden Erfahrungs- und Handlungsprobleme zu identifizieren, zu deren Objektivierung und Vermittlung die Zeichen gedient haben könnten und gegebenenfalls auch weiterhin dienen. Dieses Vorgehen schließt die Fragen nach Macht-, Herrschafts-, Schicht-, Klassen- und anderen Gebundenheiten keineswegs aus; sie behält es jedoch der empirischen Analyse und *nicht* der theoretischen Entscheidung vor, bestimmte Wissenselemente und -systeme allgemeinen und prinzipiell gruppenunabhängigen und andere Wissenselemente spezifischen und sozialstratifikatorischen Problemstellungen zuzuordnen. *Der grundlegende Bezug von Wissen wird in Problemen gesehen,* die zunächst einmal rekonstruiert und in ihrer Eigenheit verstanden werden müssen; und erst auf der Grundlage dieser Elementaranalyse kann die Frage nach dem "Wer?" "hinter" den Problemen sinnvoll gestellt und beantwortet werden.

Dieses Primat auf der programmatischen Ebene ist deutlich von der *methodologischen* Frage zu unterscheiden, über welche Forschungswege man praktisch zu den Wissensfeldern gelangt, die man zu untersuchen beabsichtigt. Hier werden in der Regel "Wer?"-Fragen wegleitend sein. Dies gilt zumindest für Untersuchungen wie die, die in dieser Arbeit durchgeführt werden soll. Sie braucht "Adressen" für unternehmerische Handlungsprobleme; und sie findet sie beispielsweise in der Schicht großbürgerlicher Kaufleute des ausgehenden Mittelalters, bei bürgerlichen Unternehmern der Neuzeit und bei einigen exemplarisch ausgewählten selbständigen Unternehmern der Jetztzeit. Neben diesen noch relativ konkreten Adressen tauchen im Gang der Untersuchung auch verschiedene, schon viel anonymere Adressen, wie etwa jene des bürgerlichen Rechts, der institutionalisierten Wissensvermittlung in Schulen, Fachschulen und Hochschulen auf. Doch wird

---

70   Ebd., S.332, Herv. A.B.

dabei prinzipiell darauf verzichtet, diese methodologische Not der Adressierung von Wissenskomplexen zur Tugend der Theorie zu stilisieren, die "hinter" dem Gesamtkomplex der aufgezeigten semantischen Felder ein irgendwie *einheitliches Interesse* zu verorten vermag. Hingegen wird versucht zu zeigen, daß der kleinste gemeinsame Nenner der semantischen Felder durch *Handlungsprobleme eines bestimmten Typs* gebildet wird, und daß *die* Interessen an der Bearbeitung dieses Problems sehr unterschiedlicher Art sein können.

Eine weitere Frage mit methodologischen Implikationen ist, unter welchen Umständen Objektivationen überhaupt der Deutung zugänglich sind. Wissen ist - wie oben gezeigt - an die Kontinuität des Erlebens und Handelns gebunden, hat nur in Aktualisierungen "Bestand". Auf dieser elementaren Ebene muß die Rede von "Sedimenten" und "Vorräten", die hier im Anschluß an Schütz, Luckmann und Berger zur Beschreibung des Erwerbs und des Aufbaus von Wissensstrukturen gebraucht wurde, als metaphorische Darstellungshilfe verstanden werden. Materialität gewinnt Wissen nicht im Erleben selbst, sondern allein in den Formen seiner Entäußerungen, und deren Beständigkeit hängt wiederum von der Materialität der Speichermedien ab: Bewegungen bedürfen - wenn sie als Objektivation gedeutet werden sollen - der kopräsenten Beobachtung, Laute verhallen binnen kurzem, Erzeugnisse können nur vor ihrem Verfall gedeutet werden. Genau besehen, erlauben nur solche Objektivationen Rückschlüsse auf Wissen, die redundant, die wiederholt auftreten. Einmalige Objektivationen bleiben, wie die Einmaligkeiten des Erlebens, für Andere in sich unverständlich und uninterpretierbar. Wiederholungen und gewisse Häufigkeiten des Auftretens sind Voraussetzungen für die Chance des Fremdverstehens - innerhalb einer Kultur und erst recht für jede kultur- und sozialwissenschaftliche Forschung.[71]

1.7. Zusammenfassung der wissenssoziologischen Grundlagen

Erleben ist die Form des Weltkontaktes, aus dem es keinen Ausstieg gibt. Der Erlebnisstrom als solcher bricht nie ab, auch wenn einem "Einschneidendes" widerfährt. Erleben ist in seiner Totalität *und daher* in seiner "Flüchtigkeit", in dem permanenten Wechsel der Erlebnisinhalte, konstituiert. Allein Erfahrung ist eine

---

71 Gerade dort, wo "Einmaligkeiten" vermutet werden, bedarf das Fremdverstehen zahlreicher gedankenexperimenteller Wiederholungen und Vergleiche mit "Verwandtem", um überhaupt zu plausiblen Resultaten zu gelangen. So stellt gerade die Vermutung, es beim kulturellen Gesamtkomplex der "Moderne" mit einem westeuropäischen Sonderfall und einer Einmalentwicklung zu tun zu haben, alle Formulierungsversuche eines "kulturellen Selbstverständnis" vor erhebliche Probleme.

haltbare Form des Erlebens, die Form des Erlebens, die eine gerichtete Zuwendung zu den Inhalten des Erlebens und zum Erleben des Erlebens möglich macht. Erfahrung ist die Verbindung von Aspekten des Einen zu Aspekten des Anderen, seien es dinghafte (dies und anderes, hier und dort) oder zeitliche (vorher, jetzt und nachher) Zuordnungen. Nur der Moment der Erfahrung gibt einen subjektiven Halt im Moment der aktuellen Bewußtseinsspanne, oder anders gesagt: *die Erfahrung erzeugt Welt und Subjekt in einem*, bestimmt die Einheit von "hier und dort" und "vorher, jetzt und nachher".

In ihrer Horizont- und Momenthaftigkeit ist auch Erfahrung nicht als Ganzes, nicht in der Einheit aller ihrer räumlichen und zeitlichen Verweisungen haltbar. Im Vergehen des Erfahrens entsteht weiteres Erfahren, in dem Vergangenes nur in Aspekten, in Abstraktionen der vergangenen Verweisungshorizonte repräsentiert ist. Einzelne Elemente des Erlebens werden zu solchen in der Erinnerung repräsentierten Aspekten zugeordnet, das heißt typisiert. Und nur das Typische ist jene haltbarste, festeste Form des Erlebens, die hier als Wissen bezeichnet wird. Man weiß um Ähnlichkeiten, Identitäten und Wiederkehr - und dieses Wissen disponiert für kommende Erfahrungen. Typisierung ist keine abgeleitete Qualität der jeweils typisierten Objekte und Vorgänge, sondern die Leistung des Bewußtseins selbst: die Leistung des "sich Vorstellens" der Objekte und Vorgänge - und die Adäquanz der einzelnen Vorstellung kann nie "unvermittelt" an den Objekten und Vorgängen überprüft und getestet werden; Adäquanz ist vielmehr ein Selbsttest der Vorstellung, die ihren aktuellen Inhalt mit der Prognose (von Typischem) vergleicht, die sie aus der (aktuellen) Erinnerung an vergangene Vorstellungen gewinnt.

Von der Typisierung zu unterscheiden ist die Kategorisierung. In ihr werden Zuordnungsweisen formell beziehungsweise auf formalisierbare und überprüfbare Art und Weise fest- und vorgeschrieben. Während Typisierungen für den Aufbau einer lebensweltlichen Orientierung grundlegend sind, so bilden Kategorisierungen eine wichtige Grundlage für wechselseitige Verständigungen und auch für die Übermittlung ganzer Wissensbestände.

Die Vollständigkeit einer Welterfahrung - als Lokalisierung in einem konkreten "Hier und Jetzt", die Lebenswelt im Sinne Husserls und Schütz' - kann nur im Aufbau einer *Konstellation von Typen*, also in einer Zusammenstellung von typischen Objekten und typischen Vorgängen gewonnen werden; alles andere ist ein Mitgerissenwerden im Strom des Erlebens, einschließlich seiner eruptiven

Momente: Unfaßbarkeit und Unvorhersehbarkeit. Nur Zusammenstellungen in Form von Typisierungen disponieren für "geordnete" Welterfahrungen, Erfahrungen im Modus der "Normalität". Solche komplexen Zusammenstellungen können kaum ex nihilo kreiert werden. Sie resultieren vielmehr aus einer je individuellen Lernbiographie, die Einiges vertraut und Anderes "neu" erscheinen läßt; wobei "Neuheit" allein als Kontrast zum Vertrauten und Bestimmten erfahrbar ist.

Den wichtigsten Halt für alles Vertraute geben bekannte Objektivationen; jene Anzeichen der gegenständlich erfahrbaren Welt, die im Moment des Wahrnehmens auf vergangene und subjektiv als mehr oder weniger bewährt anerkannte Ordnungsleistungen intentionaler Tätigkeiten verweisen. Dies ist gemeint, wenn Berger und Luckmann schreiben: "Die Wirklichkeit der Alltagswelt ist nicht nur voll von Objektivationen, sie ist vielmehr nur wegen dieser Objektivationen wirklich. Ich bin dauernd umgeben von Objekten, welche subjektive Intentionen 'proklamieren', obgleich ich manchmal nicht sicher bin, was ein bestimmter Gegenstand eigentlich 'proklamiert'."[72]

---

72   Berger/Luckmann 1984, S.37.

2. Wissensvermittlung durch Sprechen, Schreiben und Rechnen

Im folgenden sollen die oben genannten Typen von Objektivationen auf ihre untersuchungsrelevanten Voraussetzungen ein wenig eingehender beschrieben werden, vor allem diejenigen Objektivationstypen, auf die sich die nachstehenden Abschnitte zum unternehmerischen Wissen vornehmlich stützen: das Gespräch, die Schrift und eine Sonderform schriftlich-graphischer Objektivation: die Rechnung.

2.1. Wissensvermittlung im Sprechen

"Das notwendigste Vehikel der Wirklichkeitserhaltung ist die Unterhaltung." Mit dieser These markieren Berger und Luckmann[73] den zentralen Stellenwert mündlicher Reden und Dialoge für die Analyse der gesellschaftlichen Konstruktion von Wirklichkeit. Wenn man auch jede monologartige Rede, wie es seit der antiken Rhetorik möglich ist, als dialogisches, Frage-Antwort-Beziehungen implizierendes Geschehen sieht, wäre demnach der mündliche Dialog unter Anwesenden die wirkmächtigste Objektivation von Wissen, der beeindruckendste Hinweis auf Erlebnisse, auf fremde und auf eigene Erfahrungen. Die große Bedeutung des Sprechens ist evident: das Kind lernt im Sprechkontakt mit seinen Bezugspersonen "seine" Welt, vor allem die von Anderen bevölkerte Welt kennen, nur durch Erzählungen hat der Mensch Kontakt zur Welt (beziehungsweise zu *den* Welten) seiner Vorfahren und Zeitgenossen. Aber daneben gilt es doch, die Beziehungen des Sprechens zu anderen Formen der Objektivationen genauer zu betrachten, um sein relatives Gewicht in Wissenserwerb und -vermittlung einschätzen zu können. So läßt sich beispielsweise fragen, ob die obige These vom Primat der Unterhaltung wirklich für alle Epochen und alle Kulturen in Anschlag gebracht werden kann, oder ob sie nicht vielmehr ihrerseits einen Reflex auf typisch moderne Erfahrungen des sozialen Kontakts darstellt.

Sprechen verlangt die Aufmerksamkeit der Anwesenden, den Sprecher selber eingeschlossen. Diese Aufmerksamkeit muß von allen anderen möglichen Gegenständen der Aufmerksamkeit abgezogen werden, also von allen Objekten, Artefakten und auch von den Ausdruckszeichen der Körper der Anwesenden. Solch eine Konzentration ist zunächst einmal äußerst unwahrscheinlich; und sie gelingt nur, wenn das Sprechen selbst die Anwesenden oder wenigstens einige

---

73   1984, S.163.

Anwesende faszinieren kann: sei es durch den Bezug auf aktuell Wahrnehmbares, auf in der Erinnerung aktualisierbare vergangene Wahrnehmungen oder auf aktualisierbare Erwartungen künftiger Wahrnehmungen. Das Sprechen um des Sprechens willen (Sprechrituale wie das Gebet oder die Konversation) ist ein Sonderfall, der nur als Abhebung eines "besonderen" Sprechens von den pragmatischen Formen des Sprechens vorstellbar ist (abgehoben beispielsweise durch Verwendung bestimmter Formeln, durch Rhythmik und Intonation, durch seine Syntax oder durch außersprachliche Signale der Besonderheit, etwa durch materiale Symbole, die die Anwesenheit einer anderen und "mächtigeren" Wirklichkeit signalisieren).

Grundsätzlich aber muß sich Sprechen in der Wahrnehmung der Anwesenden "einrichten", hat also in seinem situativen Gebrauch *kein* Wirklichkeitsprimat. Von daher hat das Sprechen in den heute noch bekannten "einfachen" Kulturen, die zum großen Teil über gemeinsames Arbeiten, Wohnen, Essen und die Pflege ihrer Rituale integriert sind, vielleicht längst nicht die zentrale Stellung in der Wissensvermittlung und Wirklichkeitsbestimmung, wie sie Berger und Luckmann für moderne Gesellschaften vermuten. Und selbst in den über Wissenschaft und Massenmedien modifizierten Redeformen kann die Strukturierungswirkung des Wahrnehmbaren für die Sprache beobachtet werden. Man siehe beispielsweise die in der Antike entwickelte und bis in die Neuzeit tradierte *Lehre* von der wirkungsvollen Rede, die Rhetorik (deren Entwicklung selbst, nebenbei bemerkt, im Medium der Schrift statthatte). Gelehrt wurde hier die Anpassung des Redeaufbaus und des Redevollzugs an die Aufnahme-, Vorstellungs- und Memorierfähigkeiten von Zuhörern, und der Metaphorik, der Verbildlichung, kam dabei eine besondere Bedeutung zu. Die "Bildhaftigkeit" der Sprache kann als Substitut für tatsächlich Wahrnehmbares gesehen werden, im Fall der Rhetorik technisch genutzt, um dem Grundproblem der jederzeit möglichen Faszination durch Nichtsprachliches vorzubeugen.[74]

Sobald durch die Sprechmittel Aufmerksamkeit sichergestellt ist, tendiert das Sprechen dazu, die soziale Situation zu dominieren. Sprechen provoziert Reaktion und beansprucht damit nicht nur Aufmerksamkeit für die Rede selbst, sondern darüber hinaus für den Fortgang der Rede, für den Anschluß oder auch den Abschluß des Gesagten. In diesem elementaren Sinn kann jedes Sprechen

---

74 Gleiches gilt für die heutigen Bebilderungstechniken wie Zeichnungen, Fotografie, Film und Fernsehen und jüngst Multimedia auf dem Computerbildschirm.

tatsächlich als dialogisch charakterisiert werden. Selbst jener Sprechtypus, der sich als Monolog präsentiert - als Sprechtypus, in dem sich nur ein Sprecher bemerkbar macht -, ist auf fortlaufende Annahme seitens der Zuhörer und auf ein anerkanntes Schlußwort angewiesen. Er bedarf mit anderen Worten der stillschweigenden (!) und gerade in diesem Schweigen wirksamen Akzeptanz. Solch eine Duldung ist - angesichts der Fülle potentieller Störfaktoren im Wahrnehmungsfeld der Anwesenden - eine sehr voraussetzungsvolle Angelegenheit und bedingt entsprechender Vorkehrungen im Situationsarrangement. Der monologisierende Sprecher muß sich auf Signale stützen, die auf den besonderen Wert des Wissens verweisen, das er zu vermitteln hat. Charismatische Rede, die durch das Sprechen selbst die Anwesenheit einer autoritativen Instanz suggeriert, verdankt sich einem starken Informations- und Wahrheitsbedürfnis der Zuhörer und ist daher - wie Max Weber zeigte - ein Sonderfall mit geringer Chance zur Dauerhaftigkeit.[75] In der Regel wird die Autorität der monologisierenden Rede über Symbole hergestellt, die für den Redner den Hinweis auf eine höhere Wirklichkeits- und Wichtigkeitssphäre übernehmen (die Weisheitsembleme des Schamanen, die Kanzel des Predigers, die Zentral- und Höherstellung des Rednerpults usw.).

Im Normalfall der Unterhaltung, des Gesprächs im verbreiteten Wortsinn, muß Sprecherautorität *situativ* her- und sichergestellt werden. Hier muß der Sprecher im Sprechen zeigen und beweisen, daß er was zu sagen hat, daß er etwas weiß, was für die oder zumindest einen anderen Anwesenden wissenswert sein könnte. Das Grundproblem des Sprechens ist dabei nicht - wie das Idealbild des platonischen Dialoges suggeriert - die Rückfrage oder gar der Widerspruch. Jede Rückfrage, jeder Widerspruch attestiert dem zuvor Gesagtem Bedeutung und sichert ihm Resonanz. Das Grundproblem des Sprechens ist die Ignoranz, die Resonanzlosigkeit, die Folgenlosigkeit einer Aussage, das Überhören und Übergehen durch die adressierten Hörer.[76] Nur, wenn man dieses Grundproblem im Blick behält, erschließt sich der enge Zusammenhang von subjektivem Wissen und Gespräch, erschließt sich auch die Bedeutung der Gesprächsanalyse für eine Wissenssoziologie, die anders als ihre Vorgänger nicht vom *alltäglich* wirksamen Wissen

---

75 Weber 1976, S.142ff., 654-687.
76 Dieser Punkt markiert unter anderem auch die Differenz der wissenssoziologischen Fassung des Objektivationsproblems und der Sprechanalyse von der diskurstheoretischen Variante (Habermas), die - nach ausführlicher Exegese sprachphilosophischer Texte - in der Sprache das Telos des Konsenses und der Verständigung erblickt. Wenn man schon auf eine Teleologie der Sprache und des Sprechens nicht verzichten mag, dann wäre sie im Aspekt der *Beachtung* anzusetzen; dann aber wäre wiederum nicht zu erkennen, wieso Konsens prinzipiell beachtlicher, "grundlegender" als Konflikt sein sollte. Gerade in der heutigen Gesprächskultur scheint Konflikt doch wegen der Anhäufung von Diskurszumutungen mehr und mehr (und nicht: weniger und weniger) Garant für Aufmerksamkeit und Beachtung zu sein.

abstrahieren mag. Im Gespräch hat subjektives Wissen in erkennbarer Form teil am sozialen Geschehen, werden viele wichtige Sedimente subjektiver Erfahrungen objektiviert.

In den traditionellen Ansätzen wird Wissen vor allem in Texten lokalisiert. Man untersucht, was berühmte Autoren zu diesem und jenem geschrieben haben, und wie Autoren andere Autoren interpretiert haben und was dazu wiederum auszusagen, d.h. zu schreiben ist. Impliziert wird in diesem Vorgehen wohl, daß alle weltlich-mündliche Rede eine mehr oder weniger unvollkommene Kopie und Collage aus einzelnen Textstellen des großen Archivs menschlichen Wissens darstelle und - außer in einem gewissen Wiederholungswert - keine Eigengeltung beanspruchen könne. Wissen ist hier ganz in Texte verbannt, und Textexegeten müssen angesichts des wachsenden Literatur-, Sekundär- und Tertiärliteraturberges immer größere rhetorische Anstrengungen unternehmen, "grundlegende" Aussagen zu separieren und ihre Bedeutung für "die Praxis" (aber welche?) hervorzuheben, um eine Chance auf Gehör (!) zu erlangen.

Dieser Vorbehalt ist nicht so zu verstehen, daß nun im Umkehrschluß Wissenssoziologie auf jede Form der Textexegese verzichten könne. Solch eine Selbstbeschränkung ließe angesichts der Tradition und der offenkundigen Textbasierung moderner Wissensformen kaum einen nennenswerten Erkenntnisertrag erwarten; zumal Wissenssoziologie selbst - wie jedes wissenschaftliche Unternehmen - von den Möglichkeiten der Textform abhängt.[77] Aber Textanalyse kann nur dann wissenssoziologisch ausgewertet werden, wenn das Verhältnis von Text und Wissen näher bestimmt ist; und dies kann nur durch einen Vergleich der *verschiedenen* Objektivationsformen erreicht werden. Wie nachfolgend gezeigt wird, deckt die Form des Textes nicht einmal alle Objektivationen ab, die sich des Mediums der Schrift bedienen.

2.2. Objektivationen durch Schrift

Die Schrift diente in den ersten 5000 Jahren ihrer Geschichte vor allem dem *Zweck der Aufzeichnung*.[78] Drei Viertel aller Tontafeln, die aus mesopotamischer Zeit (seit 3500 v.C.) vorliegen, haben buchhalterische und verwalterische Inhalte.[79] Und

---

77   Gross 1979.
78   Goody 1990, S.94-104, Coulmas 1992, S.256-262, Hagège 1987, S. 79.
79   Coulmas 1992, S. 258f.

auch die Zeichen der übrigen Tontafeln "erzählen" durch aufgezeichnete Objekte. Man registrierte: Tiere und ihre Anzahl, Erntegut und seine Mengen, Kult- und Tauschobjekte usw. Mit diesen Registern wurden Verpflichtungen fixiert: Opfergaben, Steuerabgaben, Erbschaftsansprüche, Handelsvereinbarungen. Später kamen andere Objektklassifikationen (Pflanzen, Sterne usw.) hinzu. Neben diesem dominanten Verwaltungszweck diente Schrift zur Fixierung, zur Aufzeichnung und Bewahrung sakraler Wissensinhalte wie magischer oder religiöser Geschichten und Lehren. An diesem vornehmlich bewahrenden Verhältnis von Wissen durch Schrift änderte selbst der philosophische Umgang mit Texten zunächst nichts. Auch für die frühe Philosophie waren Texte - im Lesen wie im Schreiben - primär Medien der Bewahrung und der Tradition; beim Lesen: Wiedererkennen der Wahrheit, beim Schreiben: Wiedergabe des als wahr Erkannten. Textarbeit war nicht - anders als in der Neuzeit, der Zeit der Schriftsteller, Journalisten, Wissenschaftler und anderer Textprofessioneller - eine Provokation zu eigengestalterischer Betätigung. Die Schriftkundigen der früheren Epochen waren Leser und Schreiber, nicht Schriftsteller. Den jeweiligen Textgattungen entsprechend wurden die hochkulturell entwickelten Wissensformen in exklusiven sozialen Kreisen verwaltet, angewandt und tradiert - und alle Verwaltung, Anwendung und Tradition waren an *persönliche* Lehre und Autorität im Umgang mit den Schriftstücken und damit eng an Mündlichkeit gebunden.

Jack Goody zufolge ist jedoch festzustellen, daß die Aufzeichnungstätigkeit selbst als Nebenfolge der Amtszwecke auch die Weltwahrnehmung der Schriftkundigen, zumindest in ihren Fachbereichen, überformte.[80] Mit den registrierenden Listenformaten - etwa mit der Liste aller abgabenrelevanten Güter oder aller jagdfähigen Tiere oder aller nutzfähigen Pflanzen usw. - entwickelte sich eine Art "klassifikatorischer Blick" auf die zu registrierenden Objekte, mit den erläuternden Beschreibungen der Einzelobjekte und Objektklassen entsteht eine Urform des "lexikalisch-enzyklopädischen Blicks". Goody hat derartige kognitive Effekte der Schreibtätigkeit durch ethnologische Vergleiche zwischen schriftlosen und schriftbesitzenden Kulturen herausgearbeitet.[81] Schrift ist seinen Ergebnissen zufolge kein bloßer "Speicher" von Wissen, der im Vergleich zur Mündlichkeit nur Raum und Zeit zu überwinden helfe. *Schrift verändert zugleich die Formen des Wissens.* In dieser Hinsicht ist entscheidend, daß im Wechsel von gesprochener Sprache zu Schrift auch der Sinnes"kanal" gewechselt wird, von Akustik zu Optik,

---

80   Goody 1977, 1987 und 1990.
81   Vor allem in Goody 1977.

von Oralität zu Visualität. Geschriebenes sehend statt Gesagtes hörend kann man die bezeichneten Objekte und Weltinhalte ganz anders ordnen, man kann die Ordnungen vorwärts-seitwärts-rückwärts verfolgen, dabei Variationen, Ergänzungen und Verdichtungen anbringen usw. Die Entwicklung unserer heutigen Wissensformen wäre ohne diese Umstellung auf den visuellen Kanal nicht vorstellbar.

Die konkreten Folgen des Wechsels von Oralität auf Visualität beschreibt Goody an drei zentralen Fällen: dem Format der Liste und - aus ihr abgeleitet - der Tabelle, dem Format der Sprechformel und dem Format des Rezepts. Die Aufstellung einer Liste erfordert eine klare Trennung und Zuordnung der Objekte. Sie produziert durch ihren Anfang und ihr Ende eine Begrenzung, eine abstrakte Einheit der Kategorien. Die Kategorien schärfen sich durch ihre Aneinanderreihung wechselseitig. Sie fordern zu eindeutiger Zuordnung auf, werden abstrakter und lösen sich tendenziell vom Verwendungskontext der Objekte und ihrer Bezeichnungen; die Liste provoziert zu Vervollständigungen und zu Neuordnungen, etwa nach Größen, nach Anfangslaut, nach Wertehierarchien usw.; es sind damit alles Operationen, die durch die visuelle Anordnung ermöglicht und zu Zwecken des Lernens und Weitergebens auch benötigt werden.[82]

Die Sprechformel oder Formula - eine gegebene Wortfolge, die in standardisierten Vortragsarten (Erzählungen, Gesang, rituelles Reden) gebraucht wird - hat in mündlichen Kulturen vor allem den Zweck, im Vortrag selbst Zeitpunkte (Anfänge, Übergänge, Enden) zu markieren, an Themen zu erinnern und Verbindungen zwischen Themen herzustellen. Die Verwendung von standardisierten Wortfolgen im Medium der Schrift wirft hingegen erst das Problem von Original und Kopie auf, sie fordert nach Vergleich und Korrektur. Man kann im Raum der Zeichenanordnung manipulieren, Identitäten und Vertauschbarkeiten prüfen. Die strengste Anwendung dieser letztgenannten Möglichkeit ist in der algebraischen Gleichung überliefert. Aus der Formula ist die Formel geworden. Sie ist laut Goody im Kern immer eine graphische Reduktion, gleichviel, ob in der Redetechnik (Rhetorik), in der Kunst oder in der Wissenschaft, offenkundig in der Mathematik.[83]

Ein letzter, für die Entwicklung von Wissenschaft und Technik wichtiger Fall, ist das Format des Rezepts, ursprünglich vor allem im Bereich der Speisezubereitung,

---

82 Goody 1977, S.81f.
83 Ebd., S.112-128.

der Pharmazie und der Medizin von Bedeutung. In der schriftlichen Darstellung durch ein Rezept, eine geordnete Folge von Anweisungen, können schwierige und komplexe Vorgänge in inkrementalen Schritten nachvollzogen werden - und wiederum können die Teilschritte, als optisch getrennte Anweisungen vorliegend, auf etwaige Unklarheiten, Unvollständigkeiten, Modifikationsmöglichkeiten und dergleichen geprüft werden. Die Rezeptstruktur ist auch in dem wichtigsten Bestandteil modernen naturwissenschaftlichen Vorgehens wiedererkennbar: im Experiment, in der präzisen Abfolge vorgeschriebener Aufbauten und Eingriffe.

Die besonderen Wahrnehmungseffekte des Schriftgebrauchs werden in den späteren materialen Analysen für eine zentrale Frage der Untersuchung relevant sein, für die Frage nach dem Sinngehalt der Rede vom wirtschaftlichen Risiko. In vielen Abhandlungen zur Wirtschaft und zum unternehmerischen Handeln wird implizit die "Existenz" wirtschaftlicher Risiken vorausgesetzt, und ebenso fraglos wird nach dem "Mut" geforscht, der "unternehmerische Persönlichkeiten" auszeichnet. Hier wird hingegen auf der Grundlage der obigen Ausführungen davon ausgegangen, daß besagtes Risiko nur in einem bestimmten Typus von Objektivationen (in den Geschäftsbüchern, siehe Kapitel 5) "existiert" und nur durch den Gebrauch der einschlägigen Objektivationen der subjektiven Erfahrung evident und Teil des Wissens werden kann. "Mut" braucht nur dann zum zentralen Moment unternehmerischen Handelns stilisiert zu werden, wenn dieser Objektivationstypus und sein Gebrauch unverstanden sind, und man sich dennoch erklären will, warum die einen so handeln wie sie handeln, und andere anders handeln. Damit soll die Bedeutung individuellen Mutes nicht generell geleugnet werden, aber man kann, wenn man weiß, wie wirtschaftliches Risiko konstruiert und ausgehandelt wird, a) die Handlungsmomente genauer angeben, die Mut erfordern und, wichtiger noch, b) zeigen, daß die Kontinuierung eines bestimmten unternehmerischen Projektes keineswegs eines "Dauermutes" bedarf, und daß sie dennoch "unternehmerisch" bleibt.[84] Um diesen Zusammenhang verstehen und erklären zu können, sollen in Kapitel 5 die Objektivationen der betrieblichen Buchführung und Rechnungslegung auf ihre Konstruktionsprinzipien und ihren Informationsgehalt

---

84 Hierin liegt das Hauptproblem aller schumpeterianischen Unternehmerbestimmungen. Schumpeter, der "Innovationstätigkeit" als Merkmal des Unternehmers ansah, sah sich in der Folge gezwungen, zwischen "echten" und "unechten" Unternehmern zu unterscheiden. Letztere waren Unternehmer, die ihre Möglichkeiten einer "früheren" Innovationsschöpfung verdankten und selbst nur nachahmend und routinemäßig handelten. Mit dieser Fassung, mit dieser Verengung des Konzepts auf "Neuheit", begab man sich der Möglichkeit, das Spezielle der *unternehmerischen Routinen* zu beschreiben, und so hat der Schumpeter-Unternehmer heute nur noch in der Gründungsforschung eine Bedeutung. Sobald ein bestehender Betrieb festgestellt wird, kann *dieser* Unternehmer problemlos als "verschwunden" deklariert werden.

eingehender untersucht werden. Dabei wird sich auch zeigen, daß man es nicht bei Max Webers Hinweis auf eine "Rationalität" betrieblichen Rechnens und Kalkulierens belassen darf. Die Objektivationen der Buchführung und der Rechnungslegung haben den Effekt, daß bestimmte Vorgänge klassifiziert, in Rechnungsgrößen transformiert und damit bestimmten Planungen zugänglich gemacht werden; zunächst einmal unabhängig davon, wer dann die Formen dieser Planung als "rational" bezeichnen mag. Wichtig ist hier in erster Linie, daß nur im Gebrauch der genannten Objektivationsmittel das Wissen vom wirtschaftlichen Risiko entsteht und kommunizierbar gemacht wird. So kann man auch nur von Personen, die in derartige Objektivationsverfahren involviert sind, ein Handeln erwarten, das auf wirtschaftliche Risiken reagiert. Oder anders gesagt: Bevor man eine persönliche Risikoneigung oder auch Risikoaversion beurteilen kann, muß man feststellen, ob er oder sie die entsprechenden Objektivationen gebraucht oder ihm/ihr der Gebrauch auferlegt wird oder nicht.

Es sind noch weitere Eigenarten schriftlicher Objektivationen von Wissen aufzuzeigen, zunächst vor allem die Rückwirkung von Schrift auf Sprache und Sprechen. Es wurde schon darauf hingewiesen, daß Schrift anders als gesprochene Sprache den visuellen Wahrnehmungssinn in Anspruch nimmt und dessen Gestaltungspotentiale provoziert. Dies hatte in der Sprachgeschichte gewaltige Auswirkungen zum einen auf das Lexikon, zum anderen auf die Syntax auch der gesprochenen Sprache. Das geschriebene Lexikon ermöglicht, ganze Wortreihen zu lernen, einzelne Worte und Aussagen zu kommentieren usw. Im Medium des Lexikons entwickelte sich die heute so komplexe Semantik der Sprache. Zum anderen visualisiert ein geschriebener Satz durch die räumliche Anordnung der Zeichen und Zeichenketten seine Kombinatorik, die Worteinheiten, die Abstände und dergleichen. Der geschriebene Satz visualisiert seine Satzstruktur und ermöglicht damit die explizite Arbeit an der Syntax der Sprache, die Arbeit an Vervollkommnungen des Satzaufbaus und Neukombinationen der Satzelemente.[85] Die wichtigste Folge ist die Aufmerksamkeit für das einzelne Wort, die durch die Visualisierung möglich wird, und für die die Philosophie eine besondere Sensibilität entwickelt hat, die die heutigen literaten Kulturen wesentlich prägt. In der gesprochenen Sprache - dies ist heute, da fast alle Spracherweiterungen nach der kindlichen Grundlernphase schriftvermittelt tradiert werden, kaum noch wahr-

---

85 So auch Hagège 1987, S. 89: "Alles trägt zur Entstehung einer besonderen Sprache der Schrift bei: Sie schafft vor allem die beim Gesprochenen nicht zu umgehende Linearität ab, ... Die Schrift kann die Fläche nutzen, auf der sie erscheint; sie kann beliebig in jeder Richtung verlaufen: vertikal, horizontal, von links nach rechts und von rechts nach links."

nehmbar - bilden die Lautabhebungen von Worten nur sehr unscharfe Grenzen, sind eigentlich von den Silbentrennungen kaum zu unterscheiden. So ist die Aufmerksamkeit für einzelne Worte und die explizite, nicht-zufällige Arbeit an Wortkombinatorik in schriftlosen Kulturen nicht zu erwarten. So hat Goody etwa für zwei der von ihm untersuchten afrikanischen Sprachen festgestellt, daß sie nicht einmal ein eigenes Wort für "Wort" haben.[86]

2.3. Lexikon und Sozialstruktur

Moderne, schriftbesitzende Kulturen sind hingegen wort- und wortverwendungs-bewußt. In der europäischen Tradition nimmt die Lehre von der Rhetorik bis ins späte Mittelalter und die frühe Neuzeit hinein einen bedeutenden Platz in der Ausbildung der höheren Schichten ein. Seit ihrer "linguistischen Wende" im frühen 20. Jahrhundert generalisiert die Philosophie ihre eigene Gesprächsabhängigkeit auf alle überhaupt stattfindenden Kommunikationsereignisse und versucht ganz allgemein zu beschreiben, "how to do things with words" (Austin). Und auch die Soziologie stellt sich auf "kommunikatives Handeln" (Habermas), "kommunikative Gattungen" (Luckmann) oder schlicht auf "Kommunikation" (Luhmann) um.[87] Für die hier anstehende wissenssoziologische Analyse ist an dieser Entwicklung vor allem interessant, daß mit dem zunehmenden Wortschatz und den wachsenden Kombinations- und Verwendungsmöglichkeiten ein Bedarf an Metaregeln für Sprech- und Schreibverhalten entsteht, die natürlich ebenfalls schriftlich fixiert sind, und deren situativ angemessene Anwendung in einschlägigen Ausbildungen und bei "praktischen Gelegenheiten" geübt werden muß.[88]

Es ist dieser Befund, dieser Hinweis auf den Zusammenhang von Lexika, Wissen und Sprachrepertoires, der dem hier vorgestellten Ansatz der Wissenssoziologie eine Rückbindung an sozialstrukturelle Analysen erlaubt. Der individuelle Zugang

---

86 Goody 1977, S.115.

87 Austin 1962, Habermas 1981a und b, Luckmann 1986, Luhmann 1984. Vgl. auch Knoblauch 1995, S.1-5.

88 Eine schöne Fallstudie zur individuell bedeutsamen und zugleich prekären Aneignung von schriftsprachlich vorgeprägten Lexika in dominant mündlichen Milieus ist in Maas 1991 zu finden. Maas beschreibt, wie sich die Bauersfrau Marie Schierling (Norddeutschland, ausgehendes 19. Jahrhundert) Elemente aus Schreibkalendern und Fortsetzungsromanen in Tageszeitungen aneignet, um in ihrem persönlichen Anschreibebuch Ausdruck für die Leiden am eigenen Milieu zu finden. "Marie Schierling hat sich dazu die Schreibrequisiten angeeignet, die ihr verfügbar waren bzw. die ihr passend erschienen. Sie kann hier stellvertretend für einen Großteil der Bevölkerung stehen, der den Kampf um die Aneignung eines kulturellen Produktionsmittels geführt hat, das wir, die wir uns über das Verhältnis von Schriftlichkeit und Mündlichkeit verständigen, nur zu gern als festen Bestandteil unseres ererbten kulturellen Kapitals ansehen." (S.229).

zu "gehobenen" Wissensbereichen ist an den Zugang zu den entsprechenden Lexika und an den intensiven persönlichen Kontakt zu einschlägig vorgebildeten Autoritäten gebunden. Ein Gefühl für die "angemessene Verwendung" der entsprechenden Semantiken kann nicht allein durch Lesen und Schriftkontakt entwickelt werden, wenn man von wenigen Sonderbereichen (etwa "höhere Literatur") absieht; und auch dort dürfte sich das schriftstellerische Sprachgefühl nicht gänzlich unabhängig von interaktiv erfahrenen Reaktionen auf Gelesenes (nicht zuletzt auf die eigenen Schriftstücke) ausbilden. Immerhin wären hier theoretische Grenzfälle denkbar.

Sehr bekannte Analysen zum Zusammenhang von Lexikon, Syntax und Spracheloquenz einerseits und Sozialstruktur andererseits sind die Arbeiten von Basil Bernstein, der die Unterscheidung zwischen restringiertem und elaboriertem Code eingeführt und das Auftreten dieser Codes in Beziehung zu schichtspezifischen Lernbedingungen gesetzt hat.[89] Eine wesentlich auflösungsschärfere, weil nicht auf zwei Werte beschränkte, Weiterentwicklung dieser Theorie der Schichtung durch Sprache kann man in Pierre Bourdieus Arbeit "Was heißt Sprechen?" sehen.[90] Bourdieu stellt seine Analyse des Sprechens ganz in den Rahmen seines Habitus-Konzepts, also der Idee, daß Schichtungen, Über- und Unterordnungen durch ein feines Arrangement von körpergebundenen und -bezogenen Distinktionen (Kleidung, Haltung, Gestik und eben auch Sprachgebrauch) hergestellt und dank der Selektivität der Erziehungsprozesse auch gegen den Wandel durch Generationenabfolgen resistent gehalten werden.

Einerseits ist dies die konsequenteste wissenssoziologische Fassung der Schichtungstheorie, die über das Konzept des Lebensstils auch mehr und mehr von der empirischen Schichtungsforschung rezipiert wird. Und auch im Hinblick auf den Einzelnen ist es plausibel, danach zu fragen, welche Chancen er durch seine Sozialisation erhalten hat, etwas für jemandem in bestimmten Situationen durch stilvolles Verhalten "bedeuten" zu können, um eine eigene Position im Feld der Verteilung von Macht, Gütern und Anerkennung - den klassischen Variablen der Schichtungstheorie - erfolgreich markieren zu können. Darüber hinaus werden die Reproduktionsbedingungen von Machtpositionen in der "Unübersichtlichkeit"[91] modernen Wissens verständlich. Eliteangehörige brauchen einander gar nicht an

89   Vgl. die Übersicht und Einordnung in Luckmann 1979, S.37f.
90   Bourdieu 1990.
91   Habermas 1985.

einem "gemeinsamen" Wissen zu identifizieren; sie können die Unverständlichkeiten von Sachaussagen ignorieren, solange sie am Habitus des Sprechers ablesen können, ob er überhaupt zu denen gehört, die "was zu sagen haben" und "etwas darstellen (können)". Man erkennt einander an der Form, nicht am Inhalt der Rede, um sich über die Beachtlichkeit der jeweiligen Sprecher zu orientieren. In der Begegnung mit Fremden verschafft man sich durch höflichen Umgang Raum und Zeit, um die wechselseitige Beachtlichkeit einzuschätzen. Und vornehme Arroganz ist das in Höflichkeit eingelagerte Mittel, bei Bedarf den Abbruch des Interesses anzuzeigen und herbeizuführen, die Abgrenzung der eigenen Position wieder durchzusetzen, und damit soziale Tatsachen (Durkheim) zu schaffen.

Andererseits ist jedoch, will man auf den Zusammenhang von Objektivationen und Wissen zurückkommen, zu fragen, welche Wissensaspekte, welche festere Formen des Erlebens in diesem Modell des Sprechens vorkommen, und welche Wissensaspekte von ihm ausgeblendet werden. Wissen wird von Bourdieu deutlich auf das Wissen um soziale Positionen reduziert, auf das Wissen um die kleineren und größeren Vorrang- und Zurückstellungen eines Einzelnen gegenüber anderen. Der Andere, *jeder Andere* ist hier Konkurrent um die "knappen Ressourcen", aus denen Gesellschaft "besteht": Zugriff auf Güter, Einfluß, Kontaktchancen und persönliche Anerkennung.[92]

Dieses Konkurrenzverhältnis[93] hat sicherlich ein Erfahrungskorrelat, und zwar ein äußerst eindrückliches: Die Erfahrung (und damit im erinnernden Zugriff das Wissen) von den Schranken, die den eigenen Ansprüchen durch die Gegenwart Anderer gesetzt werden. Egal, welche Objekte einem in der eigenen Biographie als begehrenswert vorgestellt wurden - schmackhafte Gerichte und Getränke, Signale des Lobes und der Anerkennung, interessante und schöne Dinge, die Körpernähe zum anderen oder zum eigenen Geschlecht, Körper- und Sprachspiele: Jeder Objektkontakt wurde und wird von einer vermittelnden Beobachtung durch Andere begleitet, und das Wissen um Rücksicht auf diese Beobachtungen wird der individuellen Objektbeziehung eingeprägt - mit allen Mitteln der Disziplinierungs- und Suggestionskunst, die im jeweiligen Erziehungsmilieu zugänglich sind. Und nur das Individuum, das glaubhafte Signale der Selbstdomestikation zu setzen vermag,

---

92   In dieses Bild fügt sich die durchgängig ökonomische Terminologie Bourdieus. Man denke nur an die vielzitierte Formel vom "symbolischen *Kapital*" oder auch an den Untertitel des erwähnten Buches "Was heißt Sprechen? Die Ökonomie des sprachlichen Tausches".

93   Hobbes: "Der Mensch ist des Menschen Wolf."

wird - unter Mißtrauensvorbehalten - in die relativen Felder der "Freiwilligkeit" entlassen.[94]

Spezifische Zurückhaltungen und ein Wissen um Erreichbarkeiten entstehen gemeinsam mit dem Wissen um spezifische Rücksichtnahmen. In dem Maße, wie sich ein Wissen um eigene Ansprüche und damit ein "Ich" herausbildet, das diese Ansprüche anmelden kann oder zurückhalten muß, werden auch "Du", "Ihr" und "Andere" plastisch, werden Vergleiche und Unterscheidungen möglich, werden *persönliche* Zurück- oder Vorzugsstellungen situativ erfahrbar, können sich die Sedimente dieser Erfahrungen zum Wissen um die eigene soziale Positionierung verdichten. Situativ erlebte Beschränkungen eines Begehrens sind recht eindrückliche und von der Tendenz her eher schmerzliche Erfahrungen, und von dieser Erfahrungsqualität aus haben sich historisch ebenso eindrückliche religiöse, heute auch psychologisierte Heilslehren herausgebildet, deren Rezeption auf die Nachhaltigkeit solcher Grenzerfahrungen schließen läßt. Die soziologische Positions- beziehungsweise Positionierungstheorie hingegen verstellt jeden innerweltlichen Weg zum Heil. Sie hält - in der diabolischen Tradition der Soziologie - den Blick unausweichlich an den "Notwendigkeiten" der Beschränkungserfahrungen im "Kräftefeld" fest, das als "Gesellschaft" beschrieben wird, jenseits derer keine Tatsachen möglich seien.

Diese Gesellschaftsbeschreibung ist sicherlich eine sehr anspruchsvolle und instruktive Möglichkeit der Wissenssoziologie, aber lange nicht ihre einzige Möglichkeit. Mit der präzisen Ausleuchtung einer bestimmten Erfahrungsqualität, der Erfahrung des persönlichen Vergleichs und der persönlichen Einordnung, werden andere und vielleicht nicht weniger wichtige Erfahrungsqualitäten ausgeblendet. Das Erleben kann ja nicht ausschließlich an den Rücksichten auf Andere orientiert sein. Die Welt der Dinge fordert eigene Aufmerksamkeiten, ja bestraft gar die "reine" Orientierung an fremden Erwartungen durch die Hilflosigkeit im Sachkontakt, die sich bei jeder Übersensibilität für die Beobachtungen und Bewertungen durch faktisch oder imaginär gegenwärtige Andere einstellt: in der Form von Ungeschick, von Wortstammelei, von Fassungslosigkeit, von Peinlichkeit und Scham.[95] Ohne ein hinreichend vertrautes und sachadäquates Gebrauchswis-

---

94 Für die Geschichte der westlichen (Selbst-)Disziplinierungen einschlägig: Elias 1982, siehe darüber hinaus auch die diversen Arbeiten von Foucault 1977, 1987, 1989a und b.
95 Neckel 1991, Baecker 1992, S.253f.

sen nützt einem das Wissen um die Zugehörigkeit zu "besseren" oder sonstigen Kreises situativ wenig.

Und auch die innere Dauer, die Zeit des Erlebens geht nicht vollends in sozialen Positionen auf. Man lernt die Möglichkeiten der Verzögerung, des Wartens, des Später und damit des "Anderswo" und des Umgehens von situativen Positionierungen kennen, wobei das "Später" keineswegs nur im Jenseits ("innerweltliche Askese") konkretisiert sein muß. Wenn der Einzelne von "Höhergestellten" ignoriert oder zurückgewiesen wird, kann er - soweit er die "Umstände" hinreichend zu erkennen und zu nutzen versteht - seine Abhängigkeiten umdisponieren: ausweichen, hinhalten, Rückzüge und Vorstöße signalisieren und viele andere taktischen Möglichkeiten der Konfliktverdeckung nutzen. Selbstverständlich können auch die sachlichen und sozialtaktischen Fertigkeiten des Einzelnen als Erziehungs- und Disziplinierungseffekte und damit positionstheoretisch interpretiert werden. Doch eine rigide Positionentheorie, die sich *nicht auch über die sachlichen und zeitlichen Möglichkeiten informiert*, die die Individuen in ihren Objektivierungen zu realisieren versuchen, läuft Gefahr, ein "übersoziologisiertes" Gesellschafts- und Sozialmodell[96] festzuschreiben, in dem die Gestaltungsspielräume für soziale Beziehungen und die individuellen Freiheitsgrade *systematisch* ausgespart bleiben.

Eine rein positionale Interpretation der Wissensverteilung überblendet also unter anderem die sachlichen und zeitlichen Erfahrungsqualitäten, die neben rein sozialstrukturellen Aspekten von Bedeutung sind, und die diese auch durchaus dominieren können. Historisch gesehen dominiert das Wissen und die Sprachmacht der "besseren Kreise" keineswegs alle Erfahrungsbereiche. Die Zeiten der Adelsgesellschaften sind nun einmal vorbei - von ihrer Eignung als Imitationsvorbilder einmal abgesehen. Um nur ein Beispiel aus der Thematik der vorliegenden Arbeit anzuführen: Mit Torstein Veblens "Theorie der feinen Leute"[97] kann man zeigen, wie die Distinktionsbedürfnisse der "besseren Kreise" von den Sonderinteressen der Ökonomie ausgebeutet und dominiert werden. Unternehmer bestimmter Branchen - wie Kleider-, Schmuck-, Gastronomie- und Touristikbranche - beobachten, welche Luxusmöglichkeiten von den "oberen Zehntausend" ausprobiert werden und zur Vorlage für den Massenkonsum taugen, was wiederum die Distinktionsschichten zu ständiger Neuorientierung zwingt. In manchen

---

96   Wrong 1961.
97   Veblen 1986.

Biographien kann man nachlesen, daß gerade Unternehmer von "niedriger Geburt" aus dieser Treibjagd auf den Snobismus einen Gutteil ihrer Tätigkeitsfreude ziehen. Donald Trump mit seiner Vermarktung der Prachtarchitektur wäre ein bekanntes Beispiel. Nun kann man zwar immer noch - die Klatschliteratur über "Neureiche" führt es vor - in der Haltung mitleidsvoller Verachtung die "Kulturlosigkeit" solcher Aufsteiger registrieren und dadurch eine hoheitsvolle Fassung kultivieren. Doch die Kontrolle und Dispositionsmacht über Begehrenswertes, einschließlich begehrenswerter Positionen, ist dem Adel längst entglitten; außer, er betreibt selbst profitable Unternehmen. Wer aber Unternehmen betreibt - dies sollen die kommenden Analysen zeigen - kommt nicht mit dem Wissen um personale Distinktionsgeschicklichkeiten aus. Er wird, wie jeder Unternehmer, mit den Objektivationen wirtschaftlicher Risiken konfrontiert und damit in ein zeitdisponibles Verhältnis zu Begehrlichkeiten gesetzt; wenn schon nicht zu seinen eigenen, so doch zu denen der potentiellen Käufer seiner Waren und Dienstleistungen, mit deren Zahlungen er das Unternehmen und seinen "angemessenen Unterhalt" finanziert.

2.4. Zählen und Kalkulieren

Schließlich ist noch auf einen Sondertyp der Objektivation einzugehen, der zum einen gewissermaßen quer zu den bislang behandelten Typen steht, der zum anderen in einer Untersuchung über das wirtschaftliche Risiko von zentraler Bedeutung ist: die Zahl. In der Zahl objektiviert sich die Intention des Zählens. Sie ermöglicht ihrerseits Vergleiche, Rechnungen und mathematische Kalküle. Ein "Hang" zur Quantifizierung - so eine weitverbreitete Ansicht - trenne seit dem Aufstieg der Naturwissenschaften und der profitorientierten Wirtschaft die abendländische "Rationalität" von allen vorherigen Formen der Ordnung des Wissens. Über Zeitmessung und Geldbewertung domestiziere diese "rationale" Ordnung alle Lebensbereiche, indem "Bürgerliche" sich selbst und im Zuge ihres sozialen Aufstiegs auch alle anderen in das Raster einer "methodischen Lebensführung" zwängen (Max Weber). Es ist nicht leicht, die Objektivationsform der Zahl und ihr Produkt, die Quantität, einmal losgelöst von diesem weitumspannenden und mächtigen Deutungsmuster darzustellen und auf die ihr eingelagerten Erlebnis- und Wissenschancen zu untersuchen. Zuallererst ist festzustellen, daß die Konstitution der Zahl *nicht* erst auf der Ebene von Sprache und Schrift anzusiedeln ist. Das, was Zahlen leisten, das Wissen, auf das sie verweisen, kann daher *nie vollständig von sprachlichen Beschreibungen eingeholt* und "aufgehoben" werden. Zählen ist auf der Ebene der körperlichen Fertigkeiten anzusiedeln, es beansprucht die visuellen und taktilen Sinne.[98] Von daher sind Zahlen zunächst einmal Erzeugnisse taktiler Tätigkeiten und Merkzeichen für visuelle Assoziationen.[99] Die frühen Zahlsysteme wurden aus einfachen Paarungsverfahren entwickelt: eine Kerbe im Holzstock für ein Herdentier, ein Steinchen ("calculus") für eine Einheit u.ä.m.[100] Die römischen Ziffern beispielsweise tragen noch deutliche Spuren dieser frühen Techniken.[101] Der senkrechte Strich "I" ist nicht etwa der Buchstabe "i", sondern das Abbild einer Kerbe, und das "V" und das "X" sind jeweils aus zwei schräggestellten Kerben gebildet, die in einer längeren Zählung auf dem Kerbholz der besseren Übersicht halber die fünfte beziehungsweise die zehnte Zählung markieren. Auch L, C und M sind aus Kerbsymbolen, nicht aus Buchstaben entstanden. Alles weitere gehört zur Geschichte der Zählverfahren und der Ziffern.

Doch hier ist zu fragen, was die Objektivation der Zählung leistet, welchen Erfahrungsmodus sie fixiert, welches Wissen sie ermöglicht und stabilisiert. Auf den kürzesten Nenner gebracht läßt sich sagen: Zählungen und Zahlen strukturieren auf eine eigenwillige und sehr nachhaltige Art das Erleben von Einheit und Vielheit. *In Akten des Zählens werden mehr oder weniger präzise Grenzen zwischen Einheit und Vielheit geformt*: über Einhei*t*en, Mehrheit und Mehrheiten, Assoziationen und Abstände zwischen Einheiten und Mehrheiten usw.[102] Über solche Einheiten werden Ordnungen des Raumes (Objekte), der Zeit (Intervalle, Rhythmen des Wiederkehrenden, Episoden) und der Sozialität geformt.[103] Die Entwicklung und Etablierung einheitlicher Meter- und Stundenmaße sind nur markante Höhepunkte einer kulturgeschichtlichen Standardisierung der Raum- und Zeiteinteilungen und daher nicht per se Zeichen einer besonderen "Rationalität", eher der Ausdruck einer Suche nach weitreichenden Vergleichsmöglichkeiten, die für bestimmte Erinnerungs- und Kommunikationszwecke gebraucht werden. Zahlen sind - weil sie so

---

98 "'Zählen' heißt zunächst ja nichts anderes, als bestimmte Unterschiede, die sich an irgendwelchen äußeren Objekten finden, dadurch bezeichnen, daß sie gleichsam auf den Körper des Zählenden übertragen werden. Alle Zahlbegriffe sind demgemäß, ehe sie zu Wortbegriffen werden, reine mimische Handbegriffe oder sonstige Körperbegriffe." (Cassirer 1994, S.187).

99 Vgl. auch Ifrah 1992, S.31-35.

100 Ifrah 1992, S.29-31. Das "Kerbholz" kann als Prototyp jeder Form von "Buchhaltung" angesehen werden (Pausch 1982, S.16f.).

101 Siehe Ifrah 1992, S.134f.

102 Vgl. Cassirer 1994, S.190-203.

103 Vgl. speziell zum letzteren Simmel 1992, zur "Zahlbestimmtheit" der Gruppierung insb. S.82-96. Nach Simmel dient die Zahl in sozialer Hinsicht 1. als Einteilungsprinzip der Gruppe (S.82f.), 2. der Heraushebung eines Führungskreises (S.83-86), 3. als "Ersatz des Sippschaftsprinzip" (S.86-88), 4. der Qualifizierung der "Wenigen", mit denen in Abgrenzung zu den "Vielen" personale Beziehungen unterhalten werden (S.88-93).

50

wahrnehmungsnah gebaut sind, weil sie dem Erleben von Einheit und Vielheit so "entsprechen" - äußerst diskursfest und überzeugungsfähig. Selbst in konstruktivistischen und dekonstruktivistischen Zeiten fällt es beispielsweise schwer, die Zweiheit von zwei Äpfeln diskursiv zu dekonstruieren (im Unterschied zur mechanisch-pragmatischen Dekonstruktion, etwa zu Apfelmus). Eine zahlenmäßige Grenzbestimmung zwischen Einheit und Vielheit ist über die Zahl "Zwei" ja selbst in das Diskursmodell eingebaut: als "Dia-log", als "Zwei-Wortigkeit", als Abgrenzung zum "Mono-log" einerseits und zum Rauschen der Viel-Stimmigkeit andererseits.

Die *soziale* Bestimmung quantifizierter Einheiten steht in einem engen Zusammenhang mit der *Gabe*: sei es der Gabe an die Götter im Opferkult, sei es an die Sippen- oder Stammesoberen zur Redistribution, sei es im Tausch mit Nachbarsippen, sei es in Heiratsverhandlungen.[104] Sich in diesen rituellen Aushandlungen in der Gabenart und -menge zu verschätzen, war zu allen Zeiten gefährlich,[105] die persönliche Aneignung der kulturell gängigen Rechentechnik von daher ein Gebot der Gefahrenminimierung. Der in der Kulturanthropologie berühmte Potlatsch der nordwestamerikanischen Indianer, auch der auf den Trobriand-Inseln praktizierte Kula (Ringtausch) sind keine Ausnahmen, sondern eindrückliche Belege für soziale Notwendigkeiten des Rechnens und Kalkulierens.[106] Am Gebrauch von Kalkülen läßt sich daher zunächst einmal *keine besondere "Rationalität"* einer Kultur, auch nicht der modernen Kultur ablesen.

Zweifellos sind die heutigen Kalkulationstechniken besonders ausgefeilt, ihre Anwendungsgebiete haben sich erweitert und die Chancen zum Gebrauch sind durch Ausbildung popularisiert. Aber diese Erscheinung ließe sich auch allein über die Vielfältigkeit der Chancen und damit der Gefahren des Gebens und Nehmens verstehen und erklären. Es gibt mehr zu geben und zu nehmen, es gibt mehr Geber und Nehmer und die Gabe-Verhältnisse sind durch die dichtere Population, durch die Vervielfältigung der Gabe-Beziehungen (Sippe, Nachbar, Polis, Staat usw.) verkompliziert. Auf dieser elementaren Ebene des Tausches kann der *Eindruck* einer "gesteigerten Rationalität" nur entstehen, wenn man ausschließlich den *individuellen Aufwand* vergleicht, mit dem sich einzelne Kulturmitglieder in ihre

---

104 Sahlins 1974, Mauss 1990, Levi-Strauss 1993.
105 "Doch normalerweise muß der Potlatsch stets mit Zinsen vergolten werden, wie auch jede andere Gabe. Die Zinssätze liegen im allgemeinen zwischen 30 und 100 Prozent im Jahr. ... Man verliert für immer sein 'Gesicht', wenn man ihn nicht erwidert oder die entsprechenden Werte nicht zerstört." (Mauss 1990, S.100f.).
106 Mauss 1990, S.53-73 und S.77-118.

Zähl- und Rechentätigkeiten engagieren (müssen), wenn man etwa die Vertiefung des neuzeitlichen Kaufmanns in seine Bücher und Bilanzen direkt mit vermeintlich "spontanen" Anlässen und Verausgabungen kontrastiert, die in rituellen Aushandlungen beobachtbar sind. Aber der Schluß pars pro toto, etwa vom Kaufmann auf die ganze Wirtschaft, ist auch - wie in vielen anderen Fällen - für einen Rationalitätsvergleich verfehlt. Die je gängigen Kalkulationsmethoden zeigen nur an, mit welchen Hilfsmitteln sich der Einzelne seiner Position in Aushandlungs- und Tauschsituationen vergewissern kann.

Die Objektivationen der Zahlen hängen eng mit den Vorgängen des Gebens und Nehmens, also Akten des Tausches zusammen, und dies sowohl in sachlicher wie in zeitlicher Hinsicht. Sachlich werden Mengen und Qualitäten, also der Wert eines Objektes abgeschätzt, ausgehandelt und im Vollzug der Gabe (oder auch in seinem Versprechen: dem Vertrag) festgestellt. Man sagt, früher sei das Verhältnis des wirtschaftenden Menschen zu den Produkten seiner Tätigkeit allein oder zumindest stärker am Gebrauchs- denn an einem Tauschwert orientiert gewesen. Auch diese Ansicht gilt es zu relativieren. Unbestritten muß - allein schon um seiner biologischen Reproduktion willen - der Mensch am Gebrauchswert der Objekte und Produkte interessiert sein; und auch in der Gabe schlägt sich ein Wissen um die Gebrauchsinteressen der je Anderen nieder.

Aber vor allem in *zeitlicher* Hinsicht waren stets auch *symbolische* Interessen von Bedeutung: im Opferkult von ausschließlicher Bedeutung, in der Abgabe an Herrscher oder der rituellen Gabe an potentiell Gleichgestellte von teilweiser Bedeutung: der Wert - also Menge *und* Qualitäten - der Gabe signalisiert die *Wertschätzung*, die der Geber dem Nehmenden entgegenbringt und sichert damit reziprok das Ansehen und die *künftigen*, noch sachlich und zeitlich *unbestimmten* Ansprüche des Gebers.[107] Im Opferkult, also dem Güterkontakt mit der Götter- und Geisterwelt, ist dies besonders deutlich. Man buhlt um die Gunst der unbekannten Mächte, die sich im Irgendwann künftiger, nicht vorhersehbarer Ereignisse niederschlagen wird. Und ebenso, wenn auch auf *relativ* vorhersehbare Weise, verhält es sich bei der Werbung um die Gunst der Stammesoberen und der übrigen Aspiranten auf das Ansehen der Kulturmitglieder. Nur wer Geben kann, was von gebrauchsfähigem *und* von symbolischem Wert ist, erhält seinen Status - ein Gebot,

---

107 Mauss (1990, insb. S.24f.,) bezeichnet das Gabensystem des Potlatschs als "totale Leistung vom antagonistischen Typ"; "total", weil alle Sippenangehörigen in die Möglichkeiten und Verpflichtungen des Stammesoberen eingebunden sind, und "antagonistisch", weil durch das Geben und Nehmen immer auch der *Rang*, der soziale Status zwischen den Beteiligten umkämpft wird.

von dem die Obersten nicht ausgenommen sind. Im Kontext des Wissens vom "groß" und "klein" einer Gabe, vom *Zusammenhang* von Objektmengen und - qualitäten kann der Einzelne seine Position im Feld der Tauschbeziehungen "kalkulieren" - punktuell für jede konkrete Gabe, generalisierend für künftige Chancen und Gefährdungen seines Güterstandes. Wirtschaftliche Risiken und parallel hierzu, persönliche Sorgen der Einschätzung, sind generelle, keine spezifisch modernen Erscheinungen. Selbst die "rationale Betriebsrechnung" - laut Max Weber der Prototyp moderner "Rationalität" - ist für sich allein genommen kein Bruch mit dieser Tradition, wie in Kapitel 5 zu zeigen sein wird.

Sucht man nach einem Bruch in der wirtschaftlichen Rationalität, so ist man allein auf die Erscheinung des Geldes verwiesen. Wie Georg Simmel in seiner Philosophie des Geldes gezeigt hat, generalisiert das Geld alle vorstellbaren Güter-Wert-Beziehungen auf eine unvergleichliche Art und Weise.[108] Der Einzelne, der Geld benutzt und sich in seinen Kalkülen des Geldes als Maßstab bedient, wird unabhängig vom Wissen darüber, welchen persönlichen Wert andere den Tauschobjekten beimessen. Das gilt gleichermaßen für den Gebrauchs- und den Symbolwert der Objekte. Der Geldbenutzer muß lediglich wissen, *daß* sein Geld von denjenigen angenommen werden wird, von denen er Güter begehrt; er braucht nicht zu wissen, was diejenigen wiederum mit dem Geld anzufangen gedenken.

Auf symbolischer Ebene hebt das Geld also die Leistung der Zahl im Objektbereich wieder auf, macht das Viele und Unterschiedene in Einem vergleichbar. Es stellt im Objektbereich die Einheit der Vielheit her, die Vergleichbarkeit des Unvergleichlichen - und zwar, genau dies ist der Rationalitätsbruch, unabhängig von einem kosmologisch aufgespannten Wertekanon. Die Kosmologie der Objektwerte wird durch das Geld ausgehebelt und ausschließlich auf soziale Akzeptanz umgestellt. In diesem Sinne spricht Niklas Luhmann vom Geld als einem "symbolisch generalisierten Kommunikationsmedium".[109] "Symbolisch" ist in ihm - wo es mit sozialer Akzeptanz ausgestattet ist - die unbestimmte Bedürftigkeit der je Anderen integriert und dem Einzelnen in seiner Unbestimmtheit zugänglich. Er vermag zu tauschen, auch wenn der Andere anderen Glaubens ist, einen anderen Lebensstil pflegt, von anderen Sorgen um soziale und religiöse Anerkennungen getrieben wird und in undurchschaubare Interessen verwickelt ist. Erst in diesem Zusammenhang

---

108 Simmel 1988.
109 Luhmann 1989, S.230-271, wobei er darauf hinweist, daß Geld nicht nur "symbolisiert", also vereint, sondern im selben Maße auch "diabolisiert", also trennt - und daß das Eine nur zusammen mit dem Anderen zu haben ist.

erscheint das "Schreckensbild"[110] der modernen Rationalität, der "homo oeconomicus", der eigeninteressiert abwägende und kalkulierende Mensch auf der Bühne der Gesellschaft. Man kann mit Michael Hutter und Gunther Teubner den "homo oeconomicus" als eine wirksame Fiktion, als eine Suchanleitung für Tauschchancen sehen: Mag der Andere in seinen konkreten Bedürfnissen auch noch so undurchschaubar sein, er wird seine eigenen Interessen haben, die es festzustellen und zu bedienen gilt.[111]

Der Gebrauch von Zahlen läßt somit räumliche und zeitliche Ordnungen des Wissens erkennen, die als quantitative oder prinzipiell quantifizierbare Eigenschaften in die Typisierung von Objekten und Vorgängen eingehen. Der Gebrauch von Zahlen ist konstitutiv weder an Sprache noch an Schrift gebunden, einfache Fertigkeiten visueller und taktiler Art sind hinreichende Grundlagen. Doch ist die Praxis des Zählens - man denke nur an den erwähnten Tausch - hochgradig in die praktische Verwendung aller übrigen Zeichen und erst recht der Sprache integriert. Man kann mit Florian Coulmas sagen, daß die kulturell gebräuchlichen Zahl- und Wertbegriffe in eine Art "Ökonomie der Sprache" eingegangen sind.[112] Das heißt unter anderem, daß es unkommentierte Zahlen nicht geben kann, daß jeder Zahlgebrauch einen Wortgebrauch voraussetzt und nach sich zieht. Dies ist durch die Leistung der Zahl, die Abstraktion von konkretem Objekt auf eine Eigenschaft des Vergleichs, selbst begründet. Diese Abstraktionsleistung ist die Basis der Mathematik, die über alle möglichen Arten von Relationen Aussagen treffen kann, aber nicht über die elementaren Objekte, die in diese Relationen eingehen. Somit braucht sich eine wissenssoziologische Analyse nicht auf die Rekonstruktion der Objekt- und Zeitabstraktionen zu beschränken, die durch Zahlen angezeigt werden. Sie kann über die den Zahlen beigefügten Kommentare deren Spur zur praktischen Verwendung und zum sozialen Kontext des Wissens von den Zahlen, Zählungen und Rechnungen verfolgen.

An diesem Punkt wird besonders deutlich, worin sich die wissenssoziologische Analyse unternehmerischen Handelns vom traditionellen Ansatz unterscheidet, der die Analyse von Wirtschaft auf einer anthropologischen Fundamentalisierung *einer einzigen Form* der Objektivation gründete: auf "Arbeit", auf die intendierte Umformung materieller Gegebenheiten zu Zwecken der Reproduktion lebenswich-

---

110 Weise 1989.
111 Hutter/Teubner 1994.
112 Coulmas 1992.

54

tiger Güter. Vor allem anderen, erst recht vor jeder Arbeit, müssen im Erleben und Erfahren "Objekte" identifiziert, zueinander relationiert und auf die Potentiale ihrer Formbarkeit durch eigenes Einwirken hin befragt und geprüft werden. Diese tentative Annäherung an "die Realität" der Objekte ist in jeder kindlichen Lernbiographie gut zu beobachten. Diese Annäherungen vollziehen sich unter der Beobachtung durch Andere, beim Kind durch die ersten Bezugspersonen. Die Signale, die die Beobachter setzen, bestimmen auf entscheidende Weise mit, welche Objekte in die Reichweite des eigenen Zugriffs gelangen, welche Objektmanipulationen ausprobiert werden und erst recht, welche Artefakte als anerkennenswerte Eigenleistungen erfahren werden.

Mithin ist *absichtsvolles* Einwirken auf materielle Objekte (Arbeit) von der Erfahrung und vom Wissen her gesehen eine *äußerst voraussetzungsvolle Konstellation* und gerade hinsichtlich ihrer Voraussetzungen ein sehr instabiles und "sensibles" Arrangement. In sozialer Hinsicht werden solche Voraussetzungen über Anweisungen (*auch, aber nicht nur* über Autorität und Macht) hergestellt, also über das Wissen, wer was zu sagen hat und dabei Glaubwürdigkeit und soziale Unterstützung beanspruchen kann. So ist der Zeichenvorrat zu untersuchen, der Anweisungen und Anerkennungen und damit unter anderem auch Arbeit möglich macht.[113] Wie in den materialen Analysen der folgenden Kapitel gezeigt werden soll, gewinnt auch der Unternehmer die für seine Tätigkeiten notwendigen Einflußchancen nur aus dem Vorrat anerkennensfähiger und anweisungsträchtiger Zeichen und Bezeichnungen.

---

113 Vgl. hierzu aus sprechakttheoretischer Sicht auch Turner 1973.

3. Wirtschaft und unternehmerisches Handeln aus wissenssoziologischer Sicht

Die vorstehenden Explikationen der wissenssoziologischen Ausgangslage erfolgte dezidiert *problemorientiert*, und zwar "problemorientiert" in zweifacher Hinsicht: erstens wurden "Probleme" als der grundlegende Bezug von Wissen dargestellt, und zweitens wurde das Problem der wissenssoziologischen Analyse als ein spezifischer Umgang mit den Objektivationen des Wissens vorgestellt. Nun gilt es, die Besonderheiten des Erfahrungsfeldes "Wirtschaft" und damit des wirtschaftlichen Wissens und Handelns zu kennzeichnen. Üblicherweise wird an dieser Stelle anthropologisch argumentiert. Die Überlebensnotwendigkeiten zwängen das Einzelwesen wie die Gattung "Mensch" dazu, Objekte der nicht-menschlichen Welt ("Natur") in bedarfsgerechte Objekte umzuformen. Dieses Natur-Verhältnis wird - unter dem Titel "Arbeit" - als anthropologische Basis jeglicher konkreter Wirtschaftsformen bestimmt. Nimmt man jedoch die wissenssoziologische Ausgangshypothese von der sozialen Konstruktion *jeglicher* Weltverhältnisse ernst, dann kann solch ein kompaktes und vages Konstrukt wie "Natur" nicht einfach als Bestimmungsmuster eines so bedeutenden und sozial stark geprägten Erfahrungsbereichs wie der Wirtschaft eingesetzt werden. Ähnliches gilt für das Konstrukt der "Knappheit". Auch Knappheit - definiert als Attribut jener Objekte, von denen der Menge nach mehr begehrt wird, als zur Verfügung steht - wird oftmals als "naturgegebener Grundtatbestand" eingeführt, auf den sich die Gattung und mit ihr das Einzelwesen Mensch einzurichten hätte. Sowohl "Arbeit" als auch "Knappheit" sind kategoriale Zuordnungen, die einer typischen Art von Erfahrungen entsprechen, die aber selbst keine Beschreibungen dieses Erfahrungstypus liefern.

3.1. Die Typik wirtschaftlichen Handelns: Exklusivität des Zugriffs auf begehrte Güter und Dienste

Eine wissenssoziologische Beschreibung wirtschaftlicher Erfahrungen und wirtschaftlichen Wissens muß hier grundlegender ansetzen. In den Ausführungen über Erleben, Erfahren und Wissen wurde gesagt, daß jeder Typus durch *Hervorheben* bestimmter Aspekte eines Erlebens und durch gleichzeitige *Unterdrückung aller übrigen Aspekte* gebildet und so für den Aufbau weiterer Erfahrungen verfügbar wird. Als in diesem Sinne typisch *wirtschaftlicher* Aspekt kann *das Erfahren eines Bedürfnisses* gekennzeichnet werden, *dessen Befriedigung an einen Vorgang eines exklusiven Objektgebrauchs gebunden ist*; wobei die Exklusivität zeitlicher ("jetzt *oder* später"), räumlicher ("an diesem *oder* jenem Ort") oder sozialer Art ("ich *oder* andere") sein kann. *Wirtschaftliches Wissen* umfaßt jene Wissenselemente, die *nach solchen Exklusivitäten typisiert* sind. Und *wirtschaftliches Handeln* ist Handeln, das sich *an diesen Typisierungen orientiert.*[114]

Es ist wichtig zu beachten, daß auch "Bedürfnis" hier nicht natural oder anthropologisch gemeint ist, also etwa aus einer Disparität körperlicher Begierden und der Verfügung über natürliche Ressourcen abgeleitet werden könnte. Immer geht es um *Erfahrungen* von Beschränkungen. Und es ist keineswegs allein eine Frage "unmittelbarer Leiblichkeit", was als individuelles Bedürfnis ausgebildet wird, das sich gegen spezifische Beschränkungen profilieren muß. Nicht jedes Begehren, nicht jedes spürbare Verlangen müßte sich "zwangsläufig" als Bedürfnis in diesem Sinne profilieren.[115]

"Arbeit" ist in dieser wissenssoziologischen Perspektive von Wirtschaft nur *bedingt* wirtschaftliches Handeln.[116] Arbeit, verstanden als "jene Art des Wirkens, welche dem Entwurf des Handelns gemäß die Umwelt verändert",[117] ist dann und nur dann wirtschaftliches Handeln, wenn dem Handlungsentwurf nach ein Zustand erreicht werden soll, der einen typisch wirtschaftlichen Objekt- oder Dienstgebrauch ermöglicht. Ein Künstler, der an einem Bild arbeitet und sich dabei an den Eindrücken orientiert, die es bei den Betrachtern hervorrufen soll, wirtschaftet nicht. Er *kann* sich fragen, welchen materiellen Ausgleich er für seine Mühen erwarten darf. Solange ihn diese Frage beschäftigt, wirtschaftet er: mit seiner Zeit, die er exklusiv dem Bild widmen kann und will, mit seinen Chancen, durch Hingabe seines Werkes an Andere begehrte Güter zu erlangen. Aber seine diesbezüglichen Erwägungen helfen ihm nicht dabei, die ihm zuhandenen Eindrucksmittel effektvoll einzusetzen. Sie helfen ihm nicht, ein wirkungsvolles Bild zu gestalten. Ebenso verhält es sich bei einem Lehrer, der seinen Schülern wirkungsvoll Wissen

---

114 Auf den ersten Blick sehr ähnlich heißt es bei Max Weber (1976, § 1, S.31): "'Wirtschaftlich orientiert' soll ein Handeln insoweit heißen, als es seinem gemeinten Sinn nach an der Fürsorge für einen Begehr nach Nutzleistungen orientiert ist." Auf den zweiten Blick fällt allerdings der für die nachstehenden Ausführungen folgenreiche Unterschied auf, daß bei Weber die Exklusivität des Zugriffs nicht grundlegend, sondern erst an sehr später Stelle seiner Begriffsanordnung, unter "Appropriation" und "Expropriation" (§§18-23, S. 67-79) auftritt. Für Weber stehen der wirtschaftende Verband und die Rationalität der verbandlichen Planung im Vordergrund.

115 So auch Alois Hahn (1987, S.121): "Grundsätzlich scheint es im übrigen problematisch zu sein, die Knappheit an die Disparität von Bedürfnissen und natürlichen Ressourcen derart zu binden, als ergäbe sich dieses Mißverhältnis immer und überall aus historisch nur gering modifizierbaren anthropologischen Ursachen."

116 Schütz/Luckmann 1984, S.25.

117 Schütz/Luckmann 1984, S.24.

vermitteln will; bei einem Journalisten, der nach Neuigkeiten sucht, die seine Leser interessieren könnten; bei einem Wissenschaftler, der sich selbst und seiner Mitwelt eine noch unbekannte Wahrheit zugänglich machen will.

Alle diese Tätigkeiten *können* - von den Handelnden selbst oder anderen interessierten Beobachtern - hinsichtlich ihrer wirtschaftlichen Bedingungen und Effekte befragt werden. Doch die Antworten auf solche wirtschaftlichen Fragen informieren nicht darüber, wie die im Handeln erstrebten Effekte erzielt werden können. Der Künstler muß sich an Formbarkeiten, der Lehrer am Auffassungsvermögen, der Journalist am Interesse an Öffentlichkeit, der Wissenschaftler am Überzeugungsvermögen orientieren; alles Widerständigkeiten nicht-wirtschaftlicher Art, die dennoch den Einsatz von Bemühungen um Einwirken auf eine gestaltbare Welt, also Arbeit erfordern. Alle diese Tätigkeiten auf *einen* Aspekt zu reduzieren, sie ausschließlich wirtschaftlich, als orientiert an exklusivem Objektgebrauch zu interpretieren, ist eine *Entscheidung, die man einem Beobachter zurechnen muß, der an der "Wirtschaftlichkeit" der Tätigkeiten und ihrer Produkte interessiert ist:* das kann der Handelnde selbst sein oder ein wissenschaftlicher Beobachter, aber auch ein *anderer* Handelnder, der persönlich vor allem wirtschaftlich interessiert ist: ein Kunde, ein Händler, ein Unternehmer. Wenn und nur wenn man Arbeit unter diesem Aspekt betrachtet, dann ist sie, als exklusiver Dienst an der Befriedigung eigener oder fremder Bedürfnisse, wirtschaftliches Handeln und ihr Produkt ein wirtschaftliches Gut (bzw. eine "Dienstleistung"). Jede konkrete Tätigkeit kann aber - abhängig oder unabhängig von ihrer Wirtschaftlichkeit - vieles zugleich sein: künstlerisches, pädagogisches, journalistisches, wissenschaftliches Handeln u.a.m.

Ähnliches ist für Knappheit festzustellen. Auch Knappheit kann wissenssoziologisch nicht als "natürliche Eigenschaft" von Objekten - etwa: Unerreichbarkeit, Endlichkeit der verfügbaren Menge - interpretiert werden. Knappheit ist - wie die Wirtschaftlichkeit einer Arbeit - das Resultat einer Typisierung, einer einseitigen und hierin eindeutigen *Zurechnung* hinsichtlich der "Umstände", die zu einer Begrenzung oder Beschränkung eines erstrebten Objektgebrauchs führen. Als knapp werden Güter und Dienste typisiert, von deren Gebrauch man dadurch ausgeschlossen wird, daß *Andere sie gebrauchen* und sich den Zugriff auf sie gesichert haben beziehungsweise sich diesen Zugriff voraussichtlich sichern werden.[118] Diese Art von Ausschließlichkeit macht Knappheit erfahrbar und erzeugt zugleich die Erfahrung von Konkurrenz um knappe Güter und Dienste.

Dabei ist zu sehen, daß diese Art der Zurechnung und Typisierung von Beschränkungen in der individuellen Bedürfnisbefriedigung keineswegs "selbstverständlich" ist oder gar als "anthropologische Konstante" gelten kann.[119] Zwar hat sich die moderne Gesellschaft so sehr an Konkurrenz gewöhnt, daß sie auch alle bekannten früheren Formen des Wirtschaftens vornehmlich unter diesem Gesichtspunkt interpretiert. Aber wissenssoziologisch kann man sehen, daß Beschränkungserfahrungen wirtschaftlicher Art in früheren Gesellschaften anders zugerechnet und typisiert wurden. Die Mitglieder von Sippen und Clans wirtschafteten gemeinsam und nicht in interner Konkurrenz. Ihre Bedürfnisbefriedigung war nicht vornehmlich durch "den Anderen" schlechthin, sondern durch Gruppenzugehörigkeiten und die "Gewalten" der Natur (inklusive "feindlicher" Sippen und Clans) beschränkt. Auch kann ihre Form des Tauschens, die Gabe, nicht einsinnig als "wirtschaftliches", allein an wechselseitiger Bedürfnisbefriedigung orientiertes Handeln interpretiert werden. Mit einer Gabe wurden zeitlich und inhaltlich *unbestimmte Abhängigkeiten und Verpflichtungen* (zur Gegengabe *und* zur Unterstützung in allen möglichen Problemlagen) installiert. Und wer mehr geben konnte als nehmen mußte, konnte einen höheren Status in der Hierarchie gegenseitiger Verpflichtungen beanspruchen.[120]

Auch die Haushaltsökonomie der Standesgesellschaft war keine Wirtschaft, die primär an Konkurrenz orientiert gewesen wäre.[121] Ein Haushalt - das Recht, über die Gesamtheit der angesammelten Güter in Eigenregie zu verfügen - galt als Bedingung für einen "Herrn", ein "standesgemäßes Leben" zu führen, und die Haushaltsrechte waren verbunden mit der Pflicht, die Möglichkeiten eines "guten Lebens" (in Griechenland: Politik und Philosophie treiben) im Sinne der Gesellschaft

---

118 "... zur entscheidenden Frage, welche selbstreferentielle Operation Knappheit konstituiert (...). Wir verstehen diese Operation als *Zugriff* auf eine Menge unter der Bedingung, daß der Zugriff die Möglichkeit weiterer Zugriffe beschränkt. Der Zugriff erzeugt mithin Knappheit, während zugleich Knappheit als Motiv für den Zugriff fungiert." (Luhmann 1989, S.179).

119 "Paradoxerweise ist die Spanung zwischen Bedürfnis und Befriedigungsmöglichkeit nicht in jedem Fall da am ausgeprägtesten, wo tatsächlich die Ressourcen nur in dürftigstem Maße vorhanden sind. Zumindest legen etwa die Überlegungen von Sahlin (1972) den Gedanken nahe, daß in steinzeitlichen Verhältnissen eher Überfluß als Knappheit herrscht, und zwar aufgrund der Angepaßtheit der Bedürfnisse an die verfügbaren Möglichkeiten." (Hahn 1987, S.121; siehe auch die schon erwähnte Studie von Mauss 1990, desweiteren Goody 1977a.

120 Vgl. oben, S. 51ff.

121 Siehe für die Antike Aristoteles 1991 (Politik Buch I), Xenophon 1992, hierzu auch Foucault 1989a, S.194-210. Für das Mittelalter und den Übergang zur Neuzeit Bauer/Matis 1989, S.43-54.

(der "Polis") auszugestalten, die ihm dieses Leben ermöglichte. "Aus all diesen Gründen empfiehlt es sich, den Begriff der Knappheit nicht anthropologisch, sondern historisch zu verorten. Charakteristisch für das Entstehen von Knappheit als sozial relevantem Phänomen scheint insbesondere die gesteigerte Erfahrung von Alternativenreichtum zu sein. Nicht die Spannung von Bedürfnissen zu Naturressourcen steht im Vordergrund, sondern der Schaden, den jede Befriedigung eines Bedürfnisses der eines anderen antut."[122]

Doch soll hier die historische Kontrastierung nicht vertieft werden. Sie soll lediglich veranschaulichen, daß die Orientierung der eigenen Bedürftigkeiten an den Bedürftigkeiten der je Anderen nur *eine Möglichkeit* der wirtschaftlichen Selbstorientierung darstellt, und daß erst dann, wenn diese Orientierung *dominant* gesetzt wird, Knappheit und Konkurrenz zu prominenten *sozialen* Problemen werden, an der vielfältige *Formen der Regulierung wirtschaftlicher Ansprüche* anschließen können. In diesem Sinne kann soziologisch von "Wirtschaft" als einem institutionell oder auch funktional ausdifferenziertem System gespochen werden: wenn man mit "System" nicht irgendwelche "natürlichen" Grundlagen, sondern lediglich einen *sozial* arrangierten Zusammenhang der Regulierungen von wirtschaftlichen, an Bedürfnisbefriedigung orientierten Ansprüchen vor Augen hat. Solch ein System von Anspruchsordnungen kann nicht allein auf typischen Erfahrungen, die in Gemeinschaft erworben und stabilisiert werden, etabliert werden. Es setzt - im Sinne der zuvor dargestellten Unterscheidung von Typus und Kategorie - *kategorische* Anordnungen und damit auch kategoriale Wissensanordnungen voraus, deren Ausarbeitung, Erwerb und Befolgung von entsprechenden Institutionen (unter anderem Professionen und Rechtsinstitute) sichergestellt werden. "Eigentum" ist eine solcher Grundkategorien, an der zahlreiche andere Anordnungen anknüpfen können.[123] Als "ausdifferenziert" können die derart angeordneten Formen wirtschaftlichen Wissens dann bezeichnet werden, wenn sie sich selbst *nicht auf andere* Wissensformen - etwa kosmologische oder moralische -, sondern auf rein wirtschaftliche Gründe abstützen.

Und der *Begriff* der Knappheit fungiert in der modernen Gesellschaft als diese letzte, rein wirtschaftliche Abstützung.[124] Wenn das wirtschaftlich Mögliche

---

122 Hahn 1987, S.122.
123 Luhmann 1989, S.188-194. "Eigentum bildet sich, wenn das Zugreifen auf knappe (als knapp angesehene und dadurch knapp werdende) Mengen Positionen des Habens bzw. Nichthabens kondensiert." (S.188)
124 Luhmann setzt für diese Abstützung den Begriff der "Kontingenzformel": Knappheit determiniert nicht, sondern orientiert darüber, was getan werden könnte - und was nicht. Der europäische Agrarmarkt und der

allgemein als ein Produkt der wechselseitigen Konkurrenz und der ihr abgerungenen Kooperationen (z.B. durch "Arbeitsteilung") *angesehen* wird, dann wird die Güterbewirtschaftung selbst zu einem sozialen Grundproblem, von dessen Lösung alle anderen Lebensbereiche abhängig werden, dessen konkrete Lösungen jedoch nicht durch Moral und auch nicht durch Politik kontrolliert werden können. Moral kann in einer ausdifferenzierten Wirtschaft vor allen Dingen nicht die Formen des wechselseitigen Ausschließens kontrollieren, und Politik kann nicht die "nutzbringende Verwendung" der Güter her- und sicherstellen.

3.2. Unternehmerische Trajektories: Arbeit am wirtschaftlich Möglichen

Erst in diesem sozialen Erwartungskontext kann eine Wissenssoziologie vom unternehmerischen Handeln ansetzen. *Wirtschaftliche Unternehmungen sind Trajektories* (verstanden als thematisch konzentrierte Koordinationen von Handlungsplänen), *die an der Veränderung, Erweiterung und Sicherstellung der wirtschaftlichen Möglichkeiten orientiert sind. Und unternehmerisch handelt,* wer sich in seinen Handlungsentwürfen am Erfolg *und* an der Gefahr des Scheiterns solcher Trajektories orientiert. Mit anderen Worten: Unternehmerisch handelt, wer sich in seinem Handeln Verantwortung für Erfolg und Mißerfolg von (wie immer umfangreichen, wie immer einfachen oder komplexen) Geschäftsprogrammen zurechnen läßt.

Bevor das *persönliche* Interesse am wirtschaftlichen Erfolg eingehender bestimmt werden kann, ist der *soziale Kontext* noch näher zu skizzieren, innerhalb dessen sich Erfolgs- und entsprechende Risikokriterien etabliert haben. In welchem sozialen Kontext kann es möglich, statthaft und sogar wünschenswert sein, wirtschaftliche Projekte zu initiieren und zu realisieren, deren Scheitern für viele Beteiligte äußerst nachteilige Folgen haben kann? Welche Kultur setzt auf eine unternehmerische Risikoneigung und fördert sie sogar?

Einen ersten Hinweis gibt die Tatsache, daß der Begriff "Unternehmer" erst im Übergang von der Adels- zur nationalstaatlichen Gesellschaft gebildet wurde. Ein eigenes Wort für "Unternehmer" - im Französischen "entrepreneur", im Englischen "undertaker" - wurde erst im 18. Jahrhundert geprägt, und der Unterschied zum

---

Arbeitsmarkt für Akademiker sind nach Alois Hahn (1987, S.120) prägnante Beispiele für das *Fehlen* von Knappheit und damit von Orientierungsmöglichkeiten wirtschaftlicher Art.

Händler und Kaufmann blieb lange Zeit noch unscharf.[125] Die ersten Personen, die mit den Titeln für "Unternehmer" belegt wurden, wurden der damals noch anrüchigen und moralisch fragwürdigen "Projektemacherei" verdächtigt. Man unterschied hierbei die traditionelle Geschäftstätigkeit des "ehrbaren" Kaufmanns von den spekulativen und gewagten Projekten jener, die auf neue Handelswege, neue Produkte, neue Verfahren und neue Absatzmärkte setzten. Alle erwerbswirtschaftlichen Belange wurden zuvor pauschal dem "Händler" zugeordnet. Die Tätigkeiten der Händler - auch die gefahrvollen Tätigkeiten der reisenden Händler, die ein Wirtschaftsgebiet mit den Waren aus anderen Wirtschaftsgebieten versorgten - wurden primär *moralisch* legitimiert und sanktioniert.

Die Ökonomie der Standesgesellschaft wurde am Ideal der Hauswirtschaft, gemessen. Die Hauswirtschaft war dafür da, dem Hausherrn und den Seinen eine dem jeweiligen Stand "angemessene Lebensführung" zu ermöglichen - und die Beschaffungs- beziehungsweise die Erwerbskunst hatte in dieser Wirtschaft nur ihr Telos, ihre Bestimmung zu erfüllen, "Überschüssiges" aus dem einen Wirtschaftsbereich gegen "Überschüssiges" aus anderen Wirtschaften einzutauschen: den Handel zwischen den Haushalten einer Region und zwischen den Regionen untereinander zu besorgen.[126] In dieser semantischen Fassung von Ökonomie als Hauswirtschaft waren das Land, das seine Bewohner versorgt, sowie das Handwerk die einzig denkbaren Quellen von wirtschaftlichem Wert.

Der Handel war subsidiär und nur in dieser Hilfsfunktion "notwendig". Der regionenüberschreitende Handel wurde im Grunde - da er überregionale Abhängigkeiten aufbaute - als "Gefahr" für die Autarkie eines Herrschaftsbereiches gesehen, ein für das Wohl der Polis "notwendiges Übel". Jeder einzelne Händler hatte sich dieser Moral zufolge in seinem Gebaren an "gerechten" Preisen und an einem Gesamtertrag seiner Tätigkeiten zu orientieren, die eine seinem Stand angemessene Lebensführung ermöglichte. Ein Händler, der eine Mehrung seines persönlichen Reichtums erzielte, wurde verdächtigt, die "Notwendigkeiten" des Tausches zu seinen Gunsten "übermäßig" auszubeuten, die Maße der "gerechten" Preise zu überschreiten und sich "unstandesgemäß" (heute würde man sagen: "unanständig") zu bereichern. Diese moralische Limitierung der Handelstätigkeit ist den einschlägi-

---

125 Siehe Redlich 1964, S.225-232.
126 Die Erwerbskunst ist "ein Teil der Kunst der Haushaltsführung; denn ein reichlicher Vorrat an Gütern, die für das Leben unerläßlich und für die staatliche und häusliche Gemeinschaft nützlich sind, muß vorhanden sein - oder die Erwerbskunst muß diesen Vorrat bereitstellen, damit er vorhanden ist." (Aristoteles, Politik Buch I, 1256 b 25.)

gen Schriften von Aristoteles zu finden,[127] und die christliche Moral des Spätmittel-
alters hatte diese Züge übernommen und in ihre Sündenlehre eingearbeitet.[128]

Erst in den Zeiten politisch-militärisch konkurrierender Nationalstaaten wurde die
Handelstätigkeit allmählich aufgewertet und ihrer moralischen Beschränkungen
enthoben.[129] Vor allem in England und in Frankreich erkannte man die Abhängig-
keit der politischen Stärke einer Nation von ihrem Vermögen, die eigene Wirtschaft
nicht nur mit eigenproduzierten Gütern, sondern auch mit ausländischen Waren zu
versorgen. Die wirtschaftliche Abhängigkeit von Regionen außerhalb des eigenen
Herrschaftsbereich wurde zum Bewährungsfeld der nationalen Stärke umgedeutet.
Der "Wohlstand der Nationen" (Adam Smith) wurde nicht nur in der Fähigkeit zur
Arbeitsteilung vermutet, sondern auch in der Fähigkeit zum günstigen Eintausch
(David Ricardo).[130] Man begriff die Nationen nicht nur als militärische, sondern
auch als wirtschaftliche Konkurrenten. Die erste ökonomische Lehre, die auf diese
Weise die Handelstätigkeiten ins Zentrum der Betrachtung rückte, war der
Merkantilismus. Als Maßstab des Reichtums eines Landes galt ihm zufolge die
Menge des Goldes, die in ihm - für militärische, für politische, für Lebensführungs-
zwecke - verfügbar war. Und Gold konnte dauerhaft nur gehalten oder sogar
vermehrt werden, wenn der Außenhandel Überschüsse erbrachte, wenn die
ausländischen Handelspartner mehr zahlen mußten als sie von den Inländern
verlangen konnten.

Als ökonomische Theorie hat sich der Merkantilismus und seine auf Gold
abstellende Wertlehre nicht lange halten können. Aber seither ist die eigenständige
Bedeutung der Handelstätigkeit für den "Wohlstand der Nationen" nie wieder
bestritten worden, auch wenn sie in den späteren Theorien zugunsten anderer
"Faktoren" (Arbeitsteilung, Produktivität, Bedürfnisse usw.) relativiert wurde. *Für
die anstehende Untersuchung ist wichtig, daß in dieser Zeit der politischen
Reformulierung und Umbewertung der ökonomischen Aktivitäten die Unternehmung und der Unternehmer entdeckt werden.* In der moralischen Ökonomie der

---

127 "Händlertätigkeit" und "Ökonomik" sind bei ihm vor allem in moralischer Hinsicht deutlich
    gegeneinander getrennt: "Nun gibt es aber zwei Formen von Gütern, wie wir schon sagten: die eine fällt
    in den Bereich gewinnsüchtiger Händlertätigkeit, die andere in den der Ökonomik. Aber nur diese (zweite)
    erfüllt notwendige Bedürfnisse und findet lobende Anerkennung, während die Erwerbskunst nach Art des
    gewinnsüchtigen Handels mit Recht getadelt wird - denn sie wird nicht entsprechend der Natur ausgeübt,
    sondern besteht darin, daß Menschen aus (geschäftlichem Verkehr) untereinander Güter gewinnen."
    (Aristoteles, Politik Buch I, 1257 a 35 bis 1258 b 1).
128 Le Goff 1988.
129 Eingehend hierzu siehe Bauer/Matis 1989, Polanyi 1990.
130 Zur Dogmengeschichte der Nationalökonomie siehe Kruse 1959.

Standesgesellschaft war der Handel bloß arbiträr. Der Händler brachte landwirtschaftlich oder handwerklich erzeugte "Überschüsse" von einem Ort zum anderen, und nur diese Zufuhr war sein eigener Verdienst, für den er einen Lohn in Form von Gewinn - im Rahmen gerechter Preise und angemessener Lebensführung - beanspruchen konnte. Daß der Vollzug solcher "Zufuhren" *gefahrenbesetzt* war (Raub, Schiffbruch, Verderben der Waren usw.), war immer schon gesehen, aber *nie besonders gewürdigt* worden. Gefahren gehörten zum Geschäft, und ihre Bewältigung gehörte eben zu den Aufgaben und damit auch - bei Erfolg - zu den Verdiensten des Händlers. Semantisch konnte dieser Gefahrendurchsatz der Händlerbetätigungen mit den damals üblichen heroischen Tugenden abgefangen werden.

Im Unterschied zu diesem Heroismus wird jedoch der "entrepreneur", der "undertaker" und "Unternehmer" als "projecteur" erkannt und identifiziert. *Im "Projekt" wird der "Erfolg" vom Ende des Geschäfts - dem lohnenden Tausch - auf seinen Anfang, auf die Geschäftsidee hin zurückprojiziert.* Doch mit der Erfolgsaussicht bürdet sich der Plan auch die Voraussicht der Erfolgs*gefährdung* auf: aus Gefahren werden *Risiken*. Denn Risiken *unterscheiden* sich von bloßen Gefahren gerade darin, daß der Eintritt potentieller Schäden als Folge einer Entscheidung oder einem Zusammenhang von Entscheidungen zugerechnet werden kann.[131] Man hätte das Abenteuer ja auch *unterlassen* können.

Die ersten als "Projekteure" identifizierten Unternehmer waren Personen, die wirtschaftliche Aktivitäten initiierten, deren Ausmaß und Inhalt unbekannt waren, und deren Erfolgsversprechen allein in der Zeit begründet werden konnte: *Es wird sich lohnen*, war das Versprechen, mit dem sie für ihre Geschäftsidee, für ihre *Unternehmungen* werben mußten und werben konnten. Die wirtschaftliche Orientierung wurde in dieser Zeit, in der die "Neuerung" schon in vielen Lebensbereichen (in der Kunst, in der Wissenschaft, in der Technik) aufgewertet war,[132] von der Orientierung an "bekannten Bedürfnissen" (Überlebensbedürfnisse des Volkes, Luxusbedürfnisse des Adels) auf die *Spekulation*, auf die Orientierung an *neuartigen Bedürfnissen und Möglichkeiten ihrer Befriedigung* umgestellt.[133] Die moralischen und politischen Interessen am Handel weichen in ihrer Dominanz einem genuin wirtschaftlich begründeten sozialen Interesse: einem Interesse an der

---

131 Luhmann 1991a, S.30f.
132 Vgl. Luhmann 1995.
133 Gross (1994, S.136) spricht hier von der "Verwandlungskraft des Marktes. Er verwandelt die Dinge und er verwandelt uns. Er verändert unsern Blick. ... Er definiert die Dinge um."

Mehrung wirtschaftlicher Möglichkeiten, der Überführung von unbekannten in bekannte und realisierbare neue Möglichkeiten. Dirk Baecker beschreibt diesen Unterschied der modernen wirtschaftlichen Orientierung als ein Interesse an "iterierbaren Grenzüberschreitungen" und sieht in ihr die "Form der Unternehmung" begründet.[134] Jede Unternehmung ist ein *Testen* des wirtschaftlich Möglichen, ein Handlungszusammenhang, der über das wirtschaftlich Machbare informiert. Mit jeder *erfolgreichen* Unternehmung ist der bekannte Raum des wirtschaftlich Möglichen erweitert, und jeder *Mißerfolg* überführt zuvor unbestimmte in bestimmte und bekannte Grenzen dieses Raumes.[135]

Die sozialen Interessen am unternehmerischen Handeln sind - was leicht übersehen wird - also auf *beides* gerichtet: auf den Erfolg *und* auf den Mißerfolg von Unternehmungen, in diesem Sinne auf den *Test* des wirtschaftlich Möglichen. Und nur eine Gesellschaft, die ihre zentralen Institutionen auf einen stets veränderbaren Raum des wirtschaftlich Möglichen einstellt, fordert und fördert das Engagement von Akteuren, die *persönlich* an wirtschaftlichen Erfolgen und an der Abwehr von wirtschaftlichen Mißerfolgen interessiert sind und Bereitschaft zeigen, eine Verantwortung für die entsprechenden Risiken zu übernehmen. "Veränderbar" meint keineswegs allein Mehrung der verfügbaren Güter und Dienste, also Wachstum. Auch eine ökologisch interessierte Gesellschaft ist auf eine Veränderung des wirtschaftlich Möglichen eingestellt, versucht - mit welchen Mitteln auch immer - unternehmerische Interessen zu befördern, die das ökologisch Wünschenswerte auf seine ökonomische Durchsetzungsfähigkeit hin austesten. In diesem sozialen Kontext ist jede Suche nach der "gesellschaftlichen Funktion" und "Bedeutung" des Unternehmers und der Unternehmung zu verorten. Mit Frank Knights Risikotheorie der Unternehmung[136] und Schumpeters Innovationstheorie[137] ist dieser "funktionale Aspekt" für die Seite der Wirtschaftstheorie in der ersten Hälfte dieses Jahrhunderts ausformuliert worden.

---

134 Baecker 1993, S.87, S.65ff..
135 Vgl. auch Lorei 1987, S.16, S.353ff. Statt "Erweiterung des wirtschaftlich Möglichen" heißt es bei ihr jedoch im Anschluß an Max Weber "Erweiterung der materialen (im Gegensatz zur formalen, A.B.) Rationalität" (S.362), wobei jedoch nicht klar wird, wieso bezüglich der Struktur unternehmerischen Handelns bereits von Vernünftigkeit/Nicht-Vernünftigkeit und "Rationalität" gesprochen werden sollte. Hinsichtlich der Vernünftigkeit bzw. Rationalität der "rechenhaften Prüfung", die Lorei als "formale" Rationalität ihrer "materialen" Rationalität kommentarlos an die Seite stellt, siehe hier Kapitel 5.
136 Knight 1921.
137 Schumpeter 1993 (zuerst 1911), 1928, 1980 (zuerst 1942).

Während Knight vor allem auf das Moment des Risikos abhebt, wird der Unternehmer in der Tradition von Schumpeter zumeist als "Neuerer im Wirtschaftsleben"
identifiziert.[138] Dies hat zu einigen Unklarheiten und Ungenauigkeiten geführt,
denn unklar und ungenau bleibt, was von wem als "Neuerung" beobachtet und mit
welchen Folgen für einen Unternehmer behandelt wird. Schumpeter unterschied
zum Beispiel den "eigentlichen" Innovator von Verwaltern und Nachahmern,[139]
trennte somit "unternehmerische Unternehmer" von "nicht-unternehmerischen
Unternehmern". Diese Fassung mündet vollends im Paradoxen, wenn man konkrete
Unternehmungsgeschichten studiert und dabei feststellt, daß auch "Innovatoren" im
Laufe der Zeit nur noch sich selbst, ihre ursprüngliche Geschäftsidee nachahmen
und prolongieren und damit aus dem Kreis der "schöpferischen" Unternehmer
ausscheiden.[140] In dieser Perspektive ist Unternehmertum eine zeitpunktverhaftete
und in der Regel "einmalige" Handlungsmöglichkeit, und kein dauerhaft realisierba-
rer Handlungsentwurf. Mit der Realisierung unternehmerischer Projekte in
organisierten Formen - in einer Firma, einem Betrieb, mit einer festen Angestelltenschaft, festen Zulieferer- und Abnehmerkreisen usw. - "verschwinde" jede konkrete
"Neuerung" in der Wiederkehr des Gleichen, in Routinen.[141] Und schließlich
blieben lediglich *Gründungsakte* als "wirkliche Neuerungen" beobachtbar, denen
jedoch angesichts zunehmender Kapitalkonzentrationen in bestehenden
Erwerbsorganisationen kaum noch eine "wirtschaftliche Bedeutung" zukäme. In
der organisierten Wirtschaft verschwinde der "Neuerer" und mit ihm letztlich auch
die "Erneuerungsfähigkeit" der Wirtschaft - dies war bekanntlich das Szenario, in
das Schumpeter *das Scheitern des Kapitalismus wegen seiner Erfolge* einzeich-
nete.[142]

Mit der analytischen Festlegung auf "Gründungen" oder auch alternativ auf
"Unternehmerpersönlichkeiten" ist unternehmerisches Handeln in der modernen
Gesellschaft, die ihre "Gründerzeit" nur noch in der Geschichte wiederfinden kann,
tatsächlich   nur selten und wenn, dann zumeist nur "am Rande" etablierter
Branchenstrukturen beobachtbar. Instruktiv ist die Vorstellung der "Innovation"

---

138 Vgl. beispielsweise Seidl, ed., 1984.
139 Schumpeter 1980, S.217, 223 u.ö.
140 "Niemand ist ununterbrochen Unternehmer und niemand kann immer nur Unternehmer sein."
    (Schumpeter 1961, S.111).
141 "Die vollkommen bürokratisierte industrielle Rieseneinheit verdrängt nicht nur die kleine oder
    mittelgroße Firme und 'expropriiert' ihre Eigentümer, sondern verdrängt zuletzt auch den Unternehmer".
    (Schumpeter 1980, S.218).
142 "Zuletzt bleibt *niemand* mehr übrig, der sich wirklich dafür einsetzen will - niemand innerhalb und
    niemand außerhalb der Bezirke großer Konzerne." (Schumpeter 1980, S.230).

dann und nur dann, wenn man sieht, daß *das unternehmerische Handlungspro-blem darin liegt und sich darin auch fortsetzt, bestehende Geschäftsgrundlagen ständig zu erneuern.* Jeder "Gründer" greift in bestehende Geschäftsgrundlagen ein. Er muß das Engagement *potentieller* Partner, Kreditgeber, Lieferanten, Mitarbeiter und Kunden für *seine* Unternehmung ein- und damit aus faktischen oder potentiellen anderen Unternehmungen abwerben. Und auch längst etablierte und organisierte Unternehmungen stehen laufend vor diesem Werbungsproblem: Sie laufen Gefahr, Kunden, Kreditgeber, Mitarbeiter usw. zu verlieren, wenn sie ihre eigenen Attraktivitäten, ihre eigenen Geschäftsgrundlagen nicht ständig erneuern können.[143] In diesem Sinne wird auch von Managern erwartet, daß sie unternehme-risch - eben als "angestellte Unternehmer" - handeln.

In dieser Perspektive wird deutlich, daß "der Unternehmer" in der modernen Wirtschaft - also in einer Gesellschaft, deren zentrale Institutionen auf die ständige Erweiterung des wirtschaftlich Möglichen eingestellt sind - keineswegs "verschwindet". Das Gegenteil ist der Fall: *die Erwartung, unternehmerisch zu handeln, wird immer stärker generalisiert und erweitert*, auf einen wachsenden Personenkreis ausgedehnt. Ob als Angestellter in einem Betrieb oder auch als Selbständiger in einer "traditionalen" Branche - der Zumutung, Sorge um die fortlaufende Erneuerung der jeweiligen Geschäftsgrundlagen zu tragen, ist kaum noch zu entgehen. Sehr deutlich kann man dies in einer weitläufig als "traditional" eingestuften Branche beobachten, in der Landwirtschaft. In allen Wohlstandsge-sellschaften muß die Bauernschaft mit dem Bild vom Verschwinden ihrer Erwerbs-chancen leben - und es wird, gegen großen politischen, nicht wirtschaftlichen Widerstand, von den Bauern erwartet, daß sie auf diese Gefahr *unternehmerisch re-agieren*. Aus den Bauern sind Landwirte und damit Unternehmer geworden.

Schumpeter trennte mithin allzu scharf zwischen "Neuerung" und "Nachahmung" - was (bis heute) zu der irritierenden Diagnose führt, daß es einerseits sehr viele Unternehmer geben müßte, da ja laufend Neuerungen im Wirtschaftsbereich zu beobachten sind, daß aber bei Betrachtung eines Einzelfalls einer Unternehmung kaum noch jemand als "wirklicher Neuerer" identifiziert werden kann. Jede konkrete Geschäftsidee erscheint bei näherer Betrachtung doch nur als mehr oder

---

143 "Zwar ist das Unternehmen ein bestimmter Typ von Organisation: eine Organisation im System der Wirtschaft. Zugleich ist das Unternehmen aber jener Spezialfall von Organisation, in dem die Organisation ihrerseits Gegenstand unternehmerischen Kalküls ist. Das Unternehmen ist nicht einfach eine Organisation, sondern, mit einer Formulierung Daniel Bells, ein erneuerbares System der Organisation." (Baecker 1993, S.65f.).

weniger stark variierte Kopie bereits bekannter Geschäftsideen - sei es als Kopie "fremder" Ideen, sei es als Wiederholung früherer "eigener " Ideen.

Dieses Paradox löst sich auf, wenn man *Innovation und Imitation nicht als sachliche Gegensätze*, sondern als *eine Frage der Beurteilung* begreift. Wenn man will, kann man *jedes* Handeln als Imitation eines bekannten Handelns betrachten.[144] Gesten imitieren Gesten, Sprechen imitiert Sprechen, Schreiben imitiert Schreiben, Komponieren imitiert Komponieren, Zeichnen imitiert Zeichnen, Bauen imitiert Bauen, Forschen imitiert Forschen, Entdecken imitiert Entdecken und Erfinden imitiert Erfinden! Das Urteil der "Neuheit" einer durch derartige Imitationshandlungen entstandenen Gestalt stellt sich allein im Zusammengehen von *Überraschung und Vergleich* ein.[145] Das "Noch-nie-dagewesene", die Überzeugung von der "Originalität" eines Bildes, einer Komposition, eines Stiles, einer Idee, einer Entdeckung, einer Erfindung - in solchen *Urteilen* beurteilt man das Überraschende *im Lichte des Bekannten*. Nur im Vergleich zeigt sich "Unvergleichliches". Und jede *Behauptung* von "Originalität" bietet folgerichtig unendlichen Anlaß für Urteils-streitigkeiten über die Vergleichbarkeit des Unvergleichlichen - und es ist vornehmlich eine Frage der Erschöpfung solcher Diskurse (milder bezeichnet: eine Frage des "Konsenses"), ob und mit welchen Ergebnissen konkreten Gestalten ein "gewisser" Grad von "Neuerung" und "Originalität" zugestanden wird.[146]

Aus einer etwas größeren Distanz zu solchen Urteilsstreitigkeiten muß konstatiert werden, daß die Momente der Überraschung und der Vergleiche, die Überraschun-gen provozieren, weder vorhergesagt noch retrospektiv eindeutig zugeordnet werden können. Bereits für die "Autoren" von Ideen, Werken, Erfindungen usw. kann nie sicher gesagt werden, ob und wenn ja, in welcher Richtung sie selbst durch ihre eigenen Werke "überrascht" wurden. Mancher mag im Projektstadium von einer Originalität seines Werkes überzeugt gewesen sein und muß nach Vollendung "überrascht" feststellen, daß er bereits Gedachtes nach-gedacht hat, daß er bereits Gesehenes nach-gestaltet hat, bereits Erfundenes nach-erfunden hat usw.

---

144 So beispielsweise Girard 1987, S.211-247.
145 Luhmann 1995.
146 "The search for the source of dynamic entrepreneurial performance has much in common with hunting the Heffalump. The Heffalump is a rather large and very important animal. He has been hunted by many individuals using various ingenious trapping devices, but no one so far has succeeded in capturing him. All who claim to have caught sight of him report that he is enormous, but they disagree on his particularities. Not having explored his current habitat with sufficient care, some hunters have used as bait their own favorite dishes and have then tried to persuade people that what they caught was a Heffalump. However, very few are convinced, and the search goes on." (Peter Kilby 1971, S.1, den Geschichten von A.A.Milne über "Winnie-The-Pooh" und "The House at Pooh Corner" nacherzählt.)

Und ein anderer mag sich ganz traditionsbewußt bemüht haben und ist - für ihn vielleicht "überraschend" - mit dem Effekt konfrontiert, daß seine Idee, sein Werk etc. als "Neuheit" aufgenommen und beurteilt wird - wie immer er sich dann selbst zu diesem Effekt stellen mag.

Die Zuordnung zu Innovation oder Imitation ist also stets eine Frage von Vergleichen. Veranschaulichen läßt sich dies selbst an der zumindest in Unternehmerkreisen unbestrittenen "Genie"-Erzählung des 20. Jahrhunderts, an der "unvergleichlichen" Erfolgsstory von Bill Gates, Gründer von Microsoft, Promotor des dezentralen, des "persönlichen" Computers und mittlerweile als der reichste Mann der USA gehandelt. Imitiert hat er die Programmidee, und *hinsichtlich der Programm*architektur "originell" ist sicherlich der Zuschnitt auf *einen* Arbeitsplatz. Aber *hinsichtlich der Arbeitsorganisation* im Allgemeinen ist gerade diese Art des Zuschneidens alles andere als "originell". Sie liegt vielmehr ganz und gar im allgemeinen Trend, Aufgaben und Verantwortlichkeiten zu individualisieren und die materielle Ausstattung der Arbeitsplätze darauf auszurichten: eigene Werkzeugbänke, eigene Schreibtische, eigene Schränke und Regale, Raumunterteilungen, sogar eigene Werkräume und Büros usw. - und nun eben auch eigene Rechner mit eigenen Betriebssystemen und Arbeitsprogrammen.[147]

Und gerade hinsichtlich des *unternehmerischen*, am *wirtschaftlichen* Erfolg/Mißerfolg seiner Idee orientierten Handelns, mußte auch das "Genie" Bill Gates traditionelle Muster unternehmerischen Verhaltens imitieren: eine Firma gründen, Kunden und Lieferanten gewinnen, Kredite und Mitarbeiter einwerben, letztere entlohnen und motivieren, eine Verkaufsorganisation aufbauen, Forschung und Entwicklung installieren (und auf "Innovation" festlegen), ... Diese Beschreibung soll die *unternehmerische Leistung* von Bill Gates keineswegs schmälern, im Gegenteil. Sie soll die leistungserzeugende Qualität des Imitierens *würdigen* - und die Suche nach "Originalitäten" in den Hintergrund innovationssüchtiger Diskurse rücken. *Jedes* realisierte unternehmerische Imitat erweitert den Raum des wirtschaftlich Möglichen - und für den Bereich der Büroorganisation ist die Microsoft-Story ein eindrücklicher Beleg hiervon.

---

147 In dieser Perspektive ist es sicherlich auch "originell", dem Einzelwerkzeug "Rechner"- auf standardisierte Arbeitsaufgaben zugeschnitten, massenhaft produziert und aufgestellt - den Ehrentitel "persönlich" zu verleihen.

Für die *Realisierung* unternehmerischer Projekte in Trajektories - in Handlungszusammenhängen, die viele und vor allem auch viele unbekannte Teilnehmer involvieren - sind imitierende Entwürfe weitaus wichtiger als alle "originellen" Komponenten. Die Originalität eines konkreten Entwurfes erschließt sich - wenn überhaupt - nur sehr wenigen "Eingeweihten". Für die Kooperation mit den vielen Nicht-Eingeweihten kommt es jedoch darauf an, die jeweiligen Pläne soweit *durchschaubar,* und das heißt: im Rahmen des *Bekannten* zu gestalten, daß die Kooperateure *ihre* Handlungspläne für sich selbst sinnvoll integrieren können. *In diesem Sinne* kann man, wenn man auf die *scharfe* Trennung von Innovation und Imitation verzichtet, *jeder Unternehmung ihre Einzigartigkeit* zubilligen. Jede sich in wechselseitiger Verständigung und im Austesten der Möglichkeiten verwirklichende Unternehmung realisiert wirtschaftliche Möglichkeiten, die ohne sie allenfalls "virtuell", der Idee nach vorhanden, und so dem Wirklichkeitstest gar nicht ausgesetzt wären.

3.3. Thematische Felder unternehmerischen Handelns

Die spezifischen *Gefahren,* denen eine Unternehmung im Wirklichkeitstest ausgesetzt ist, ergeben sich aus den verschiedenen *Themen,* aus denen sich diese Art des Trajektories zusammensetzt. So verschieden - in Inhalt, Zahl und Art der Beteiligten, in den Terminierungen von Zeitplänen, im Umfang der involvierten Finanzmittel usw. - alle konkreten Unternehmungen auch ausgestaltet sind, so lassen sie sich *idealtypisch* doch als Variationen von *vier Grundthemen* beschreiben. Das "Testen von wirtschaftlichen Möglichkeiten" kann konkret bedeuten: 1. das Testen von Möglichkeiten der *Beschaffung*, 2. das Testen von Möglichkeiten des *Tauschs*, 3. das Testen von Möglichkeiten der *Fabrikation* und 4. das Testen von Möglichkeiten der *Ausrüstung.*

3.3.1. Möglichkeiten der Beschaffung

Das originärste Feld unternehmerischer Betätigung ist - kulturgeschichtlich gesehen - die *Beschaffung*, i.e. die örtliche Verschiebung der Verfügbarkeit von Objekten, sei es Verfügung zwecks Verbrauch oder zwecks Weiterverarbeitung. Mit jedem Akt der Beschaffung wird der Raum des wirtschaftlich Möglichen verändert: an dem Ort, an dem Güter verfügbar werden *und* an dem Ort, von dem sie entfernt werden, sofern überhaupt an *beiden Orten* gewirtschaftet wird und die beschafften Mittel nicht lediglich der Natur entnommen werden (Jagdbeute und Materialien aus sozial unkontrollierten Gebieten). Wird der Transfer nicht einseitig mit Gewalt durchgesetzt, dann stellt er an beiden Orten nicht bloß eine Veränderung, sondern auch ein *Mehr* an wirtschaftlichen Möglichkeiten dar. Wenn der Händler aus Region A für die entnommenen Güter den Tauschpartnern aus Region B Gegenleistungen bieten muß, so sind dies Leistungen der Wirtschaft A, da sie auf die entsprechenden Leistungen *verzichten* muß. Und selbst der mit Gewaltmitteln arrangierte Transfer beansprucht auch die wirtschaftliche Leistungsfähigkeit der "erfolgreichen" Seite: auch der "raubende Händler" muß für die Reise, mit Verpflegung (für sich selbst und seine Mannschaft), mit Transportmitteln und mit Gewalt*fähigkeit* (Ausrüstung und Ausbildung seiner Mannschaft) und - nicht zuletzt - mit der notwendigen Zeit *ausgestattet werden.*

Es gibt keine einsatzlose, keine verzichtsfreie und damit auch keine risikolose Beschaffung. Jede Beschaffungsunternehmung kann scheitern: an den natürlichen und an den sozialen Gefahren der Reise und des Transports, sowie an der Erkenntnis, daß sich der ganze Aufwand trotz aller Mühen und Teilerfolge letztlich gar nicht gelohnt habe. Wirtschaftliche Chancen und wirtschaftliche Verzichte gehen bei der Beschaffung Hand in Hand. Und die Kontakte, die durch reisende Händler und ihre Begleittruppen hergestellt werden, erhöhen in allen beteiligten Gebieten den Raum möglicher Alternativen. Selbst dort, wo eine Tauschannonce einseitig ausgeschlagen wird und der Händler unverrichteter Dinge weiterziehen muß, bleibt etwas "Neues" zurück: Die Erinnerung an sein Angebot und damit die Erinnerung, daß man statt der zurückbehaltenen Güter auch andere hätte haben können. Der regionenübergreifende Handelskontakt *schafft* also an allen beteiligten Orten neue Möglichkeiten und *erhöht damit Knappheit* im oben beschriebenen Sinne: das Wissen um die Alternativen der Bedürfnisbefriedigung und um die Grenzen, die eine Bedürfnisbefriedigung der anderen setzt.

Die regionenübergreifenden Kontakte, die durch die Beschaffung entstehen, beeinflussen die betroffenen Gesellschaften nicht nur in wirtschaftlicher Hinsicht. Sie sorgen auch für Berührungen, die die bestehenden kulturellen und politischen Grenzziehungen überschreiten. Sie etablieren - dort, wo sie sich verstetigen - Elemente der *Fremdheit*, der Begegnung mit "Neuartigem" und das heißt mit Unbekanntem. Dies meint nicht nur die Neuartigkeiten der Güter, der Leistungs- und Befriedigungsmöglichkeiten. Man lernt auch neuartige Gewohnheiten (vor allem Sprache) und Fertigkeiten kennen und muß die eigenen Selbstverständnisse -

je nach Intensität und Folgenreichtum der Handelskontakte - im Licht dieser Befremdlichkeiten neu einschätzen. Kaum eine Kulturgeschichte kommt ohne Hinweise auf die Handelswege aus, die einen wechselseitigen Einfluß in Sprache, Wissen und Technik ermöglicht oder zumindest wahrscheinlich gemacht haben. In diesem Sinne spricht schon Georg Simmel vom Händler als dem Prototyp des Fremden, des Wanderers, "der heute kommt und morgen bleibt."[148] - und dabei sowohl sich selbst als auch die Gastkultur verändert. "In der ganzen Geschichte der Wirtschaft erscheint der Fremde allenthalben als Händler, bzw. der Händler als Fremder."[149]

So bedeutend die Beschaffungskontakte in kultureller, politischer und wirtschaftlicher Hinsicht auch sein mögen, so darf ihre *wirtschaftliche Rolle* für die früheren Gesellschaften, einschließlich der Hochkulturen und Großreiche, auch *nicht überschätzt* werden. Ferdinand Braudel legt in seiner Sozialgeschichte des 15. bis 18. Jahrhunderts großen Wert auf die Feststellung, daß das wirtschaftliche Geschehen, das das Leben der meisten Bevölkerungsmitglieder bestimmte, weitgehend *unterhalb der "Marktschwelle"* stattfand, sich also nicht in Tauschbeziehungen, sondern in Subsistenzbeziehungen gestaltete.[150] Der Handel war mithin *für das Alltagsleben* keine allzu bedeutende Erscheinung, eher ein mehr oder weniger irritierendes Moment. Und so war auch "der Händler" nur bedingt eine sehr angesehene Erscheinung, der man "großartige Taten" zumutete und verdankte. Die Mehrzahl der Wanderhändler war kaum von Hausierern zu unterscheiden. Die geringe wirtschaftliche Bedeutung der Beschaffung und der geringe Status des Handelsstandes schlägt sich auch im oben vorgestellten Ideal der Hauswirtschaftslehre nieder, die den Händler für alles "Überschüssige" zuständig erklärte und seine Betätigungen der moralischen Fragwürdigkeit aussetzte.

Das unternehmerische Thema der Beschaffung erstreckt sich *nicht bloß auf die Objekte*, die von A nach B zu transportieren sind, sondern auch und sogar *in erster Linie auf den Beschaffungsvorgang selbst* und die Möglichkeiten seiner Ausgestaltung. In ihm steckt der größte und damit auch der risikoreichste Aufwand. Von diesem Aspekt her gesehen ist der Unternehmer an den Möglichkeiten der Geographie, der Verkehrstechnik und auch der Politik interessiert, wenn man hier unter Politik einmal nur die Schutzmächte vor physischen Gewaltakten subsumiert.

---

148 Simmel 1992a, S.764.
149 Simmel 1992a, S.756. Eingehend zur Rolle des Händlers als "Fremden" Baecker 1993, S.74-78.
150 Braudel 1990a, S.11-14, 1990b, S.50-55.

In letztgenannter Hinsicht ist die Einschätzung berechtigt, daß Handelsinteressen Friedensinteressen einschließen und von daher eine zivilisierende Funktion ausüben. Das schließt natürlich nicht aus, daß die Belieferung des Militärs unternehmerisch sehr interessant sein kann. Aber auch Waffenlieferanten können kaum ein Interesse daran haben, überfallen zu werden. Wenn sie liefern sollen, beanspruchen sie Sicherheiten für sich selbst und ihre Ladungen. Die geographische Dimension der Beschaffung hat sowohl durch die politischen als auch durch die verkehrstechnischen Innovationen im Vergleich zu früheren Verhältnissen teilweise ganz neue Konturen erhalten. Im Zeitalter der mobilen Arbeit und des Tourismus bleiben oftmals die Güter an ihrem Ort, und man schafft die Menschen her, die sie an Ort und Stelle in Gebrauch nehmen können und sollen.

Das Thema der Beschaffung, der lokalen Zusammenführung von Objekten und Gebrauchsmöglichkeiten, wird auch in der aktuell aufkommenden "Informationsökonomie" nicht obsolet - und dies nicht bloß wegen der offenkundigen Leibgebundenheit einiger als elementar eingestufter Bedürfnisse. Zunächst einmal muß auch jede Information *beschafft* werden, chemisch-physikalisch an einem Ort aufgebaut werden, bevor sie dort in Gebrauch genommen werden kann. Das bedeutet Aufwand. Information ist teuer, Informationsbeschaffung dementsprechend riskant. Ganze Branchen wurden in diesem Aufgabenfeld unternehmerisch aufgerichtet, und eine Erschöpfung dieses Themenfeldes ist derzeit noch nicht abzusehen. Zudem richten sich viele der Informationsangebote und -bemühungen auf Instruktionen, die ganz traditionelle Typen der Beschaffung in die Wege leiten. Jedes Studium einer Speisekarte oder irgendeines anderen Prospekts enthält den Entwurf einer Bestellung beziehungsweise irgendeiner anderen Anweisung, etwas oder sich selbst von A nach B zu bewegen. Und für die Möglichkeit solch ganz materiellen Bewegungen müssen selbst "virtuelle Unternehmungen" Vorsorge leisten.

3.3.2. Möglichkeiten des Tauschs

Tausch meint hier jede Form des Kontaktes, der eine *Aushandlung und potentiellen Transfer von Leistung und Gegenleistung* beinhaltet. Die typischen Kontakte im Einzel- und Großhandel gehören dazu, aber auch alle Typen von personalen Dienstleistungen und - oft übersehen - auch die Aushandlungen im Kontakt zwischen Repräsentanten von Organisationen. In diesen Kontaktformen können (potentielle) Leistungsgeber und -empfänger ihre wechselseitigen *Ansprüche signalisieren, aushandeln und realisieren.* Die entsprechenden Arrangements des Aushandelns und Tauschens können hochstandardisiert sein, etwa im Großkaufhaus, im Versandhandel u.ä.m. In solchen Fällen stellt der Leistungsgeber seine Produkte und Dienste aus und muß - mehr oder weniger ausschließlich - auf die Aufmerksamkeit setzen, die seine Ausstellung bei potentiellen Leistungsabnehmern erweckt. Und umgekehrt muß der potentielle Abnehmer darauf setzen, daß er seine Ansprüche irgendwo in der dargebotenen Palette auffinden kann. Das wechselseitige Finden ist in dieser Standardform das Hauptproblem - und das unternehmerische Interesse kann und muß sich in diesem Bereich darauf richten, um die Aufmerksamkeit der potentiellen Abnehmer zu *umwerben* und die Wahrscheinlichkeit ihres Zugriffs zu erhöhen. Die realisierten Möglichkeiten der Ausgestaltung solcher Standardkontakte sind mittlerweile unüberschaubar geworden. Sie können in der Organisation des Verkaufs, in der Schulung des Verkaufspersonals, in den Mitteln der Werbung und des Marketings, im Nimbus der Produktqualität und anderem mehr liegen.

Auf diesen *Spezialfall* des Tauschs - der sich der Form der Ausstellung bedienen muß, um eine Vielzahl von potentiellen Kunden kontaktieren zu können - hat sich die Kulturkritik an der "Waren-" oder auch "Konsumgesellschaft" kapriziert, und mit seiner Augenfälligkeit die Klage begründet, "die Wirtschaft" *erzeuge* "überflüssige" Bedürfnisse statt die "notwendigen" zu befriedigen. Doch wenn man bereit ist, einmal von den Anpreisungen und Arrangements abzusehen, die einem persönlich Mißbehagen bereiten, weil man in der eigenen Bedürfnislage keine Entsprechung findet und daher jene nicht verstehen kann oder will, die solche Angebote in Anspruch nehmen, dann erst kann man fragen, was "Bedürfnisse erzeugen" eigentlich heißen kann. Eine Unternehmung ist ein *Testen*, nicht ein "maschinelles Erzeugen" von Möglichkeiten. In der Gestaltung von Ausstellungskontakten wird getestet, wie und womit man Bedürfnislagen erreichen und Kaufinteressen feststellen kann. Von diesem Problem können auch und gerade jene Unternehmer nicht absehen, die von der Qualität ihrer Produkte - also von deren Fähigkeit, Bedürfnisse zu befriedigen - überzeugt sind. Sie müssen mit dieser Überzeugung potentielle Kunden erst einmal *erreichen* - und gerade den Erfolg, den Transfer von Leistung und Gegenleistung, können sie selbst nicht "erzeugen". Das "Ja" des anvisierten Kunden ist nicht erzwingbar. Es bleibt ihm überlassen, alle Anpreisungen zu ignorieren. Und selbst wenn er vorläufiges Interesse bekundet und eigene Ansprüche signalisiert: Letztlich kann er entscheiden, unentschieden oder mit einer Nein-Entscheidung das Aushandlungsarrangement zu verlassen - so schwer es ihm die Unternehmungsrepräsentanten auch auf diesem "Ausweg" zu machen versuchen. Und genau auf dieses Risiko müssen Unternehmungen, und mit ihr das Verkaufspersonal, eingestellt sein.[151]

Aber wichtiger noch als die intellektuelle Debatte um die "Verführbarkeit" oder "Mündigkeit" des Kunden im Massenkonsum ist der Umstand, daß die Bedeutung der hochstandardisierten Aushandlungskonstellationen *nicht überschätzt werden darf*. Dies hieße, die vornehmliche Leistung von Unternehmungen in der Fertigung von Massenartikeln (Haushaltswaren, Mode- und Freizeitaccessoires, Büroartikel u. dgl.) zu sehen und alle übrigen Leistungen einfach auszublenden. Die weitaus meisten und vor allem die wirtschaftlich folgenreichsten Aushandlungen finden jedoch in Arrangements statt, die die beteiligten Seiten *persönlich* involvieren, in denen die wechselseitigen Ansprüche - mehr oder weniger intensiv - tatsächlich *abgesprochen* werden müssen.

Dies gilt zunächst einmal für das weite und stetig im Wachsen begriffene Feld der *personalen Dienstleistungen*, die durch die kopräsente Anwesenheit von Leistungsgeber und Leistungsempfänger während des Leistungsvollzugs gekennzeichnet sind.[152] Ob beim Friseur, beim Arzt, im Restaurant, im Theater, in der Geldanlage-, Hausbau- oder Versicherungsberatung: die Dauer des Kontaktes bietet - je nach Fall unterschiedliche und unterschiedlich folgenreiche - Chancen, Leistungsmöglichkeiten und Leistungsansprüche zu signalisieren. Und die Sorge um die "Zufriedenheit" und mit ihr um die Zahlungsbereitschaft der Kundschaft bietet unternehmerisch Engagierten reichlich Anlaß, neue Möglichkeiten der Aushandlungsarrangements zu entwerfen und - bei Inkaufnahme der entsprechenden Risiken - zu realisieren.

Aber auch mit dem Feld personaler Dienstleistungen ist das Spektrum des unternehmerischen Themas "Tausch" längst nicht abgedeckt. Sowohl im Standardkonsum als auch bei personalen Dienstleistungen dominiert noch die Vorstellung, gut informierte, hoch motivierte und kühl kalkulierende Händler beziehungsweise Verkäufer stünden einem *isolierten*, mehr oder weniger informierten, mehr oder

---

151 Eine rührende Verfilmung dieses Problems war 1994 im deutschsprachigen Fernsehen zu sehen: "Der große Bellheim", der in vier Folgen mit einem Team altgedienter Verkaufs-, Verhandlungs- und Finanzierungsstrategen sein Lebenswerk, eine renommierte Kaufhauskette, vor dem Zugriff eines Finanzhais zu retten versuchte - erfolgreich, wie es das Format der Fernsehserie verlangt, in dem die Moral *am Ende* - nach einer abzuarbeitenden Folge großer Anfechtungen - immer siegt.

152 Gross 1983, S.44-85.

weniger anspruchsvollem, mehr oder weniger zahlungskräftigem Kunden gegenüber, der sich in seinen Entscheidungen mehr oder weniger planvoll und zugleich durch mehr oder weniger "zufällige" Milieugebundenheiten leiten ließe. Die weitaus folgenreichsten, intensivsten und im unternehmerischen Sinne riskantesten Aushandlungen finden jedoch nicht zwischen isolierten "Privatpersonen", sondern zwischen *Repräsentanten von Organisationen* statt. Selbst für einzelne Privatpersonen, die sich um ihre materiellen Lebensbedingungen und - ab einem gewissen Standard - eventuell um die Ausgestaltung eines "Lebensstils" besorgen, sind die interorganisatorischen Aushandlungskontakte in der Regel weitaus folgenreicher als jeder einzelne Erfolg oder Mißerfolg bei seinen unzähligen Privatverhandlungen. Denn die persönliche Kaufkraft der meisten Teilnehmer am Wirtschaftsgeschehen hängt vom wirtschaftlichen Erfolg oder Mißerfolg von Organisationen ab: vom wirtschaftlichen Erfolg/Mißerfolg der arbeitgebenden Organisation, vom Erfolg/Mißerfolg der Bank, die die privaten Geldanlagen betreut, vom Erfolg/Mißerfolg der Kranken-, Lebens- und Rentenversicherungen, auch vom Erfolg/Mißerfolg der Unternehmungen, von denen man günstig Leistungen zu beziehen erhofft, ganz zu schweigen vom Erfolg/Mißerfolg aller staatlichen Einrichtungen, die die öffentliche Infrastruktur (Wasserleitungen, Verkehrswege, Schulen, Polizei, Militär usw.) besorgen.

Unabhängig vom jeweiligen formellen Zweck ist jede konkrete Organisation über ihre *Budgets* am Leistungstransfer der Wirtschaft beteiligt. Und als Repräsentant einer Organisation ist man in den jeweiligen Aushandlungskonstellationen ein Unterhändler, der in wirtschaftlicher Hinsicht bei allen Abreden und Verträgen um den legitimierbaren Einsatz der organisationseigenen Budgetmittel besorgt sein muß. Entsprechend langwierig und folgenreich können derartige Aushandlungskonstellationen von allen Beteiligten ausgestaltet werden - und entsprechend chancen- und gefahrenreich kann ein unternehmerisches Engagement sein, das die Erfolgsmöglichkeiten in solchen Interessenskonstellationen auszuloten versucht.

Da es hier nur um die idealtypische Charakterisierung des unternehmerischen Themas "Tausch" geht, soll das Problemfeld interorganisatorischer Beziehungen nicht weiter vertieft werden. Es ist nur wichtig, Organisationen als potentielle Kundschaft, als potentielle Lieferanten usw. im Blickfeld zu behalten, um der Vielfalt konkreter unternehmerischer Interessen in der modernen Gesellschaft gerecht werden zu können. Insbesondere verhilft dieser Seitenblick auf die Organisationssoziologie dazu, die Bedeutung der klassischen Topoi wie "Macht" und "Interesse" *der* (einen!) "Unternehmerschaft" zu relativieren. Die jeweiligen Macht- und Interessenpositionen relativieren sich wechselseitig, und nicht etwa in einer Einheitsopposition gegen "den Staat", "die Arbeiter und Angestelltenschaft", "den Konsumenten" oder welche Oppositionsfiktion man hier auch immer einsetzen möchte.

3.3.3. Möglichkeiten der Fabrikation

Mit Fabrikation soll jenes Handeln bezeichnet werden, *das seinem Entwurf nach typischerweise auf die Fertigstellung von Erzeugnissen gerichtet ist.*[153] Nicht alle Erzeugnisse sind vornehmlich oder ausschließlich in wirtschaftliche Zwecke eingestellt. Kunstwerke, Bücher, Hobbystücke und vieles andere mehr sind Ergebnisse von Fabrikationen. Man kann auf einige Arten von Erzeugnissen wirtschaftlich zugreifen, das heißt andere Interessenten vom Gebrauch ausschließen - aber auch dies hängt nicht allein von einem Zugriffswillen, sondern darüber hinaus von den Chancen eines ausschließenden Zugriffs ab. Und solche Chancen können selbst wiederum durch technische, politische oder andere Arten von Umständen begrenzt sein. Manche Fabrikate sind gerade dazu gedacht, möglichst viele Nutzer ohne wechselseitigen Ausschluß zu erreichen (monumentale Bauwerke, schön gestaltete Plätze und Parks, Kunstwerke etc. - und es kann ein wirtschaftliches Problem werden, diesen Nutzungszweck auch zu erreichen, das dann über Werbung, Aufstellung, Museen usw. zu bearbeiten wäre). Man kann leicht erkennen, daß der Handlungstypus der Fabrikation noch am ehesten der traditionellen Vorstellung von Arbeit entspricht, wobei man bei Arbeit vornehmlich nur an Fabrikate denkt, die Arbeiter hervorbringen - und sich selbst damit das Problem schafft, die vielen anderen Tätigkeiten, die Mühe kosten und entlohnt werden, auf ihren "Arbeitswert" hin befragen zu müssen.

Aber wiederum: Der im oben beschriebenen Sinne *wirtschaftliche* "Wert" eines Fabrikats kann nicht aus den ("objektiven") Mühen abgeleitet werden, die seine Fertigstellung erfordert. Der wirtschaftliche Wert wird ihm durch die Möglichkeiten eines Zugriffs zur Bedürfnisbefriedigung verliehen - oder, bei Fehlen des Bedarfs, bei Fehlen der Zugriffs- oder der Ausschlußmöglichkeiten, eben entzogen. Knappheit kann knapp werden, wie Alois Hahn gerade am Beispiel der Arbeit treffend feststellte: Im Fall der Arbeitslosigkeit (bei Hahn: Akademikerarbeitslosig-

---

153 "Erzeugnisse" im oben (Kapitel 1) dargestellten Sinne: Werkzeuge, Kunstwerke, etc.

keit) fehlt es ja nicht an Arbeit, sondern am Bedarf nach Arbeit, der sich in Form von Indienstnahmen realisieren würde.[154]

Wenn in zeitdiagnostischen Diskursen die Leistungen "der Unternehmer" oder gar "der Wirtschaft" der letzten zwei Jahrhunderte gewürdigt oder kritisiert werden, dann wird oftmals allein das Bild der "Industrie", der Massenherstellung in großen Fabrikationsanlagen vorgestellt und bewertet. Wenn hier von Fabrikation als Thema unternehmerischer Trajectories die Rede ist, dann sind all die in diesem Bild enthaltenen Fabrikationsmöglichkeiten *mitgemeint*. Aber die Relativierung der Fabrikation auf *ein potentielles unternehmerisches Interesse neben anderen* soll verhindern, daß die Leistungen und Fehlleistungen (denn auf diesen Unterschied kommt es in allen unternehmerischen Trajectories an) der anderen Bereiche - der Beschaffung, des Tauschs und des noch folgenden Themas "Ausrüstung" - nicht ausgeblendet bleiben. Der Raum des wirtschaftlich Möglichen (= Alternativenreichtum = Knappheit) wurde und wird nicht allein durch mehr, durch apparativ immer aufwendiger hergestellte und technisch immer weiter verfeinerte Fabrikate erweitert. Ohne Beschaffung, Tausch und Ausrüstung gäbe es keine Fabrikation - und die drei erstgenannten unternehmerischen Interessensbereiche waren und sind keineswegs bloße Anhängsel des maschinellen Produktionsapparates. Das läßt sich nur schwer für irgendeine vergangene Epoche behaupten und erst recht nicht für die Gegenwart. Nur wenn die genannten Themen unternehmerischen Handelns *nicht* hierarchisch (also auch nicht als aus Fabrikation "ableitbar") betrachtet werden, wird verständlich, daß so viele und wirtschaftlich so bedeutende unternehmerische Trajectories ohne "handgreifliche" Fabrikate auskommen; daß sie "lediglich" von A nach B bringen, personale Dienste leisten, Informationen beschaffen und zusammenstellen, Verhandeln und Verabreden usw.

3.3.4. Möglichkeiten der Ausrüstung

Unternehmungen schaffen wirtschaftliche Alternativen und damit Knappheit, da der Zugriff auf die schließlich bereitgestellten Güter und Dienste reguliert sein muß - und dies nicht erst im Augenblick eines möglichen Gebrauchs, sondern bereits im Anlaufen jeder Unternehmung, da sie ohne die Aussicht auf geregeltes Zugreifen selbst aussichtslos, der Mühen nicht wert erscheinen würden. Schon in diesem ganz allgemeinen Sinne setzen Unternehmungen Knappheit voraus. Aber sie setzen auch

---

154 Vgl. oben, S. 60, Fußnote 124.

noch eine spezifischere Art der Knappheit voraus. In allen drei zuvor genannten Bereichen wurde schon deutlich, daß jede Unternehmung der Ausrüstung bedarf - und sei es "lediglich" der Mittel für den leiblichen Bedarf und die körpereigenen Möglichkeiten der an der Unternehmung (an der Beschaffung, am Tausch, an der Fabrikation) beteiligten Personen. Jede Unternehmung muß sich den exklusiven Zugriff auf die für ihre Durchführung notwendigen Güter und Dienste sichern. Diese Sicherung muß nicht notwendigerweise über das rechtliche Institut des Eigentums laufen. Bei vielen Dienstleistungen - vor allem: für Arbeit! - ist rechtlich gar kein Eigentumsbegriff formulierbar. Und auch Güter kann man mieten.

In dieser Zweckrichtung, in der Sicherung des unternehmerischen Eigenbedarfs, wiederholen sich die drei erstgenannten Möglichkeitsspielräume und Themen unternehmerischer Trajectories. Die Ausrüstung muß beschafft, eingetauscht oder fabriziert werden. Und von den jeweils realisierten Ausrüstungsmöglichkeiten hängt wiederum ab, was die Unternehmung in Beschaffung, Tausch und Fabrikation für Dritte zu leisten vermag. Man kann den unternehmerischen Eigenbedarf auch als die "in-sich-gekehrten" Bedürfnisse der Wirtschaft bezeichnen. In diesem Sinne unterscheidet Luhmann die "Primärbedürfnisse" (Konsumbedürfnisse) von den "Sekundärbedürfnissen" (Produktionsbedürfnisse), womit *keine Priorität* induziert sein soll. Beide Bedürfnisarten bedingen und ermöglichen sich wechselseitig. Wo Zugriffe zum Objektverbrauch führen (Konsum), müssen andere Zugriffe die Bereitstellung ermöglichen. Und umgekehrt: Ohne die Realisierung von Verbrauchschancen laufen Bereitstellungen ins Leere.

3.4. *Abstimmungsprobleme in unternehmerischen Trajectories*

Mit der idealtypischen Unterscheidung zwischen Beschaffung, Tausch, Fabrikation und Ausrüstung sollte gezeigt werden: a) auf welche konkreten Gestaltungen eine Veränderung und Erweiterung des wirtschaftlich Möglichen abzielen kann, und b), daß unternehmerische Trajectories sehr viele Arten von "handgreiflichem" Wissen involvieren: Wissen von den technischen Qualitäten der Güter, Wissen von den Möglichkeiten und Grenzen der Indienstnahme von Fertigkeiten und nicht zuletzt Wissen um die Ausschließlichkeiten von Objekt- und Dienstverbrauch. Diese Arten des Wissens sichern den materiellen Realitätsbezug aller Unternehmungen. Auf dieser Ebene finden sich, wissenssoziologisch gewendet, die Marxschen "Produktivkräfte" wieder - und man könnte, wie Marx und einige seiner Nachfolger, die Möglichkeiten der politischen Philosophie befragen, ob und wie alle

"Herrschaftskräfte" auf den Dienst zu spezialisieren und zu fixieren wären, die friedliche Koexistenz herstellender Verbraucher und verbrauchender Hersteller sicherzustellen.

Einer Wissenssoziologie im hier vorgestellten Sinne ist solch ein philosophischer Weg versperrt. Sie muß vielmehr berücksichtigen, daß in den beschriebenen "handgreiflichen" Themen von Unternehmungen die Fragen nach der *Koordination*, nach der *Abstimmung* der vielen Einzelhandlungen und Einzelpläne und mit ihr die Frage nach dem *Trajektorie* "Unternehmung" noch gar nicht berührt gewesen sind. Ein Trajektorie wurde beschrieben als die *situationsübergreifende Abstimmung* von Handlungen anhand eines thematischen Bezugs: Football-Spiel, Gerichtsurteil, Sterben und, im Trajektorie der Unternehmung, die Realisierung wirtschaftlicher Möglichkeiten. Und es muß - angesichts der vielfältigen Abstimmungserfordernisse unternehmerischer Trajektories und damit angesichts der vielfältigen Chancen aller Beteiligten, abgestimmtes Handeln zu verweigern - entschieden bezweifelt werden, daß Macht, Zwang und Herrschaft die chancenreichsten unternehmerischen Einflußmittel wären. Hunger und drohendes Elend hat unbestritten in den Zeiten der Industrialisierung und heute noch in vielen armen Regionen zahlreiche Menschen in die Herrschaftsbereiche menschenunwürdiger Fabrikationsanlagen gezwungen. Aber schon deren Kunden, deren Lieferanten, deren Kreditgeber und deren Verwaltungsstab konnten nicht gewaltsam zur Kooperation gezwungen werden; es sei zudem daran erinnert, daß viele folgenreichen Beziehungen nicht in der Opposition Unternehmung - Masse (Masse der Arbeitenden, Masse der Konsumenten), sondern in interorganisatorischen Verhältnissen aufgebaut sind. Und für die prosperierenden, also die chancen- und möglichkeitsreichsten Wirtschaften versagt die Kausalerklärung über Zwang per Elend vollends.

Überhaupt helfen eng politisch geführte Ordnungsvorstellungen bei der Frage nach den Abstimmungschancen in unternehmerischen Trajektories nicht viel weiter. Dies gilt auch für die Regulierungsvorstellungen des Wirtschaftsliberalismus, der das Spektrum möglicher persönlicher Interessen auf das Interesse am persönlichen Eigentum reduzierte. Die Möglichkeiten der Ausrüstung von Unternehmungen lassen sich nur realisieren, wenn sich *alle Beteiligten* private Zugriffe auf die Ausrüstungsgegenstände versagen und sich wechselseitig dieser Versagung versichern können. Immerhin kann man sich diesbezüglich den Unternehmer noch als einen "Treuhänder" der Eigentümer vorstellen, der ihnen gegenüber in

Rechenschaftspflicht steht und dafür die aus dem Eigentum "abgeleitete Macht" ausüben darf. Aber *diese* Art Macht informiert nun gerade nicht darüber, wie Dritte zur Beteiligung zu bewegen sind. Darüber wissen gerade jene Eigentümer nichts, die ihr Eigentum treuhänderisch abgegeben haben.

Unternehmerisch Engagierte müssen sich, soweit und nur soweit sie sich den Trajectories von Unternehmungen verpflichten, unter anderem auch von Anweisungsgelegenheiten leiten lassen. Gelegentlich wurde versucht, die unternehmerische Orientierung an solchen Anweisungsgelegenheiten auf einen bestimmten Habitus oder eine bestimmte Rolle zu verdichten, zum Beispiel den Unternehmer als "Anführer" beziehungsweise als "Führungspersönlichkeit" zu sehen. Aber bekanntermaßen müssen sich "Führer" von den Erwartungen und den Möglichkeiten der "Geführten" führen lassen, wenn sie erfolgreich "führen" und "Führer" bleiben wollen. Und diese Einsicht führt zurück auf die Frage, welche "Umstände" die "Erfolgsträchtigkeit" von Anweisungsgelegenheiten prägen, die in Unternehmungen zur Anwendung gelangen können.[155]

Diese Frage kann und soll hier nicht ad hoc beantwortet werden. Sie wird im Grunde durch alle weiteren Untersuchungsabschnitte mitzuführen sein. Es wird sich zeigen, daß ein Unternehmer nicht als "Choreograph" oder "Regisseur" in unternehmerischen Trajectories auftreten kann. Es gibt keine privilegierte Position, in der er sich als Bestimmer oder letztinstanzlicher Beurteiler dauerhaft einrichten könnte. Wo er Anweisungsgelegenheiten suchen und nutzen will, muß er sich selbst darstellen als jemand, dessen Anweisungen sich in die Interessen der je anderen integrieren. Diese Verflechtung muß *symbolisch* hergestellt werden. Und das Mittel hierfür ist die Signalisierung von *Verantwortung*. Man muß glaubhafte Zeichen geben, daß man als Person für die "gemeinsame" Sache einsteht, daß man Erfolge und Mißerfolge mitzutragen bereit ist, und daß nicht mit unvermittelten Rückzügen der eigenen Person gerechnet werden muß.

Und - so verwunderlich dies auf den ersten Blick in einem Beitrag zur Analyse moderner Wirtschaft auch erscheinen mag - erst hier spielen Geld und Organisation eine Rolle. Beides sind soziale Einrichtungen, die - jede auf andere Weise - unvermittelte Rückzüge aus unternehmerischen Engagements zu vereiteln

---

155 So auch Heinz Hartmann (1964), der von "funktionalen Autorität" spricht; was ebenfalls die besagte Frage, in einer anderen Formulierung, provoziert: Um welche "Funktionen", also um welche Probleme geht es in einer Unternehmung, und wer gelangt wie an Autorität in deren Behandlung? Hartmann trennt explizit funktionale und formale Autorität: Chef-Sein allein genügt nicht.

versuchen, im Ernstfall mit Hilfe des Rechts. Geld und Organisation sind in der Planung sehr flexible und in der Durchführung wiederum recht rigide Einrichtungen zur persönlichen Bindung an eine Unternehmung. Darüber hinaus wird auch und vornehmlich in ihrem Namen über Erfolge und Mißerfolge entschieden. Dieser Zusammenhang soll in Kapitel 5 eingehend untersucht werden. Es ist vor allem das Instrument der doppelten Buchhaltung und der ihr angelagerten Methoden, mit deren Hilfe in umfangreicheren Unternehmungen wirtschaftliche Risiken bestimmt und persönliche Verantwortungen verteilt und zugerechnet werden. Geld- und Machtinteressen werden hier - entschieden abweichend von üblichen Deutungsmustern - also gerade nicht herangezogen, um die Herausbildung von persönlichen Interessen an einem unternehmerischen Engagement zu erklären. Geld und Entscheidungsbefugnisse erzeugen vielfältige Ansprüche - eben auch an die Verantwortlichkeit von unternehmerisch Handelnden. Und wissenssoziologisch bleibt zu klären, welches persönliche Interesse jenen zuzurechnen ist, die sich derartige Verantwortlichkeiten zumuten lassen.

4. Persönliche Interessen am wirtschaftlichen Risiko im Kontext von Lebensgeschichten

Wer nicht die Aussicht hat, seinen Unterhalt lebenslang als Rentier irgendwelcher Vermögensfonds (sei es privater, kollektiver, staatlicher oder sonstiger Art) bestreiten zu können, wer sich also irgendwie am Erwerbsleben beteiligen muß, der hat im Grunde nur die *Wahl zwischen zwei Möglichkeiten: eine Anstellung anzustreben oder selbst etwas zu unternehmen*. Das Selbstunternehmertum muß sich gar nicht - wie man nach Schumpeter und seinem "Streben nach wirtschaftlichen Innovationen" noch annehmen müßte - auf primär wirtschaftliche Zwecke beziehen. Ein Blick auf die heute möglichen Karrieren zeigt, daß man auch als Politiker, Künstler, Sportler, Schriftsteller, Techniker oder ähnliches seinen Lebensunterhalt und den seiner Angehörigen bestreiten kann, ohne zwangsläufig in eine Anstellung gehen zu müssen - sofern es einem gelingt, für sein persönliches Unternehmen soziale Resonanz einzuwerben, die ihrerseits irgendwelche hinreichenden Zahlungsfähigkeiten mobilisieren und den Politiker, Künstler, Sportler usw. alimentieren kann. Was immer also der konkrete Inhalt der jeweiligen Tätigkeit sein mag - zumindest im Seitenblick müssen auch die finanziellen Aspekte der politischen, künstlerischen, sportlichen etc. Projekte gesehen und unternehmerisch, an Risiko und Erfolg orientiert bearbeitet werden - zumindest solange, solange die jeweilige Karriere nicht doch in eine Anstellung mit arbeitsvertraglich geregeltem Einkommen einmündet. Diese persönliche Betroffenheit - und nicht etwa die Eigentumsfrage - wird hier als Ausgangspunkt jedes konkreten unternehmerischen Projektes angesehen.

Selbstverständlich kann man nicht davon ausgehen, daß jede(r), die (der) sich zu einem unternehmerischen Engagement entschließt, hinsichtlich Kapital-, Bildungs- und Kontaktausstattung "gleiche" Start- und Realisierungschancen hätte.[156] Doch wie immer eine Ausgangsposition auch beschaffen sein mag - über alle Schicht-, Vermögens-, Bildungs- und sonstigen Unterschiede hinweg kann man doch einen Interessenfocus feststellen, der alle unternehmerisch Engagierten signifikant von nicht-unternehmerisch Engagierten unterscheidet: das Interesse - und sei es als notwendiges Nebeninteresse ihrer Tätigkeit - am wirtschaftlichen Erfolg ihrer Projekte. Analytisch - nicht lebenspraktisch - gesehen ist es gegenüber dieser Gemeinsamkeit aller unternehmerisch Interessierten zweitrangig, welche rechtlichen

---

156 Siehe hierzu Bögenhold 1987 und 1989, speziell zum Einfluß des Geschlechts Jungbauer-Gans/Preissendörfer 1992, Jungbauer-Gans 1993.

Einrichtungen sie benutzen (können), um aus ihren Unternehmungen Einkommen für ihren Lebensunterhalt abzuschöpfen. Jede, nicht nur die eigeninteressierte, Möglichkeit des Abschöpfens setzt unternehmerischen Erfolg voraus - und deshalb ist hierin das wirtschaftliche Primärinteresse eines Unternehmers/ einer Unternehmerin zu sehen. Wie noch zu zeigen sein wird, ist es auch gerade dieses Interesse, das die Mitwelt von einem/ einer unternehmerisch Engagierten hauptsächlich *erwartet* - die Möglichkeit persönlicher Bereicherungen wird dabei, so sie denn überhaupt auftritt, eher billigend in Kauf genommen, solange die Erwartungen in der Hauptsache nicht enttäuscht werden. So gesehen ist der behauptete Ausgangspunkt aller unternehmerischer Interessen von zwei Seiten "verankert": von der Seite des Individuums, das um seinen persönlichen Lebensunterhalt Sorge trägt, und von der Seite der signifikanten Anderen, deren konkretes Interesse am Erfolg der Projekte ganz verschiedene Formen annehmen kann. Sie mögen als Finanzier (Geschäftsbeteiligung, Kreditgeber, Sponsor, Gönner) beteiligt sein, als Angestellte(r), als Kunde - oder auch als Verwandte(r), Freund(in) oder sonstwie "Nahestehende(r)", der/ die *sich* (für sich am Anderen) den Erfolg wünscht.

Soziologisch gesehen ist "Erfolg" immer eine Frage sozialer Feststellungen, Zuschreibungen und Bewertungen, gleichviel, um welches Tätigkeitsgebiet es sich handelt.[157] Das Grundproblem jedes erfolgsorientierten Handelns ist, sich selbst auf die jeweils relevanten Be- und Zuschreibungen einzustellen und Möglichkeiten zu entwerfen und zu realisieren, die den einschlägigen Erfolgskriterien gerecht werden. Erfolgsphilosophien sind hinsichtlich dieser Planbildungen nicht sonderlich informativ.[158] Viel informativer sind hingegen Vermutungen über die Ursachen faktischer oder potentieller Mißerfolge: Was muß man beachten, welchen Fehlern muß man vorbeugen, um "auf dem Weg zum Erfolg" *Mißerfolge zu vermeiden*; oder, wenn sie sich schon nicht vermeiden lassen, wie kann man produktiv mit ihnen umgehen?

Wer sich als Unternehmer engagiert, muß sich in wirtschaftlicher Hinsicht vor allem anderen an der *Differenz* von Erfolg und Mißerfolg orientieren - und zwar nicht allein aus "Eigeninteresse", sondern gerade auch aus einem Interesse an den

---

157 Vgl. Mannheim 1970. *"Leistung ist eine Art Objektivierung, Verwirklichung in irgendeinem Sachgebiete. ... Erfolg ist demgegenüber eine Art Verwrrklichung im Gebiete des Sozialen."* (S.634, Herv. i. Orig.).

158 So vermerkt Hansen 1992, S.9f., nach der Durchsicht unternehmerischer Erfolgserzählungen enttäuscht: "Die gebotene Aufklärung bleibt beschränkt, und die fremde Welt, in die man einzudringen hoffte, stellt sich als bekannt heraus."

Interessen relevanter Anderer. Die kulturell etablierte Semantik von "Erfolg und Mißerfolg" hängt eng mit den Risiken zusammen, die im sozialen Kontext individuell als "einschneidend" erfahrener Lebensentscheidungen konstituiert werden. *Jeder Erfolg ist abhängig, jede Erfolgsorientierung macht abhängig*: als Politiker von politischer Unterstützung, als Sportler vom Publikumsinteresse an ihm und seinen Kontrahenten, als Künstler vom Geschmack und seinen Konjunkturen etc. Nur der Erfolg"reiche" kann - ex post! - mit einiger Aussicht auf Beifall auf seine individuellen Leistungen als "alleinigem" Erfolgsfaktor verweisen. Und so ist auch der am wirtschaftlichen Erfolg orientierte Unternehmer abhängig - und die Frage "wovon?" wird Gegenstand der folgenden Kapitel sein.

Zunächst kann aber noch die eingangs vorgestellte Ausgangslage schärfer formuliert werden: die persönliche Entscheidung *gegen* eine Erwerbskarriere in Anstellung und für ein unternehmerisches Interesse ist eine Entscheidung gegen bestimmte Abhängigkeiten und für andere, noch näher zu bestimmende Abhängigkeiten. Als Unternehmer gewinnt man zunächst einmal an Unabhängigkeit von jenem Typ von Widernissen, denen man als Angestellter in den durch Personal- und Stellenpolitik organisierten Kontexten ausgesetzt ist;[159] Widernissen, die man selbst mit noch so viel Einsatzwillen und Leistungsbereitschaft nie wirklich kontrollieren kann; Entscheidungen relevanter Anderer, die oftmals den Eindruck von Willkür hinterlassen. Diese Art von Frustrationserfahrungen sind in der populären wie auch in der psychologischen und sozialwissenschaftlichen Organisationskritik eingehend dokumentiert.[160] Als Reflex auf diese Erfahrungen läßt sich die *Idealisierung* aller "freien" Formen der Betätigung interpretieren: als Künstler, als Gelehrter, als Wissenschaftler oder sonstwie "Freischaffender" - und eben auch als erwerbswirtschaftlich Selbständiger.[161] So interessant eine konkrete unternehmerische Tätigkeit im Einzelfall sein mag: auch die mit ihr verbundenen Freiheiten gründen auf *Bindungen*, die es aufzuzeigen und zu benennen gilt, will man die Möglichkeiten unternehmerischer Interessen nicht einseitig als Ausdruck von Freiheit idealisieren.

---

159 Vgl. Becker/Strauss 1972.
160 Siehe beispielsweise Löffler/Sofsky 1986.
161 Solche Idealisierungen finden sich ansatzweise sogar bei ansonsten so scharfsinnigen Beobachtern wie etwa dem Soziologen Helmut Schelsky (1978, S.28): "Als sozial selbständig kann der Mensch angesehen werden, der 1. in seiner beruflichen Arbeit individuelle Verfügungsfreiheit hat; 2. der berufliche Tätigkeitsfreude entwickeln kann und schließlich 3. wer individuelle Lebensplanung zu verwirklichen imstande ist."

4.1. Interessen: Die Hermeneutik der Persönlichkeit als Korrelat von Anonymität

Der *Zusammenhang* von persönlichen Interessen, von Freiheit(en) und Bindung(en) kann zunächst als *ein ganz allgemeines Problem* der modernen Gesellschaft verstanden werden, die einerseits hohe Ansprüche an die Verwirklichung von Individualität stellt, und andererseits das Individuum im sozialen Verkehr einer Unzahl von hochstandardisierten und anonymisierten Regeln unterwirft.[162] Freiheiten und Bindungen ergeben sich aus den Chancen und Zwängen, innerhalb deren sich Persönlichkeit ausbildet. In einem sozialen Kontakt Personsein heißt, in diesem Kontakt sich selbst ein- *und* ausgrenzen zu können.[163] Auf das "und" kommt es an. Wem die Freiheit zur Ausgrenzung nicht zuerkannt wird, dessen Beiträge zum Kontakt können nicht als *persönliche* Beiträge identifiziert werden. Sie gelten dann in der Situation als *fremdbestimmte* Beiträge, als einem Sach- oder anderem Zwang, auf jeden Fall "den Umständen" zuzurechnendes Verhalten. Für den Einzelnen ist die Personalität des oder der Anderen dann und nur dann relevant, wenn ein oder mehrere für ihn bedeutsame Aspekte des *eigenen weiteren Erlebens und Handelns von den Beiträgen der Anderen abhängig sind*, und wenn die Situationsumstände allein ein entsprechendes Verhalten der Anderen *nicht ohne Weiteres* erwarten lassen. Die Unbestimmtheit des eigenen weiteren Erlebens und der eigenen weiteren Handlungsmöglichkeiten eröffnen den Anderen die Möglichkeiten zur Mitbestimmung am eigenen Erleben und Handeln.

Diese Unbestimmtheiten konstituieren im eigenen Erleben *die Freiheit* des oder der Anderen, *selbstbestimmt mitzubestimmen*; ein Freiheitszugeständnis, das immer das Risiko der Enttäuschung - im positiven wie im negativen Sinne - einschließt, sonst wäre es kein *Freiheits*zugeständnis. Und umgekehrt: *Die erwartete Unabhängigkeit* des eigenen weiteren Erlebens und Handelns von den Beiträgen Anderer *beschränkt* deren Freiheit zur Mitbestimmung - und auch das Enttäuschungsrisiko. Um im individuellen Erleben des Kontaktes *eigene* Freiheit zur persönlichen Ein- und Ausgrenzung realisieren zu können, muß man die gleiche Art von Abhängigkeit und Unabhängigkeit im Erleben des Anderen unterstellen. Die eigene Handlungsfreiheit wird mithin durch die an den oder die Anderen zugestandenen Freiheitsgrade begründet und begrenzt. Mit anderen Worten: Die Einschränkung eigener Unabhängigkeiten im Erleben und Handeln zugunsten der Abhängigkeit vom Erleben und Handeln des Anderen begründet dessen Möglichkeiten, diese

---

162 Vgl. Simmel 1993, S.212-219.
163 Luhmann 1991, insb. S.174f. Hierzu auch die Konzepte und Studien von Howard S. Becker (1973), Anselm Strauss (1974) und Erving Goffman (1969).

Freiheit in seinem Handeln zu realisieren. Und so nimmt die wechselseitig zugestandene und realisierbare Freiheit in dem Maße zu, in dem die Beteiligten ihre wechselseitigen Unabhängigkeiten in wechselseitige Abhängigkeiten umformen. Im Kontrast zur Gleichgültigkeit oder Rücksichtslosigkeit der Ansprüche Dritter "zeigt sich Freiheit als ein fortwährender Befreiungsprozeß, als ein Kampf nicht nur um die Unabhängigkeit des Ich, sondern auch um das Recht, selbst in der *Abhängigkeit* in jedem Augenblick mit *freiem Willen* zu beharren".[164] Bindung und Freiheit bedingen sich gegenseitig.[165]

Der Extremfall der Bindung des eigenen Erlebens an das Erleben und Handeln eines Anderen und dessen Freiheiten - und damit zugleich der Extremfall einer personalen Beziehung *und* des Enttäuschungsrisikos - ist die Liebe.[166] Diese Beziehungsform wird durch die Erwartung ein- und ausgegrenzt, daß das eigene Erleben und Handeln stets am Erleben des Anderen mitorientiert ist - was immer auch die konkreten Erlebnisinhalte sein mögen. Vor allem wird erwartet, daß der Eine diese Verbundenheit auch in seinen Handlungen realisiert, also die Folgen mitberücksichtigt, die sein Handeln für das Erleben des Anderen zeitigen - und nur anhand solcher Folgen kann geprüft werden, ob der Andere diese Rücksicht und damit wirkliche, und nicht bloß vorgebliche Liebe realisiert. Der Aufbau von Liebe vollzieht sich im steten Vorgeben und Prüfen solcher Rücksichten. Mit wachsenden Ansprüchen an die Wechselseitigkeiten *steigern* sich Bindung, Freiheit und Liebe - und an ihnen scheitern sie auch.

Der soziale Alltag muß jedoch mit weit weniger anspruchsvollen und erlebnisreichen Personalkonstruktionen auskommen. Hier verläßt man sich in den Möglichkeiten eigenen Erlebens und Handelns sicherheitshalber eher auf natürliche und technische Regelmäßigkeiten - Sonnenauf- und -untergang, den Blutkreislauf und die Muskeltätigkeiten, die Nahrhaftigkeit von Feld- und Tierprodukten, die Funktionstüchtigkeit von Motoren und Kaffeemaschinen, ... -, und in *sozialer* Hinsicht eher auf Verhaltensregelmäßigkeiten und damit auf *Regeln* des Umgangs miteinander, statt auf die Freiheiten anderer Personen im Umgang mit diesen Regeln.[167] Die vielen Alltagsgewißheiten um Sozialität können und müssen nur soviel Personalität verkraften beziehungsweise voraussetzen, *daß die unpersönlichen Regeln* in den durch sie geordneten Situationen von den Regeladressaten auch *persönlich anerkannt* werden.[168] Wer sich hinsichtlich dieser allgemeinen Erwartung Regelfreiheiten herausnimmt (sich unfähig und/ oder unwillig *zeigt*), muß

---

164 Simmel 1992, S.99, Herv. i. Orig.
165 Vgl. auch Luhmann 1984, S.156f., S.570.
166 Luhmann 1994.
167 Schütz 1971, S.8-38, Berger/Luckmann 1984, S.26-36.
168 Schütz 1971, S.20f., Schütz/Luckmann 1979, S.87-118.

mit sozialen Ausgrenzungen und personalen Eingrenzungen rechnen: mit Stigmata bis hin zum physischen Aus- und Einschluß.[169] Und auf dem *Wissen* um die typischen Möglichkeiten des Ein- und Ausgrenzens von derartigen Persönlichkeitserscheinungen beruht ihrerseits wiederum die *Gewißheit* um die Sozialität des Alltags, um die Routinen des (mehr oder weniger) "gesitteten Umgangs", der dem Einzelnen in seinen Tages- und Lebensplänen die Orientierung am Prinzip des "Und-so-weiter" und "Ich-kann-immer-wieder" ermöglicht.[170]

Der Preis für diese Gewißheit ist, daß man sie auch den Anderen ermöglicht, daß man ihre "und-so-weiters" nur soweit *persönlich nimmt* und traktiert, soweit es die Gewißheiten und die Persönlichkeitsansprüche der je Anderen nicht überspannt. Und auch hier gilt: die Bindung an diese allgemeine Einschränkung begründet die Freiheiten, in seinen eigenen Tages- und Lebensplänen Persönliches zu realisieren.

Es sollte deutlich geworden sein, daß die Realisierung von Persönlichkeitsansprüchen, von Bindungen und Freiheiten und auch ihrer wechselseitigen Steigerbarkeiten *keineswegs mit einer Tendenz zu Harmonie gleichzusetzen* wäre. Und dies liegt nicht allein am Enttäuschungsrisiko von *erwünschten* Persönlichkeitsansprüchen an sich selbst oder andere. Das Problem der Personalität konstituiert sich ja allein über den Einfluß der Anderen auf eigenes Erleben, den man selbst nicht kontrollieren kann, dessen Kontrolle man vielmehr den Freiheiten der Anderen unterstellen muß. Diese Problemstellung ist zunächst einmal völlig indifferent in Bezug auf die Frage, ob es sich um erwünschte oder unerwünschte Einflußmöglichkeiten handelt. Auch erwartete unerwünschte Einwirkungen lassen die Personalität des Anderen aufscheinen. Befürchtungen geben ebenso wie Hoffnungen Anlaß, sich um die eigene und die Personalität des Anderen zu sorgen.

Von dieser Ausgangslage her gesehen - dies überblendet das humanistische Ideal der Persönlichkeitsbildung - ist nicht zu entscheiden, welche Art von Anlaß weitergehende oder intensivere Bindungs- und Freiheitsgrade erzeugt: die Hoffnung oder die Befürchtung. Eine persönliche Beziehung, eine Beziehung mit wechselseitiger Bindung und Freiheit, kann sich ebenso in Feindschaft wie in Freundschaft kristallisieren. "Niemand ist Dir treuer als Dein Feind", sagt das Sprichwort, und das Lexikon kennt auch den Intimfeind. Mit solch einem Feind gewinnt und verliert man auch eigene Persönlichkeit und Geschichte. Doch nun

---

169 Goffman 1990 beziehungsweise 1973.
170 Schütz/Luckmann (1984, S.41f., 124f. u.ö.) im Anschluß an Husserl.

spricht andererseits auch *prinzipiell nichts* dafür, *die antagonistische Ausprägung* der Personalität zum a priori der Sozialität zu stilisieren, wie es in der Tradition von Thomas Hobbes üblich ist. Das *Problem* des Personalen ist zum einen nur ein *Teilproblem* des Sozialen, des Kontaktes mit Anderen und zum anderen als *Problem* gegenüber Wünschbarkeit und Nichtwünschbarkeit, gegenüber Hoffnung und Befürchtung, gegenüber Freundschaft und Feindschaft und ähnlichen Oppositionen *indifferent*.

So dringlich und so riskant die Einbindung in eine persönliche Beziehung *von der Sache her* auch sein mag, *zeitlich gesehen* muß sie mit *Vorgaben*, mit Unterstellungen (von Vertrauen/Mißtrauen, von Verbindlichkeit/Unverbindlichkeit etc.) beginnen - eine *Prüfung* (und dann auch: Verstärkungen, Abschwächungen) ist erst möglich, wenn derartige Vorgaben bereits geleistet wurden.[171] In diesem Sinne *erzeugt* Vertrauen weiteres Vertrauen, Mißtrauen weiteres Mißtrauen, Verbindlichkeit Verbundenheit, Freundschaft Freundschaft und Liebe Liebe.[172] Das heißt zugleich, daß persönliche Verbindlichkeiten vor allem anderen *symbolisiert* werden müssen. Prüfungen können allenfalls *stichprobenartig* (z.B. in Situationen, "in denen es darauf ankommt") zum Aufbau relevanter Persönlichkeitsbeziehungen beitragen.[173] Praktisch ist daher die Symbolik weitaus bedeutsamer als die Prüfung.[174]

Dies zeigt sich in vielen Fällen, in denen selbst herbe Enttäuschungen nicht zum Abbruch der persönlichen Verbindung führen: das erworbene symbolische Kapital einer Beziehung wird nicht leichtfertig aufgegeben (abermals: im positiven wie im negativen Sinne, auch gut gehegte Feindbilder läßt man sich nicht ohne weiteres durch Vertrauensbekundungen entreißen). Das *Repertoire* der einschlägigen Symbolik ist reichhaltig. Schon mit der Körperhaltung und Körpersprache, erst recht mit Kleidung und anderen Staffagen wird signalisiert, in welcher Richtung und in welcher Art und Weise jemand seine persönlichen Distanzierungs- und Engagementbereitschaft verstanden wissen will.[175]

---

171 Schütz/Luckmann 1979, S.118.
172 Für Vertrauen/Mißtrauen siehe Luhmann 1989a.
173 Vgl. Goffman 1981.
174 Hierzu eingehend Soeffner 1989b.
175 Vgl. Hahn/Jacob 1994, insb. S.152-163. Bildet man das Ensemble leiblich-sprachlicher Signale auf eine sozial-hierarchische Verteilung ab, so gelangt man zu Bourdieus Habitus-Konzept (Bourdieu 1984, kritisch Bohn 1991).

Sprachlich ist die Verwendung der *Personalpronomina* von fundamentaler Bedeutung, die Kennzeichnung von Ich, Du, Er, Sie, Es, Wir, Ihr und Sie. Vor allem das *Wir* kann zur Kennzeichnung der Gemeinsamkeit herangezogen werden. Im Wir wird die Polarität des Ich und Du zurückgezogen und zugunsten einer Ausgrenzung von Er-Sie-Es *hervorgehoben*: "Die Reziprozität zwischen mir und Dir findet im Horizont des unmittelbar oder mittelbar präsenten Dritten statt. Ich-und-Du erfahren sich als 'Wir': 'Wir' tritt in das Bewußtsein vor dem Hintergrund des Er-Sie-Es. ... 'Wir', das ist also keine gelingende Solidarität sondern eine fundamentale Komplizenschaft, eine Gemeinsamkeit, die sich über den Ausschluß des Dritten konstituiert."[176] Sobald eine Gemeinsamkeit im Wir angeboten werden kann, kann sie sich auch durch Anbindung an "höhere", das heißt an *überpersönliche Werte* abgesichert werden. Bekannte Werte sind beispielsweise Volk und Nation, Gemeinwohl, Freiheit, Freundschaft, Liebe etc., die in der Beziehung als *Wert an sich* behandelt werden müssen, um für die Beziehung selbst absichernd wirken zu können. Die beteiligten Personen müssen anzeigen, daß sie ihre Freiheit von diesen Werten einschränken lassen. Und dieses "Anzeigen" kann durch, den Werten "angemessene" Rituale hergestellt werden, in denen die Werte gemeinsam *verehrt* werden.

Die Maximalform der wechselseitig offenbarten Persönlichkeitsbindung ist nach Sartre der *Eid*, womit nicht allein ein spezielles Ritual, sondern eine allgemeine Form der Gegenseitigkeitsversicherung gemeint ist: "Der Eid ist gleichsam eine Absicherung gegen die kontingente Freiheit des Anderen und eine Versicherung für den Anderen, daß er auch gegen *meine* Freiheit geschützt sei."[177] Der moderne, das Individuum hervorhebende Alltag, kennt jedoch auch weniger anspruchsvolle und pathetische Verpflichtungsformeln, insbesondere die Verpflichtung auf den eigenen Namen und den Ruf, den dieser Name begleitet.[178]

Das Risiko, das Einzelpersonen bei der Herstellung einer verbindlichen Wir-Beziehung eingehen, *verdichtet* sich maximal in der *Moral*, in dem System der Achtungs- und Mißachtungszeichen, das in der fraglichen Wir-Beziehung *zum Schutz* der Vertrauenssymbole herausgebildet wird. Gemessen an der jeweiligen Moral werden die Qualitäten der Einzelbeiträge einer Person auf eine Gesamtbewertung reduziert. Achtung und Mißachtung richten sich auf die Person als Ganze[179] -

---

176 Hitzler 1988, S. 45.
177 Hitzler 1988, S. 47.
178 Strauss 1974, S.13-16.
179 Luhmann 1993a, S.365.

und die ihr zugeordneten Einzelhandlungen müssen im Licht dieses Gesamtein-
drucks gesehen und bewertet werden.

Die moralische Selbsteingrenzung ist - sowohl von ihren symbolischen als auch von
ihren Sanktionsmitteln her gesehen - allerdings auf die Grenzen von *Bekanntschaf-
ten*, auf die Grenzen der, zumindest im Prinzip, bekannten Wir- und Verpflichtungs-
Beziehungen beschränkt.[180] Jenseits dieser Grenzen, im Kontakt mit *unbekannten
Personen* und deren Milieus, kann der Einzelne weder mit einer gemeinsamen
Symbolik noch mit wirkungsvollen Sanktionsmitteln rechnen, die *seine* Moral
stützen könnten. Im Kontakt mit unbekannten Personen muß sich der Einzelne, will
er sich in solch einem Kontakt als Person profilieren, mit einer ihm *fremden* Moral
rechnen und sich ihr und mit ihr vertraut machen. Und dieselbe *moralische
Intransparenz* muß er auch auf sich selbst anwenden, denn für den oder die
Anderen ist *er* ja als Person unbekannt. *Im Spiegel des Fremden wird jede Moral
fragwürdig und unsicher* - die eigene und die fremde.[181] In der Soziologie sind die
mit dieser Konfrontation verbundenen Probleme seit Georg Simmel unter dem Titel
der "Kreuzung sozialer Kreise",[182] später und technischer mit dem Konzept der
"Bezugsgruppen"[183] eingehend behandelt worden. Und in Kreisen, in denen die
Fremdkontakte und damit die Bindungsbeziehungen der einzelnen Mitglieder
wechselseitig unüberschaubar erscheinen, begegnet man sich sogar vornehmlich in
befremdlicher Weise. Diese Art Fremdheit sei - so schon bei Simmel, aktuell bei
Zygmunt Bauman[184] - eine grundlegende Erfahrung für das Individuum in der
Moderne.

Dort, wo Fremdheit zum Normalfall stilisiert wird und Moral nicht mehr greift, hat
sich eine bestimmte *Hermeneutik der Persönlichkeit* herausgebildet und in
gewissem Sinne die Stelle der Moral neu besetzt. Gemeint ist die Hermeneutik der
Leidenschaften und Interessen, deren Entstehen von Albert Hirschman ideenge-
schichtlich rekonstruiert worden ist.[185] Seinen Analysen zufolge ist der Kontext
dieser Begriffe anfangs (im 17. und 18. Jahrhundert) eng auf die Fragen der Macht
und der *politischen* Ordnung konzentriert gewesen. Im Zentrum des Interesses am
Interesse standen zunächst vor allem die Person des *Fürsten* und die Einsicht, daß

---

180 Luhmann 1993a, S.362f.
181 Vgl. Simmel 1992a, S.764-771, Schütz 1972a.
182 Simmel 1992b.
183 Shibutani 1955.
184 Bauman 1995, siehe auch Neckel 1994 und Stichweh 1994.
185 Hirschman 1987.

in Regierungsfragen auf Tugend und Moral wenig Verlaß sei. "Fürsten herrschen über ihr Volk, das Interesse herrscht über die Fürsten."[186] - und der Fürst müsse gut *beraten* sein, um seine *eigenen Interessen erkennen und wahren* zu können.[187] Mit anderen Worten: Der Fürst habe in all seinen Beziehungen bezüglich seiner eigenen Interessen eine Art Hermeneutik an sich selbst zu betreiben. Leidenschaft allein sei zu gefährlich für den Aufbau und Erhalt einer guten Ordnung, und die Vernunft allein zu schwach.

Das Interesse - so Hirschmans Ergebnis - galt den politischen Philosophen jener Zeit als trefflicher Mittler zwischen den beiden Prinzipien: Es domestiziere die Leidenschaften (Lust an Macht, Reichtum und allen leiblichen Genüssen) und verhelfe der Vernunft zur Wirkung. Erst später, prominent durch Adam Smith, wird dieses Vermittlungsprinzip vom Politiker auf den Geschäftsmann generalisiert (und noch später auf Jedermann, heute auch auf Jedefrau). Das *Interesse* an Tausch und Gewinn gebe *den Leidenschaften eine Richtung* und überführe - durch die "unsichtbare Hand" des ausgleichenden Marktmechanismus - Eigennutzstreben in gemeinnützige Effekte.

An dieser Stelle sollen weder Hirschmans Ideengeschichte noch irgendwelche politischen Ordnungsvorstellungen diskutiert werden. Für die Zwecke der folgenden Untersuchung ist vor allen Dingen der *alltagshermeneutische* Aspekt des Interessebegriffs von Bedeutung. Wenn Fremde aneinander Kontakt suchen oder sich zum Kontakt gezwungen sehen, dann können sie - auch wenn oder gerade weil die Mittel der Moral nicht zur Verfügung stehen - an den Bekundungen des je anderen die Leidenschaften und Interessen ablesen, die in ihnen angezeigt werden.[188] Als Person kann man sich dann in dem Maße im Kontakt ein- und ausgrenzen, in dem man sich selbst in die Verwirklichung oder Durchkreuzung der am anderen vermuteten *Absichten* einspielt, indem man also signalisiert, daß der oder die Anderen mit einem selbst auf die ein oder andere Weise rechnen können oder müssen.[189]

Sicherheit und damit Geschichte gewinnt eine derart aufgebaute Beziehung nicht in erster Linie über Signale und Symbole moralischer Hoch- oder Mißachtung,

---

186 zitiert Hirschman (1987, S.42) einen Herzog des 17. Jahrhunderts.
187 Machiavelli 1972, S.96-98.
188 In diesem Sinne interpretieren Hutter und Teubner (1994) das *Bild* der "homo oeconomicus", des interessegeleiteten Menschen, als eine universell einsetzbare "Kommunikationsfiktion".
189 Vgl. Goffman 1981.

sondern über Signale und Symbole von *Loyalität* gegenüber den je "eigenen", d.h. gegenüber den bekundeten Absichten. Der Andere muß sich zur Wahrung seiner eigenen Interessen und damit auch zur Honorierung der Beiträge des ersten *bereit* zeigen, in diesem Sinne für die *Gemeinsamkeit* der Interessen *Verantwortung signalisieren*, um den ersten zur Beitragserfüllung zu *motivieren*. Der Spiegel der Moral ist unter Fremden mithin durch einen Spiegel der Interessen ersetzt: Man kann sich selbst, seine eigenen Leidenschaften, Interessen und Verbundenheiten, seine eigenen Distanzierungen und Engagements in den Interessen des oder der Anderen *entdecken*, indem man die Potentiale der eigenen Beiträge für die Absichten der Anderen prüft. Die Interessen der Anderen eröffnen Chancen und Zwänge, *sich persönlich zu profilieren*. Die eigene Person kann sich dem Regime von Moral und Tugend entziehen und Profil im Regime von Interessen und Tüchtigkeit gewinnen.

Das persönliche Interesse am wirtschaftlichen Risiko kann vor diesem Hintergrund als *eine Möglichkeit* neben vielen anderen verstanden werden, in der modernen Gesellschaft - unter den Bedingungen von Fremdheit und im Kontakt mit fremden Interessen - sich selbst zu profilieren, für sich und vor anderen *eine eigene Persönlichkeit herauszubilden*.[190] Diese Möglichkeit ist als *eine riskante Möglichkeit* gegeben: Wer unternehmerisch handelt und sich auch biographisch in seinen Unternehmungen engagiert, ist in dem Maße, in dem er die wirtschaftlichen Interessen anderer involviert, relativ *aufmerksamen Beobachtungen* seitens dieser fremden Interessen ausgesetzt. Er (und heute vermehrt auch sie) setzt sich - je nach Unternehmungstyp verschiedenen - *Verantwortungskonstellationen* aus und muß seine Interessen *mit den und gegen die Verfahren der Rechenschaftslegung durchsetzen*. Unternehmerische Projekte sind hinsichtlich solcher Verfahren dem Risiko des totalen oder auch des partiellen Scheiterns ausgesetzt - und dieses Risiko muß auch *biographisch* getragen werden.

4.2. *Unternehmerische Interessen im Kontext autobiographischer Erzählungen*

Die folgenden empirischen Untersuchungen gehen davon aus, daß *biographische Erzählungen* wissenssoziologisch gesehen die weitreichendsten Informationen

---

190 Hierzu eingehend Baecker 1993, S.94-102. Baecker (S.99f.) verweist darauf, daß die Orientierung an Interessen (eigenen wie fremden) vor allem in *zeitlicher* Hinsicht neue unternehmerische Handlungsmöglichkeiten schafft: räumliche, sachliche und soziale Differenzen können berücksichtigt, zugestanden und überbrückt werden, sofern es nur gelingt, *in der Zukunft* mögliche Zustände zu entdecken, die die *verschiedenen* Interessen der Beteiligten bedienen.

über die Formen und Strukturen persönlicher Bindungen enthalten. "Jenseits von Stand und Klasse"[191], in einer Gesellschaft, in der der Einzelne sein eigenes Werden selbst zu bestimmen und zu verantworten hat und es nicht (mehr) der Herkunft und einem allgemeingültigen kosmologischen Telos zurechnen kann, sind Selbsterzählungen die einschlägige Kommunikationsform, in der Einzelne einander Auskunft über ihr Woher und Wohin geben können.

Die elaborierte Selbsterzählung ist, nach allen Erkenntnissen der Biographieforschung, eine typisch *moderne Institution*.[192] Sie kann als ein *Korrelat* jener *Ungewißheiten* begriffen werden, die dadurch gesellschaftsweit verbreitet wurden, daß die *Zukunft* des Einzelnen als *offen*, als den eigenen Erlebnissen, Erfahrungen und Entscheidungen überantwortet beschrieben wird.[193] Die elaborierte Biographie, etwa die schriftlich verfaßte Autobiographie, schafft (!) im kontinuierlichen, oftmals auch verwirrenden Fluß der Erlebnisse und Erfahrungen eine *eigene Zeit*: eine Geschichte des persönlichen Werdens, ein Gedächtnis der Person und damit eine Folie, aus der auch eine *eigene Zukunft* herausgelesen werden kann.[194] Biographisches Erzählen ist - vor allem in dieser zeitlichen Hinsicht - eine Arbeit am Selbst. Diese Arbeit ist - auch dies ein Ergebnis der Biographieforschung - stets in einem ambivalenten Schnittfeld zwischen Privatheit und Öffentlichkeit angesiedelt.[195] Einerseits dominiert das Ich des Sprechers beziehungsweise des Autors - als Ich des Erzählers und als Ich des Protagonisten. Andererseits ist die Erzählung selbst an eine das Ich transzendierende Instanz der Rezeption gerichtet - nicht unbedingt, wie seit den Zeiten des Buchdrucks und der Massenmedien, an ein

---

191 Beck 1983.
192 Brose/Hildenbrand 1988b, Hahn 1988, S.98-103, Alheit/Dausien 1992, insb. S.163-168. Zum gattungsgenealogischen Vorläufer, den Lebensbeschreibungen in der Antike, bemerken Alheit und Dausien (S.163): "Eine gewisse 'Tradtion' der Lebensbeschreibung ist tatsächlich schon in der griechisch-römischen Antike nachweisbar. Besonders Sueton und Plutarch üben mit ihren Biographien berühmter Dichter, Philosophen und Staatsmänner noch in der frühen Neuzeit beträchtlichen Einfluß aus. Auch das Mittelalter produziert Hagiographien oder auch einige nachwirkende 'säkulare' Darstellungen (z.B. Einhards 'Vita Caroli Magni'). Die unvergleichlichen 'Confessiones' des Augustin sind ihrer Zeit weit voraus und finden erst ein Jahrtausend später - zu Beginn der Renaissance - angemessene Parallelen." und " ... doch steht in diesen vormodernen Lebensschilderungen nicht die Entwicklung konkreter Individuen ... im Vordergrund, sondern die Präsentation möglichst idealer Charaktertypen. 'Biographien' dienen in der Regel der Unterhaltung, der Belehrung oder der Herrschaftslegitimation. Sie sind gleichsam 'didaktisch' motiviert."
193 "Die Verzeitlichung der Selbstdarstellung wird vielmehr erst da zwingend, wo gleiche Gegenwarten der Endpunkt extrem verschiedener Vergangenheiten sein können, wo also die Gegenwart nicht mehr hinlänglich viel Vergangenheit transparent macht." (Hahn 1988, S.98). Siehe hierzu auch Brose/Hildenbrand 1988b, S.18 und Nassehi 1993, S.345-356.
194 Leitner 1990, S.359, Nassehi 1993, S.356.
195 Hahn 1982 und 1987a, am Beispiel Martin Luthers auch Soeffner 1992a.

lesendes Publikum; die Instanz kann auch ein göttliches oder universal-moralisches Gegenüber sein.

Biographische Erzählungen - zum einen aus Interviews, zum anderen aus autobiographischen Texten gewonnen - sollen im folgenden *auf jene Interessen hin ausgewertet* werden, die unternehmerisch Handelnde an ihrem Handeln, an ihren unternehmerischen Projekten und an deren Resultaten *selbst zum Ausdruck bringen*. Dabei kann die Differenz zwischen "wirklichem" und "beschriebenem Leben"[196] beziehungsweise zwischen Lebenslauf und Biographie[197] nicht außer acht gelassen werden. Eine Erzählung - auch eine auf Vollständigkeit und Wahrhaftigkeit verpflichtete - kann niemals das "Insgesamt von Ereignissen, Erfahrungen, Empfindungen usw. mit unendlicher Zahl von Elementen" abbilden, spiegeln oder wiedergeben, in dem sich ein einzelnes Leben ereignet.[198] Eine Biographie (von bios = Leben und graphein = schreiben) ist immer Auswahl und Vereinfachung,[199] Selektion von Ereignissen und Konstruktion von Zusammenhängen[200]. Dies erzwingt schon *die Form der Geschichte,* des Epischen, der sich eine elaborierte Biographie beugen muß: Sie braucht Anfang und Ende sowie Reihenfolgen, die die Episoden in sich und untereinander zusammenhalten und trennen.[201] Dieses "Gereihte" selbst führt - vor jeder möglichen Skepsis um "Wahrheitstreue", "Authentizität" und "Fiktionalität" - in der Erzählung die Differenz zum "wirklichen Leben" mit.

Doch begründet der genannte Formzwang zugleich auch die besondere Leistungsfähigkeit des biographischen Erzählens: der Ordnungszwang ermöglicht *Überschaubarkeit und Einsicht* in Zusammenhänge individuellen Lebens, die ohne ihre Erzählbarkeit gar nicht gezeigt beziehungsweise, konstruktivistisch formuliert, nicht hergestellt werden könnten. Biographisches Erzählen ist - vor jedem soziologischen Zugriff auf konkrete Textgestalten - eine *Objektivierung und damit eine Erkenntnismethode,* derer sich Einzelne - in mehr oder weniger alltäglichen, in mehr oder weniger außeralltäglichen Kontexten - bedienen können (oder bei entsprechenden Erwartungen auch müssen), um den jeweiligen "Ort" auf ihrem "Weg", um *"Flucht-" oder "Bezugspunkte"* ihres Handelns zu bestimmen, kurz: um *Selbstver-*

---

196 Corsten 1994.
197 Hahn 1988.
198 Hahn 1988, S.93.
199 Hahn 1988, S.95.
200 Bude 1984, S.11f.
201 Zur "temporalen Logik der Autobiographie" siehe Leitner 1990, hier insbs. S.321-324.

gewisserung in mehr oder weniger entscheidenden Lebensfragen zu praktizieren. Solche Akte der Selbstvergewisserung müssen zwar - dieses Moment ist konstitutiv - individuell vollzogen werden, sind aber selbst wiederum von ausgeprägtem sozialen Interesse. Wie Einzelne ihre Fluchtpunkte bilden, kann für Andere - in Entscheidungs- und eigenen Orientierungsfragen - äußerst interessant und folgenreich sein. Und solche Interessen müssen vom Biographen entsprechend berücksichtigt werden.[202]

Im Kontext der vorliegenden Untersuchung ist die in der Erzählung angelegte Aufordnung von individueller Lebenszeit zu Episoden von besonderem Interesse. Das Engagement in unternehmerische Trajectories beansprucht individuelle Lebenszeit, und diese Beanspruchung muß auch biographisch verarbeitet werden. Das persönliche Interesse am unternehmerischen Engagement muß vom Einzelnen - und dies ersetzt in wissenssoziologischer Perspektive die Rückführung auf rein positionale und in diesem Sinne "objektive" Interessen - im Kontext seiner Lebensgeschichte als Episode oder auch als Reihung von Episoden bestimmt werden, die sich in den übrigen Lebensentwurf sinnvoll integriert.

Wenn die biographische Erzählung - wie hier vorgeschlagen - als eine Gattung der Selbstvergewisserung verstanden wird, so ist zu erwarten, daß in ihr nicht zuletzt besonders prekäre Momente des Erlebens und Handelns zum Thema werden. Angesichts der zuvor beschriebenen Riskanz unternehmerischer Trajectories ist also zu vermuten, daß das wirtschaftliche Risiko in den Selbsterzählungen von Unternehmern ein hervorgehobenes Thema darstellt. Empirisch kann somit im biographischen Material den Fragen nachgegangen werden, ob diese Vermutung zutrifft und wenn ja, *wie* zentral dieses Thema ist und wie es im Verhältnis zu jeweils anderen biographischen Themen von den Erzählerinnen und Erzählern eingeordnet wird.

Explizit soll dabei zugunsten eines empirisch-induktiven Vorgehens das Vorurteil zurückgestellt bleiben, unternehmerisch Handelnde seien per se am wirtschaftlichen

---

202 So ist die Bestimmung der Biographie als Suche nach einem "Fluchtpunkt" bei Brose/Hildenbrand (1988b, S.11) ausdrücklich doppelsinnig gefaßt. Sie bietet dem Einzelnen - wie in der bildnerischen Darstellung - eine *Perspektive*, zugleich aber auch einen *Rückzugsweg* vor unerwünschten personalen Zuschreibungen durch Andere. Nassehi (1993, S.349) spricht in ähnlichem Sinne vom Individuum als "Fluchtpunkt aller Beobachtung", und Uwe Schimank (1988, S.67) vermerkt: "Nicht die Entwicklung *hin* auf ein Fernziel, sondern die Bewegung *fort* von immer wieder anderen bestimmten Problemen produziert und reproduziert auf der Ebene des reflexiven Selbstbewußtseins die dann auch nicht mehr substantiell fixierbare Identität der Person: Ich weiß niemals, was ich will - aber ich weiß manchmal, was ich *nicht* will."

Risiko "an sich" interessiert, die Riskio*freude* sei ihr Hauptmotiv. Solch eine Abenteuerlust, die ja zugleich eine Lust an der Möglichkeit des Scheiterns impliziert, dürfte nur in Ausnahmefällen tragfähig für grundlegende berufs- und erwerbsbiographische Entwürfe sein. *Die Konfrontation mit wirtschaftlichen Risiken*, mit der Differenz von Erfolg und Scheitern, dürfte in biographischer Perspektive, in der Perspektive der Selbstvergewisserung, eher e*in Moment sein, das andere biographische Themen begleitet und modifiziert*, die ihrerseits so wichtig erscheinen, daß man *ihretwegen die Risiken in Kauf nimmt*. In diesem Sinne sind wirtschaftliche Risiken dann auch *biographisch informativ*: ein mögliches Scheitern, von anderen erlebt und als eigene Möglichkeit vor Augen geführt, kann Richtungen angeben, in der in unternehmerischen Episoden des eigenen Lebens *Verantwortlichkeiten begründet* und im Handeln befolgt werden müssen. Nur das Wissen um Fehlermöglichkeiten und entsprechende Fehlbarkeiten kann der Rede von Verantwortung individuell-biographischen Sinn verleihen. In diesem Sinne sollen die empirischen Materialien daraufhin befragt werden, welche Bindungen, welche persönlichen Interessen am wirtschaftlichen Risiko unternehmerisch Handelnde in ihren Selbsterzählungen zum Ausdruck bringen.

Es lassen sich verschiedene Gattungen und damit auch verschiedene Kontexte von biographischen Erzählungen unterscheiden.[203] Im folgenden sollen zum einen Selbstaussagen aus sozialwissenschaftlichen Interviews, zum anderen autobiographische Schriften von Unternehmerinnen und Unternehmern ausgewertet werden. Im Hinblick auf die Fragestellung nach der biographischen Einordnung unternehmerischer Interessen ist zunächst die Unterschiedlichkeit dieser beiden Erzählkontexte zu berücksichtigen. Die Interviews stammen aus einem Forschungsprojekt, in dem insgesamt 28 Selbständige und Unternehmer - nach verschiedenen Kontrastdimensionen ausgewählt - über ihre berufsbiographischen Hintergründe und Motive befragt wurden.[204] Die Interviews selbst wurden offen, d.h. gesprächsartig geführt, waren dabei jedoch an einem Leitfaden orientiert, der vor allem auf den beruflichen Werdegang der beziehungsweise des Befragten abzielte. Dieses Gesprächsinteresse wurde den Befragten auch eingangs signalisiert, wobei es in der

---

203 Hahn (1988, S.93) unterscheidet einen einfachsten Modus ("situationale Selbstthematisierung") von institutionalisierten Formen, die er "Biographiegeneratoren" nennt. Als Beispiele nennt er Beichte, Psychoanalyse, Tagebuch und Memoiren, bestimmte Arten der medizinischen Anamnese und des Geständnisses vor Gericht.

204 "Die Bedeutung des Selbständigen im Strukturwandel", gefördert von der Stiftung Volkswagenwerk. Siehe zur Fragestellung des Projekts Gross 1988, zur Auswahl der GesprächspartnerInnen Gross et al. 1991, einige exemplarische Auswertungen in Brosziewski 1993a, b und 1994a.

Folge ihnen überlassen blieb, welchen Ansatzpunkt sie für ihre Geschichte wählen wollten.

Die biographischen Erzählungen waren somit durch das Interesse an der beruflichen Identität und an einer Geschichte dieser Identität gerahmt. Zeitlich gesehen ging es somit vor allem um die Episode des Unternehmer-Werdens und um das Selbstbild, das die Befragten mit diesem Werdegang und ihrer Plazierung in einer eigenen Unternehmung verbanden, darüber hinaus auch um die Kontinuitäten und Diskontinuitäten der Bedeutung dieses Werdegangs für die Interessen an der jeweils geschilderten Unternehmung. So kann aus dem per Interview erhobenen Material rekonstruiert werden, welchen biographischen Stellenwert die *Entwicklung* eines unternehmerischen Interesses für die Befragten einnimmt.

Für autobiographisch verfaßte Texte ist ein anderer Äußerungskontext anzunehmen. Die Entwicklung dieser Gattung zeigt, daß die Schilderung, die (mehr oder weniger) epischen Umformung selbsterlebten Lebens immer auch unter *evaluativen Aspekten*, unter Fragestellungen der Bewertung der Ereignisse im Hinblick auf gelungene und mißlungene Ereignisse, Passagen und Entscheidungen vorgenommen wird. Dies gilt selbst in den Fällen, in denen die Verfasser um eine größtmögliche Distanz zum Geschehen und auch zur Person des Erzählers bemüht sind. Um eine Evaluierung ihrer Beobachterposition kommen sie zumindest dann nicht umhin, wenn sie selbst Ereignis- und / oder Personenwertungen vornehmen.

Darüber hinaus haben autobiographische Schriften im Unterschied zu den kleinen Formen biographischen Erzählens im Interview, in denen das Interesse an einzelnen Abschnitten von den Interviewern mitstrukturiert wird, einen längeren und mehr Lebensbereiche umfassenden Zeitabschnitt vor Augen, aus dem die Verfasser nach eigenen Kriterien Auswahlen treffen und Zusammenhänge herstellen müssen, was zum einen die evaluative Komponente stärker hervorhebt und zum anderen höhere Anforderungen an die Syntheseleistung im Zusammenstellen der verschiedenen Erzählthemen stellt. Die Auswertung solcher Schriften bietet somit eine Gelegenheit, die Einordnung unternehmerischer Interessen in möglicherweise recht heterogene Interessensbereiche und sie umschließende Lebenskonstruktionen zu verfolgen.

Diese Detailinteressen an biographischen Erzählungen von Unternehmern und Unternehmerinnen bringen es mit sich, daß im folgenden nur sehr wenige Erzähler zu Wort kommen können und damit eine Generalisierung in Richtung Repräsentativität ausgeschlossen ist. Die Prinzipien, die Entdeckung von Handlungsgelegenheiten und die Entwicklung von Interessen erzählerisch zu rekonstruieren, variieren von Epoche zu Epoche, von Milieu zu Milieu und von Erzählkontext zu Erzählkontext auch zu stark, um solch ein Ziel mit einem begrenzten Forschungsaufwand auch nur anstreben zu können. Das Forschungsziel und die Verallgemeinerbarkeit sind in diesem Fall anders zu bestimmen.

Die Erzählung ist eine für Orientierungsfragen sehr bedeutende Objektivationsform, in der - dies macht ihre Orientierungsleistung aus - *bestimmte Entwürfe gegen andere* profiliert werden können. Das Engagement in unternehmerischen Trajektories ist ein im sozialen Kontext recht prekärer Entwurf, und konkrete persönliche Interessen müssen auch angesichts der benannten Risiken des Scheiterns und - soweit die Person durch andere oder auch durch sich selbst moralisch beurteilt wird - moralischer Bewertungen entwickelt und stabilisiert werden. Der Auswertung solcher Erzählungen geht es um die in dieser Kommunikationsform angelegten Möglichkeiten, sich seiner persönlichen unternehmerischen Interessen zu vergewissern und andere über dieses biographisch relevante Wissen zu informieren. Im Kontext der hier skizzierten Forschungsinteressen soll vor allen Dingen der biographische Sinn des Einlassens auf die Chancen und Risiken von unternehmerischen Trajektories rekonstruiert werden; voraussetzend, daß die konkreten Geschichten und Erzählformen mehr oder weniger ideographisch sind (sein müssen, um ihren personalen Sinn zu erfüllen), daß sie im wissenssoziologischen Kontext jedoch die für Unternehmerbiographien *typischen Konturen* erkennen lassen und sichtbar machen.

Exkurs zur Interpretationsmethode: Wissenssoziologische Hermeneutik

Das Interpretationsverfahren beruht auf den allgemeinen Grundlagen der wissenssoziologischen Hermeneutik,[205] orientiert sich dabei insbesondere an der methodischen Dreiteilung der Interpretationsarbeit nach a) egologisch-monothetischer, b) polythetischer und c) synthetischer Perspektive, wie sie von Hans-Georg Soeffner vorgeschlagen und demonstriert wurde.[206] Kurz gesagt, zielt die egologisch-monothetische Rekonstruktion darauf ab, eine Sinneinheit auszuformulieren, die als konsistente und sprachlich idealisierte Form des vom Sprecher intendierten Ausdrucks gelten kann. In der Interpretation auf polythetischer Ebene werden die Inkonsistenzen der idealisierten Perspektive rekon-

---

205 Siehe hierzu Soeffner 1989, Honer 1993, Hitzler/Honer 1992 und die Beiträge in Schröer, Hrsg., 1994.
206 Soeffner 1980, Soeffner/Hitzler 1994, S.46-49.

struiert, deren Konsistenz-Herstellung der Entstehungssituation des Textes überlassen war. Hier sind die Leerstellen, Widersprüche, Unbestimmtheiten und Unklarheiten zu benennen, die in der Redesituation von den Beteiligten gemeinsam überbrückt wurden, die jedoch in der Interpretation offengelegt und auf die divergenten Perspektiven, die sich in diesen Inkonsistenzen andeuten und verdecken, hin befragt werden können. Die Interpretation auf der synthetischen Ebene sucht schließlich nach jener Sinneinheit, die den Sprechern die Reduktion, die Überbrückung und die Integration des zuvor aufgezeigten polythetischen Potentials ermöglicht; die Sinnfigur, die den Sprechern die Einheit ihrer Erzählerfahrung sichert.[207]. Der Abbruch der hermeneutischen Arbeit und des systematischen Zweifels wird je nach Forschungsinteresse zu vollziehen sein. Im Kontext dieser Untersuchung ist das Abbruchkriterium durch das Rekonstruktionsinteresse, die Frage nach der subjektiven Bedeutung unternehmerischen Handelns, vorgegeben. Die Interpretationen sind abzubrechen, wenn sie die Fallbesonderheiten auf dieser Bedeutungsebene inhaltlich konsistent abzubilden vermögen.

4.3. Die Zeit des Geschäfts als Zeit zum Handeln: Drei Fallstudien zur biographischen Konstruktion von Unternehmerschaft

Die folgende Darstellung der Fälle beschränkt sich auf die signifikantesten Interpretationsthemen und die sinnschließende Fallbeschreibung.[208] Die drei vorgestellten Fälle können - bezogen auf ein ursprüngliches Gesamtsample von 28 Fällen - als *prototypische Vertreter für sehr unterschiedliche Grade von Vertrautheit/Unvertrautheit* im Umgang mit den genuin wirtschaftlichen Risiken ihrer Unternehmungen gelten.

Ingeborg Danner, deren biographische Konstruktion von Unternehmerschaft als erste vorgestellt wird, markiert deutlich die größten Sorgen um den wirtschaftlichen Aspekt ihres Projektes - ein Umstand, der aus ihrer Biographie auch verständlich wird. Sie rekonstruiert ihren bisherigen Lebensweg als eine Karriere von Selbstverwirklichungsplänen, die sie nach einer anfänglich traditionalen Erwerbslaufbahn an die "Schwelle" zu einer Existenz als erwerbswirtschaftlich selbständiger Tanzlehrerin geführt habe. Mit typisch unternehmerischen Problemen hat sich Danner erst seit der Entstehung dieses Planes beschäftigt. Der Fall Danner scheint somit besonders geeignet, die individuell-lebensgeschichtliche Relevanz zu verdeutlichen, die von den Problemen im Umgang mit unternehmerischen Risiken ausgehen kann. Die Verwirklichung unternehmerischer Pläne als lebensgeschichtliches

---

207 Vgl. hierzu die Ausführungen in Kapitel 1 zum polythetischen Aufbau von Erfahrungen und zum monothetischen, d.h. vereinheitlichenden Rückgriff auf Erfahrungen.
208 Für eine nach den verschiedenen Interpretationsebenen aufgeschlüsselte Darstellung siehe Brosziewski 1993a.

Projekt stellt bezogen auf die gesamte Erwerbsbevölkerung auch in Kulturen mit langer pirvatwirtschaftlicher Tradition zweifellos eine Ausnahme dar, und mit Ingeborg Danner kann man sehen, welche Art von Mut sich jene selbst abverlangen müssen, die in ihrer Berufsbiographie *ohne* eine Vorbereitung durch einschlägige Sozialisationserfahrungen an die Schwelle zwischen lohnabhängiger und selbständiger Erwerbswirtschaft treten.

Der zweite Fall, die Berufsbiographie des Manfred Glaschke weist in seinem lebensgeschichtlichem Hintergrund - hinsichtlich familialer Herkunft, Ausbildung und früherer Berufstätigkeit - bereits eine größere Nähe zu den tradierten unternehmerischen Wissensfeldern auf, auch wenn ihr Protagonist im Interview einige Erklärungen abgibt, in denen er "das System" hart kritisiert. Doch zeigt eine eingehendere Interpretation, daß sich diese Kritik in erster Linie gegen einen bestimmten Vorgesetzten-Habitus richtet. Mit Gründung und Führung eines eigenen (Klein-)Unternehmens sichert Glaschke die Durchführung eigener, an technischer Perfektion orientierter Projekte gegen die "Inkompetenz" von Vorgesetzten ab. Dabei kann er sich auf Wissensbestände stützen, die er in seiner Herkunftsfamilie, in seiner Ausbildung (er hat Betriebswirtschaft studiert) und in den ersten Jahren seiner Berufslaufbahn erworben hat. Er ist zwar vor allem an der Technik selbst interessiert, doch gerade deshalb räumt er der finanziellen Absicherung seines Unternehmens einen großen Stellenwert ein.

Die größte Vertrautheit mit unternehmerischen Wissensbeständen weist der dritte hier präsentierte berufsbiographische Unternehmerfall auf. Inge Mertensen ist Unternehmerstochter, und in ihren Erzählungen läßt sie keinen Zweifel daran erkennen, daß sie sich in ihrer beruflichen Ausrichtung von früh an und nahezu fraglos auf eine geschäftsführende Tätigkeit eingestellt hatte. In der hier präsentierten Fall-Reihe repräsentiert Inge Mertensen somit den "perfektesten" Fall der Vertrautheit mit unternehmerischen Handlungsproblemen. Diese persönliche Informiertheit korrespondiert auffällig mit der *Selbstsicherheit*, die die Befragte im Interview - trotz deutlich geäußerter Zweifel am Zukunftsbestand ihres Unternehmers - den Interviewern gegenüber zum Ausdruck bringt; so wie umgekehrt die zum Risikoproblem distanzierteren Biographien auch von größeren persönlichen Unsicherheiten berichten.

4.3.1. Der Fall Ingeborg Danner

Ingeborg Danner (30 Jahre alt, ledig) ist gelernte Krankenschwester und plant, gemeinsam mit einer Partnerin ein Studio zu eröffnen, in dem sie Bauchtanzkurse anbieten und abhalten wollen. Zum Zeitpunkt des Interviews stehen die Partnerinnen mit dem Vermieter eines geeigneten Raumes für ihr Studio in Verhandlung. Laut Danner würde, wenn sie den Mietvertrag erhielten, ihr Projekt in Kürze beginnen. Als persönlich größte Sorge stellt sie im Interview die Angst vor den finanziellen Konsequenzen des Schrittes in die Selbständigkeit dar. Bislang hatte Danner ihre Lehrtätigkeit nur teilzeitweise und im Angestelltenverhältnis ausgeübt.

Danners Hauptinteresse gilt nicht der Geschäftsführung selbst. Diese ist für sie bloßes Vehikel, um einen Wunsch - sie selbst sagt: "meinen Traum" - zu verwirklichen. Als Bauchtänzerin und als Bauchtanzlehrerin möchte sie - vor allem an Frauen und Mädchen - jene Begeisterung weitergeben, die sie selbst an und in dieser körperlichen Ausdrucksform erfahren hat. Auf die Frage der Interviewer, warum sie für dieses Interesse nunmehr - nach vielen Jahren der nebenerwerbswirtschaftlichen Ausübung - die Selbständigkeit anstrebt, antwortet sie, das sei "n e ganz lange Geschichte". Danner läßt ihre lange Geschichte in Kindheit und Jugend beginnen, erzählt von Wünschen, deren Erfüllung ihr durch ihre ländliche Herkunft und zu geringe Ausbildungschancen versagt worden seien. So habe sie auch ihren ersten Berufswunsch, Sportlehrerin zu werden, nicht verfolgen können. Die Ausbildung als Krankenschwester habe sie vor allem dem Willen ihrer Eltern folgend, die sehr auf materielle Absicherung bedacht seien, ergriffen. Erst nach einigen Jahren der Berufstätigkeit - so Danner weiter - habe sie sich mehr und mehr von dieser auferlegten Karriere und dem traditionellen Plan - frühe Heirat und Mutterschaft - gelöst. Zunächst hatte sie ihre Tätigkeit als Krankenschwester ganz aufgegeben, sei mehrere Monate durch die Welt gereist, um anschließend nach einiger Zeit der Arbeitslosigkeit wieder zur Sicherung des Lebensunterhaltes in Teilzeit im Krankenhaus zu arbeiten. Zentral wurde für sie nach der Reisezeit jedoch, sich in der Arbeit bei einem Frauenzentrum und in verschiedenen Formen des Tanzes und der Musik zu engagieren. In einem eigenen Studio sieht sie zum einen die Chance, sich finanziell ganz von der ungeliebten Krankenpflegetätigkeit unabhängig machen zu können; zum anderen erfreut sie daran die Aussicht, den Raum, in dem sie vorführen und unterrichten soll, ganz nach eigenen Vorstellungen einrichten und ausstatten zu können. Sie möchte den Bauchtanz in einem entsprechend orientalischen Ambiente ausüben, das in den vielen verschiedenen Zweckräumen, in denen sie bislang gearbeitet hatte, nicht herzustellen war.

Doch dieser Traum-Geschichte stellt sie auch ihre Sorge an die Seite: "Wann kommts böse Erwachen ... ja vielleicht dann, wenn ich beim Steuerberater war." Der Verweis auf den Steuerberater ist nur eine - wenngleich durch die Umschreibung des "bösen Erwachens" eine besonders deutliche - von zahlreichen Erzählpassagen, mit denen Ingeborg Danner ihre persönliche Sorge beim anstehenden Gründungsschritt markiert. Sie erzählt ausführlich von einem Unbehagen bei dem Gedanken, sich die finanziellen Konsequenzen ihres Projektes ausrechnen zu müssen; sie erzählt auch von den unbehaglichen Erfahrungen im Kontakt mit Beratern (auch in einschlägigen Beratungsseminaren zur Existenzgründung), die sie einerseits zwar selbst aufgesucht hatte, um sich zu informieren, von denen sie sich aber andererseits auch gedrängt fühlte, Absicherungsstrategien für ihr Geschäft zu entwickeln.

Im Interview gibt sie diesem Begründungszwang deutlichen Ausdruck: "Ich muß mich zwingen, mich hinzuhocken, und das mit der Partnerin wirklich auszurechnen." Pointiert könnte man sagen: Ingeborg Danner berechnet nicht gerne die finanziellen Risiken ihres Projekts, sie rechnet lieber mit Unterstützung durch Andere: durch ihre Schwester, durch ihren Lebenspartner, durch ihre Geschäftspartnerin, durch Berater. Den, aus ihrer Sicht weitgehend unbestimmten, finanziellen Unsicherheiten setzt sie ihrem Plan das Vertrauen entgegen, das sie aus den bisherigen Erfahrungen als Bauchtänzerin und Bauchtanzlehrerin gewonnen hat: daß sehr viele und ihrem Eindruck nach immer mehr Frauen für eine Unterrichtung in dieser exotischen Ausdrucksform zu begeistern seien. Sie markiert darüber hinaus auch eine Grenze dieser Einschätzung und damit zugleich eine (zeitliche) Begrenzung ihres Geschäftsprojektes. Sie kennt die Konjunkturen im Gewerbe der Selbsterfahrungsseminare und zweifelt, ob die von ihr wahrgenommene Begeisterung länger als fünf bis zehn Jahre anhalten wird. Doch diese Zeit möchte sie dennoch für ihr Unternehmen nutzen; die Zeit danach würde in ihrem aktuellen Zukunftsentwurf für Mutterschaft, Familienbildung und Hauswirtschaft frei.

"Sicherheit" und reziprok "Angst" sind in Danners Erzählungen biographisch sehr dominante Themen. Im Kontext einer mit solchen Themen durchsetzten Biographie ist vor allem fraglich, warum der riskante Schritt in die erwerbswirtschaftliche Selbständigkeit einem doch durchaus möglichen Verbleib in gesicherten Einkommensverhältnissen präferiert wird. Die rhetorisch oft beschworene Risiko*freude* ist bei dieser Unternehmerin nicht zu erkennen. Zwei konkrete Motive führt Danner selber an: Sie möchte zum einen ihre Geldsorgen verlieren, zum anderen freut sie sich darauf, ihr Studio selbst einrichten und damit ihren Lehraktivitäten ein persönliches Ambiente geben zu können. Im Hinblick auf diese persönlichen Interessen profiliert sie ihr unternehmerisches Engagement - trotz aller Unsicherheiten - gegen die sichere Laufbahn als Krankenschwester. Ihr Unternehmertum "auf Zeit" ist für sie biographisch gesehen *ein Gewinn an eigener Zeit*, einer Zeit, in der sie *persönliche Interessen im Rahmen ihrer Erwerbstätigkeit* ausgestalten kann. Um diese Aussicht zu wahren, ergreift sie die sich bietende Gelegenheit zum unternehmerischen Engagement; darauf setzend, daß sie mit ihren Fertigkeiten genügend Resonanz finde, die ihr Unternehmen, ihr eigenes Projekt tragfähig macht.

4.3.2. Der Fall Manfred Glaschke

Manfred Glaschke, Jahrgang 1951, ledig, hat Betriebswirtschaftslehre studiert und danach mehrere Jahre lang als angestellter EDV-Fachmann gearbeitet, verantwortlich für die Entwicklung von betrieblichen Informationssystemen. 1982 kündigte er und wechselte in eine freiberufliche Tätigkeit. Im Interview begründet Glaschke diesen Schritt in die Selbständigkeit mit einer für ihn "untragbaren Konstellation", die sich in seinem ehemaligen Betrieb ergeben hätte. Seine Vorgesetzten hätten immer wieder auf eine schnelle Projektabwicklung gedrungen - die laut Glaschke zulasten einer technisch "sauberen" Problemlösung gegangen sei. Er aber fühle sich dem "Projektgedanken" verpflichtet: "Man ist da, wenn man gebraucht wird. Man ist da, wenns klemmt. Man ist Ansprechpartner zu den unterschiedlichsten Fragestellungen. Und man bringt innerhalb kurzer Zeit gute Ergebnisse." Und die Aufgaben seien "absolut sauber durchzuführen, um dem Projektgedanken gerecht zu werden".

Schon als Student habe er sich in Betriebspraktika in EDV-technischen Entwicklungsprojekten engagiert und dabei erfahren, daß "gute Lösungen" oftmals mit betriebskalkulatorischen Gründen abgelehnt würden. Glaschke vermutet hinter solchen Ablehnungen eine Orientierung an einer (kurzfristigen) Gewinnmaximierung, die ihn schon während seines BWL-Studiums abgestoßen habe. Er selbst werte den Servicegedanken höher als das Gewinnstreben. Im Interview beschreibt er mehrfach und ausführlich, daß gute und ausgereifte Lösungen für ihn den besten Dienst am Kunden darstellen. Seinen eigenen Betrieb betrachtet er in erster Linie als ein "Labor", als einen "Rahmen", der eine sorgfältige Arbeit an den ihm gestellten Aufgaben erlaube.

Ganz im Sinne der Labor-Metapher zeichnet Glaschke ein Bild von der Entwicklungsgeschichte seines heutigen Betriebes. Nach seiner Kündigung habe er monatelang in Zeitungs- und Magazinannoncen und auf Messen nach Aufträgen gesucht, die seinem eigenen Projektgedanken entsprechen, und dabei alle ihm kurzsichtig erscheinenden Angebote ausgeschlagen. Am liebsten wäre er "Einzelkämpfer" geblieben, doch einer kontinuierlichen Betreuung der Projekte wegen habe er mit der Zeit drei seiner ihm bekannten und ähnlich orientierten Kollegen als Mitarbeiter engagiert. Seine Lebensgefährtin, die sich zeitweise am Gespräch beteiligt, stellt sich den Interviewern als die "Marketing-Abteilung" von Glaschkes kleinem Betrieb vor. Neben der Büroorganisation widmet sie sich vor allen Dingen den Informations- und Repräsentationsaufgaben, die im Firmenalltag anfallen.

Im Interview nimmt die Schilderung der finanziellen Nachteile der Selbständigkeit einen breiten Raum ein. Glaschke betont mehrfach, daß er als Angestellter weitaus mehr verdienen könnte und auch für Krankheit und Alter viel besser versorgt sein würde, und daß er allein seiner "Unabhängigkeit" wegen die materiellen Sorgen einer selbständigen Existenz auf sich genommen habe. In dieser Hinsicht bekundet er ein ausgeprägtes Sicherheitsbedürfnis. Die eigene Firma belastet ihn vor allem als ein "Fixkostenblock", zusammengesetzt aus Raummiete, Geräte- und Lohnkosten. Glaschke erzählt von den Rücklagen, die er gebildet habe, um - "malen wir mal den Teufel an die Wand" mit der Firma selbst mehrere Monate überstehen zu können, ohne jemanden entlassen zu müssen. Nur in diesem Potential sieht er eine Gewähr darin, in der Auftragsannahme die ihm so wichtige Unabhängigkeit wahren zu können. Von der *Form der Berufsausübung* zeigt sich Glaschke - trotz seines Studiums, seiner Angestelltenerfahrungen und seiner derzeitigen Tätigkeit als Betriebsleiter - ganz in der väterlichen Tradition des "Freiberuflers"; sein Vater hatte eine eigene Steuerkanzlei.

Glaschke ist von seiner Familien-, Lern- und Erwerbsbiographie her mithin weitaus mehr als Ingeborg Danner mit einschlägigen wirtschaftlichen Wissensbeständen vertraut, auch wenn er selbst ein deutliches Mißbehagen am ökonomischen Kalkül zum Ausdruck bringt, das er mit dem im Studium erworbenen Theorem der "Gewinnmaximierung" attribuiert. Diese Kennzeichnung, die ihm im Interview zur

Rationalisierung seiner früheren beruflichen Enttäuschungen dient, spinnt Glaschke sogar zu einer Art Wirtschaftskulturkritik aus. Er vermutet hinter der Gewinnorientierung ein "amerikanisches Prinzip", demzufolge zum einen die Kunden nur "über den Tisch gezogen" und zum anderen die Mitarbeiter dem Diktat von "hire and fire" unterworfen würden. Diese Diabolik "des Betrieblichen" dient Glaschke als Kontrastfolie, gegen die er sein eigenes Bild von der im doppelten Sinne sorgfältigen Arbeit eines Freiberuflers zeichnet: sorg-fältig im Service am Kunden und in der finanzielle Vor-Sorge für die an seinen Projekten beteiligten Mit-Arbeiter. Im Interview präsentiert Glaschke seine Firma als eine gelungene Verwirklichung dieser Berufsidee. Abermals zeigt sich das persönliche Interesse am unternehmerischen Risiko nicht in der Form einer "Freude", einer besonderen Risiko*neigung*, sondern als *Begleitmotiv* ganz anderer Interessen am unternehmerischen Trajektorie. Die Mosaikstücke aus der Sinnprovinz von Erwerb und Ökonomie werden von Glaschke biographisch in dem Maße adaptiert und individuell modelliert, in dem sie den Berufsentwurf eines "homo faber" begrenzen und zugleich abstützen. Glaschkes kenntnisreiche "Systemkritik" ist tragender Teil seines Berufsentwurfes, den er im Namen der eigenen Firma zu realisieren vermag, und den er gegenüber unternehmerischen Risiken weitgehend *abzusichern* versucht.

4.3.3. Der Fall Inge Mertensen

Mit der letzten hier vorzustellenden Selbstbeschreibung finden wir die biographisch fragloseste Annäherung an unternehmerische Wissensbestände und Begründungsmuster vor. Inge Mertensen - 45 Jahre alt, verheiratet, ein Sohn - trat Anfang der 70er Jahre nach einem Studium der Betriebswirtschaftslehre und einem einjährigen Auslandsaufenthalt ins väterliche Unternehmen ein, wo sie bereits nach kurzer Einarbeitszeit die kaufmännische Leitung übernahm. Nach einigen Jahren wurde sie geschäftsführende Gesellschafterin des kleinen Unternehmens (rund 150 Mitarbeiter), das in einer größeren Branche des Fahrzeug- und Maschinenbaus als Zuliefererbetrieb etabliert ist. Auf die Frage der Interviewer nach ihrem Berufsweg zur Unternehmerin, antwortet Mertensen: "Ich bin da reingeboren, mein Vater war der Firmengründer".

Später erzählt sie, wie eng auch die Privatsphäre ihrer Herkunftsfamilie mit den Geschäftstätigkeiten ihres Vaters verknüpft gewesen war. Am Essenstisch wurde vom Geschäft erzählt, oft waren auch Geschäftsfreunde zu Gast. Sie selbst sei schon als kleines Kind im Betrieb umhergelaufen und habe den Vater auf Geschäftsreisen begleitet, so daß sie im Alter von elf Jahren bereits alle wichtigen Lieferanten und Kunden ihres Vaters gekannt habe. Ihr Vater habe in ihr auch seine Nachfolgerin gesehen, es sei sein "Traum" gewesen, "wenn die Tochter einschlägt". Aber sie legt großen Wert auf die Feststellung, daß er sie keineswegs gegen ihren Willen in diese Laufbahn gedrängt habe. Ihren Ausbildungsweg über Studium und Auslandsaufenthalte habe sie sogar gegen den Widerstand ihres Vaters gewählt. Und schließlich sei sie von der "Aufgabe" fasziniert gewesen, die ihr der Vater nach ihrer Ausbildung im Familienbetrieb übertragen habe.

Die Beschreibung dieser "Herausforderung" nimmt einen umfangreichen Teil des Interviews ein, in ihr bringt Mertensen auch die "Verantwortung" zum Ausdruck, mit der sie ihr unternehmerisches Engagement begründet. Der Familienbetrieb sei klein, aber Dank des väterlichen Einsatzes - sie bezeichnet ihren Vater als "Vollbluttechniker" - sehr innovativ und branchenweit als Spitzenreiter in Qualität bekannt. Mertensen selbst sieht sich als "Kaufmann" - sie wählt stets die männlichen Bezeichnungsformen, auch gegen Korrekturversuche der Interviewer -, der vor allem in den Preisverhandlungen mit den Großabnehmern das Überleben der kleinen Firma abzusichern hätte. Diese Preisverhandlungen seien ein "hartes Geschäft"; sie wählt auch Metaphern wie "Grabenkämpfe" und "Kriegsschauplätze". Aufregend sei es für sie als Berufsanfängerin gewesen, in diesen Verhandlungsrunden eine anerkannte Position zu erringen: "Das war anfangs ein harter Prozeß, wo man oft das Herz ganz fest in beide Hände nehmen mußte, um gegen solch eine geballte Einkaufsmacht seine eigene Position vertreten zu können".

In Mertensens biographischen Erzählungen bilden Unternehmen und Familie eine untrennbare Einheit. Auch ihr Ehemann ist selbständiger Unternehmer, die Kindererziehung beschreibt sie als eine Frage von "Organisation" und "Infrastruktur". Sie nimmt an, daß ihr Sohn ähnlich wie sie ins Unternehmen hineinwachsen wird; nicht selten habe sie ihn schon im Babykorb im Büro bei sich gehabt. Aber - wie ihr Vater bei ihr - drängen möchte sie ihn nicht, vielleicht wolle er lieber Botaniker oder Biologe werden. Zudem - und hier beschreibt Mertensen ihre Hauptsorge - könne man sich nicht sicher sein, daß ein kleiner Betrieb wie der ihre noch in zehn oder zwanzig Jahren Bestand haben wird.

Von den drei Fällen weist die Selbstbeschreibung von Inge Mertensen die ausgeprägteste biographische Aneignung unternehmerischer Handlungsprobleme. Sie lehnt ihre eigene Geschichte an das väterliche Lebenswerk an und *zeigt sich fasziniert von der Aufgabe, dessen Bestand auch für die Zukunft, bestenfalls bis zur Übergabe an die nächste Generation zu sichern.* Dabei übernimmt sie keineswegs schlicht die Rolle des Vaters; er war der "Vollbluttechniker", sie hingegen trägt die kaufmännische Leitung, kümmert sich vor allem um den Absatz, um die Absicherung des "guten Rufes" der Firma bei den Großkunden: nur durch deren Aufträge können die Leistungspotentiale des hauseigenen technischen Know-hows realisiert werden.

Das unternehmerische Risiko, die Gefahr des Scheiterns und reziprok die Sorgen um die wirtschaftliche Zukunft des Unternehmens, nehmen in dieser Unternehmerinnenbiographie eine zentrale Stellung ein. Mertensen beschreibt sich als Frau von Verantwortung und Tatkraft, deren sonstige private Anliegen hinter der familial motivierten Lebensaufgabe zurückzustehen hätten. Besonders drastisch wird dieser Verweis von "privaten" Sorgen in ihrer Reaktion auf die mehrfach von den Interviewern ins Gespräch gebrachte Sonderstellung als Frau in einem von männlicher Präsenz gekennzeichneten Berufsfeld. Als Berufsanfängerin habe sie zwar zunächst um Akzeptanz kämpfen müssen, doch mittlerweile sei sie eine anerkannte Verhandlungspartnerin, wobei ihr allenfalls sogar eine weibliche Gesprächsdiplomatie zum Vorteil gereiche. Und schließlich - hier polemisiert Mertensen im Interview gegen Phrasen, die sie der feministischen Position unterstellt - hülfen Klagen über Benachteiligungen nicht weiter: "Bevor ich mich über die Umstände beklage, habe ich doch schon die halbe Arbeit getan. Wozu also die wenige Zeit, die mir bleibt, auch noch mit Jammern vergeuden." Beruflicher Erfolg sei eine Frage des persönlichen Einsatzes und nicht des Geschlechts. Ganz im Sinne der "innerweltlichen Askese" erkennt sich die im Interview repräsentierte Person an ihren Taten und ihren Erfolgen, an ihrer realisierten (="innerweltlichen") Verantwortung.

Die Interviewinterpretationen zeigten einige konkrete Möglichkeiten auf, biographischen Entwürfen durch die Übernahme unternehmerischer Aufgaben Konturen zu verleihen, und die eigene Person über eine bestimmte Art sozialer Wirksamkeit zur Geltung zu bringen. Diese Möglichkeiten sind nun offenbar *keineswegs gleichverteilt*, nicht für Jedermann (und jeder Frau) in derselben Offenheit verfügbar. Die drei vorgestellten Fälle illustrieren gerade diese Differenz

108

der biographischen Zugänglichkeit von Unternehmerschaft. "Unum aliquid necessariorum est substantia", irgend etwas Vermögen ist notwendig, wußte schon Pacioli als eine von drei Grundvoraussetzungen kaufmännischer Betätigung zu nennen, um ihr als zweite die Fähigkeit zum Kalkulieren, als dritte die Sorgfalt in der Buchführung an die Seite zu stellen - alles gerahmt von der Ehre und damit der Kreditwürdigkeit des Kaufmann.[209] An dieser Konstellation hat sich seit dem Mittelalter im Grunde wenig geändert. Die (rechtlich oder wie auch immer gesicherte) Verfügbarkeit über materielle Vermögensbestände allein führt nicht logisch zwingend zur Übernahme von Geschäftsverantwortung, schon gar nicht zur erfolgreichen Geschäftsführung, wie zahllose Beispiele aus der Geschichte von Familienunternehmen belegen. Und umgekehrt ermöglichen die modernen Institutionen des Kredits und des angestellten Managements, auch unabhängig von Privatvermögen unternehmerisch tätig zu werden, sofern der/die Einzelne mit seinen/ihren Geschäftsprogrammen um die Risikotoleranz der kredit- und verantwortungsgewährenden Instanzen zu werben vermag.

Im biographischen Horizont, im Wissen um die eigene Lebensgeschichte, werden *unternehmerische Aufgaben als individuell zurechenbare Gelegenheiten* konstituiert - oder sie kommen einfach nicht vor. In diesem Sinne sind Unternehmungen biographisch einzigartige Gelegenheitskonstruktionen - wieviel Innovativität, wieviel Imitation, wieviel Risikobereitschaft und wieviel Sicherheitsbedürfnis *andere* in einem konkreten Unternehmen auch entdecken mögen. Die Durchführung von unternehmerischen Trajektories beansprucht Zeit, und die biographische Zeit - dies ist ja eines ihrer konstitutiven Merkmale - wartet nicht, sie läuft beständig mit. Im unternehmerischen Engagement entstehen biographische Irreversibilitäten, biographische Risiken bis hin zur Möglichkeit biographischer Katastrophen, Erfahrungen des Scheiterns von Lebensplänen.[210] Es ist die individuell unhintergehbare Anforderung an einen unternehmerisch Handelnden, die Zeit des Geschäfts und die Zeit der Biographie zu synchronisieren - und: für beide Zeiten eine persönlich bewältigbare Risikotoleranz aufzubauen und durchzuhalten.

---

209 Pacioli 1494, S.88f.
210 Dies ist die Stelle, an der die Rede vom Mut des Unternehmers Sinn macht. Aber dieser Rede ist sogleich der Hinweis an die Seite zu geben, daß derartige Bewältigungsprobleme keineswegs eine Besonderheit der Unternehmerperson markieren. Vor diesem Problem steht jeder/ jede, der/ die sich in welchen sozialen Kontexten auch immer gegenüber Anderen verbindlich engagiert.

4.4. *Die Zeit des Geschäfts und die Zeit des Lebens: Selbstverwaltung, Lebensbilanz und Moral autobiographisch schreibender Kaufleute, Unternehmer und Manager*

Die Synchronisierung von Lebenslauf und unternehmerischer Tätigkeit kann im Kontext *schriftlich verfaßter Biographien* von Kaufleuten und Unternehmern noch eingehender verfolgt werden. Selbsterzählungen in schriftlicher Form stehen - wie oben bereits vermerkt - unter erhöhten Konsistenzanforderungen und erfordern dementsprechend eine weitergehende biographische Explikation, die alle biographisch relevanten Episoden und Themen - und nicht allein das berufliche Engagement - umfaßt.

Eine der bekanntesten und wirkungsvollsten Autobiographien eines Kaufmanns und Unternehmers ist zweifelsohne die Autobiographie Benjamin Franklins.[211] "Bekannt" bezieht sich dabei auf zwei verschiedene Publika: die vom Autor intendierten Leser sowie das von Max Weber über die protestantische Ethik unterrichtete soziologische Publikum. "Franklin's *Autobiography* is the only enduring best-seller written in America before the nineteenth century. It is the most popular autobiography ever written. ... And its audience has been world-wide."[212] In Franklin's moralischen Auslassungen konnte Max Weber die calvinistische Glaubenslehre - "Gnadenwahl" als Prinzip der Gott-Mensch-Beziehung und "innerweltliche Askese" als an Taten und Erfolgen orientierte Handlungsmaxime - wiedererkennen.[213] Und diese Orientierung schien ihm die wichtigste kulturelle Voraussetzung für die damals einzigartige Wirtschaftsdynamik zu sein, die er unter dem Idealtyp des "okzidentalen Kapitalismus" rubrizierte.

Webers Zusammenhangsthese ist mit zahlreichen Gegenbelegen aus nicht-protestantischen Kulturkreisen attackiert worden.[214] Im folgenden soll es nicht um diesen, zu großen Teilen sehr akademisch geführten Streit gehen. Webers Thesen werden durch die nachstehenden Befunde *teilweise* bestätigt, *teilweise* aber auch relativiert. In den Schriften spätmittelalterlicher Kaufleute finden sich auf prägnante Weise jene Aufrufe zur bedachten und (in diesem allgemeinen Sinne)

---

211 Benjamin Franklin, 1706-1790, Sohn eines Kerzenziehers und Seifensieders, mit 24 Jahren Besitzer einer Druckerei, mit 42 wohlhabend und Rückzug aus dem Erwerbsleben, Wissenschaftler (Grundlagenforschung der Elektrizität) und Diplomat (Botschafter der USA in Frankreich), klassisches Vorbild für den amerikanischen Erfolgsmythos, siehe Hansen 1992, S.55-56.
212 Lemay/Zall 1986, S.XIII.
213 In Weber 1991 wird Franklin ausführlich zitiert (S.40-42) und immer wieder zur Anschauung herangezogen.
214 Eine Übersicht und Einschätzung zu dieser Kritik in Lehmann 1988.

"methodischen" Lebensführung wieder, die bei Weber für die Ausbreitung "kapitalistischen" Wirtschaftens so entscheidend ist. Relativiert werden müssen hingegen die Thesen zum *Wirkungs*zusammenhang von kaufmännischer und kirchlicher "Ethik", insbesondere die scharfe Trennung zwischen protestantischen und katholischen "Einflüssen".

Die *im Medium der Schrift* gefaßte Selbstverwaltung in Lebensfragen lenkt die Aufmerksamkeit auf die "innerweltlichen" Erfolge und Mißerfolge, die - ebenfalls verschriftet - unter Aufsicht von Vor-, Mit- und Nachwelt auszuweisen sind. Den *Autor* Franklin unterscheidet von seinen katholischen und großbürgerlichen Vorgängern neben Glaube und Herkunft das Publikum und damit die Rezeptionsweite seiner Schriften, *nicht aber das grundsätzliche Schreibanliegen.* Weber selbst hat sich sehr heftig gegen *jeden* Vergleich der schreibenden Kaufleute des ausgehenden Mittelalters mit seinem Präzedenzfall Franklin gewehrt,[215] diese Abwehr jedoch rein begriffsvergleichend geführt, ohne auf *die* Gemeinsamkeit einzugehen, auf die hier verwiesen wird: das Schreiben in biographisch-moralischer Absicht. Die *Form* der kaufmännischen Autobiographie selbst - so die Hauptthese dieses Abschnitts - befördert die Orientierung des Schreibers und Lesers an "innerweltlichen Daten" bestimmter Art. In dieser Ausprägung der Autobiographie werden *Taten und reziprok Unterlassungen* schriftlich fixiert und mit der Hilfe einschlägiger Darstellungsmuster und Symboliken dem Gedächtnis und in religiösmoralischer Hinwendung auch dem Andenken verfügbar gemacht.

Erzählend wenden sich die Verfasser den Episoden ihres unternehmerischen Handelns zu, in denen - da bereits abgeschlossen - sich dessen ursprüngliche *Risiken* zu *Erfolgen oder Mißerfolgen* unternehmerischen Tuns kristallisiert haben. Im Kontext der biographischen Verarbeitung solcher Transformationserfahrungen wird einerseits die Bedeutung der Erfolge und Mißerfolge für die eigene Lebensgeschichte befragt. Die Probleme dieser Einordnung werden vor allem in der frühesten Epoche autobiographischen Schreibens, in der Zeit der beginnenden Neuzeit, sichtbar. Das Streben nach und das Realisieren von wirtschaftlichen Erfolgen stand in dieser Phase noch unter starken moralischen Rechtfertigungszwängen.[216] Erst die Schriften des bürgerlichen Zeitalters zeugen in dieser Hinsicht bereits von einer großen Selbstsicherheit. Den Schreibern des 20. Jahrhunderts ist die Rechtfertigung der Erfolgsorientierung bereits gar kein Thema mehr. Andererseits werden - und

---

215 Vgl. die fünfseitige "Fußnote" 34 in Weber 1991, S.85-90.
216 Vgl. Le Goff 1988.

dies bleibt Thema in allen Biographien - die Erfolge und Mißerfolge unternehmerischen Handelns, die Probleme der Risikobewältigung, im Kontext der Lebensgeschichten immer auch im Hinblick auf *personale Qualitäten* befragt, denen die
Verfasser eine ursächliche Beteiligung am Lauf der Ereignisse zuschreiben können.

In unterschiedlichen Varianten und Ausprägungen rekonstruieren die Schreiber ihr
unternehmerisches Engagement mit Hilfe des Topos der *Herausforderung*, die die
Geschäftsangelegenheiten an sie stellten, und die Eigenschaft der *Einsatzbereitschaft* als wichtigste personale Voraussetzung, um die jeweiligen Herausforderungen (erfolgreich) zu bewältigen. Die Herausforderungen des Unternehmens werden
als bindend dargestellt - selbst von jenen Schreibern, die in ihren Schriften mehr mit
der Bewältigung von nachhaltigen Mißerfolgen ringen. Erfolge werden als Zeichen
der gelingenden Bewältigung von Lebensaufgaben betrachtet - sei es, daß die
Aufgaben als von Gott gestellt betrachtet wurden, sei es - in säkularisierten
Kontexten -, daß die Aufgaben von der sozialen Mit- und Nachwelt dem Einzelnen
zur Bewährung auferlegt erscheinen. In biographischer Hinwendung stellt das
Interesse an wirtschaftlich-unternehmerischen Aufgaben mithin eine *Gelegenheit
dar, sich persönlich zu bewähren und diese Bewährung auch signifikanten
Anderen zu signalisieren.*

Die Bedeutung dieser Möglichkeit wird vor allem im Kontrast mit dem Persönlich-
keitsmodell der hierarchisch geschichteten Gesellschaft deutlich: die Möglichkeit
der persönlichen Bewährung wird im Erfolgsmodell *nicht mehr an die Herkunft,
sondern allein an die Einsatzbereitschaft gebunden, Gelegenheiten zu sehen und
zu ergreifen.*[217] Dies heißt *nicht*, daß die Herkunft für die Autobiographen *keine*
Bedeutung hätte, im Gegenteil. Genealogische Motive spielen vielmehr eine
hervorgehobene Rolle, auch im Hinblick auf die eigene Stellung im Erwerbsleben.
Nur wird die Herkunft nicht als schicksalhafte Gegebenheit, sondern selbst als
Gestaltungsaufgabe begriffen, mit den Gelegenheiten, die sie ermöglicht,
verantwortungsvoll umzugehen. Das persönliche Interesse am Umgang mit
wirtschaftlichen Risiken wird - neben den Schilderungen geschäftlicher Episoden -
auch im Kontext dieser Gelegenheitsstruktur artikuliert.

Mit der Vergewisserung über solche lebensgeschichtlichen Zusammenhänge im
Medium der Schrift schaffen die Verfasser ein Wissen, in dem der biographisch

---

217 Corsi 1993.

verfügbaren Zeit die Aufforderung zur Persönlichkeitsgestaltung mitgegeben wird, und sie demonstrieren zugleich, welche Möglichkeiten sie in der Bewältigung dieser Aufforderung im Kontext ihres Berufslebens realisiert sehen. Als *Hilfsmittel der Darstellung* der von ihnen hervorgehobenen Erfahrungen und Einsichten bedienen sich die kaufmännisch ausgebildeten Autoren des Formats der *Bilanz*, in der sie - analog zur Geschäftsbilanz - Bonus und Malus registrieren, überschauen und bewerten können. Vor allen Dingen diese Darstellungsattitüde - die sich in etwas gewandelter Form bis heute gehalten hat - hat Kaufleuten, Unternehmern und Managern den Ruf einer "rechenhaften Lebensführung" eingetragen. Vor dem Hintergrund des autobiographischen Schreibproblems - Ordnung in eine Überfülle von Ereignissen und Erfahrungen zu bringen - können die Darstellungseigenarten jedoch ganz unabhängig von mentalitätsgeschichtlichen oder weltanschaulichen Attribuierungen gewürdigt werden.

Die beschriebenen Zusammenhänge werden im folgenden anhand einer Sekundärauswertung von drei Archiven von Kaufmanns- und Unternehmerautobiographien aus drei verschiedenen Epochen rekonstruiert: ein Archiv, das sich aus Schriften von italienischen Kaufleuten aus dem 14. bis 16. Jahrhundert zusammensetzt, ein zweites aus dem 19. Jahrhundert, hier ist es französisches Material, ein drittes aus dem 20. Jahrhundert von US-amerikanischen Unternehmer- und Managerautobiographien. Abweichend von Weber und anderen Mentalitätsforschern wird das Besondere autobiographischen Schreibens - vor allem dort, wo eine Moralistik ausformuliert wird - gerade darin gesehen, daß der Schreiber in diesem Medium jede *öffentlich* gepredigte Moral umgehen und konterkarieren kann. Im Schreiben entwickeln Kaufleute eine Art *Selbstverwaltung* in Lebensfragen. Das Entscheidende an der Art von Autobiographien, von denen Franklins Lebensgeschichte das prominenteste Exemplum darstellt, ist die durch den Text gestiftete *unmittelbare*, den Klerus oder andere Vertreter transzendentaler Autoritäten umgehende, *Kommunikation mit Gott*, in moderneren Zeiten auch mit säkularisierten Nachfolgeinstanzen.

Dabei entwickeln die Kaufleute, gewissermaßen als Projektion der im Geschäftsalltag bewährten Methode des Bilanzierens, eine eigenwillige und heute als typisch bürgerlich erkennbare Ordnungsmetapher: die Rede von der Lebensbilanz; einem Sinnbild, das die oft zitierte Aussage Franklins, "Zeit ist Geld", spruchreif macht. Zeit läßt sich messen, Geld läßt sich zählen, in einer Bilanz lassen sich Zahlen und Maße zur Frage von Gewinn und Verlust, von Bonus und Malus zusammenfassen. Die

Rede von der Lebensbilanz impliziert Selbstverwaltung und Selbstbestimmung und bringt die Schwierigkeiten des Bewertens und Abwägens zum Vorschein.

Das Schwergewicht der Darstellung wird auf der Beschreibung des ältesten der drei Archive liegen, weil in ihm der behauptete Zusammenhang am deutlichsten zu erkennen ist. Die beiden jüngeren Archive, das französische aus dem 19. und das amerikanische aus dem 20. Jahrhundert, werden nicht mehr auf ihre speziellen Inhalte und Stilmittel untersucht. Sie werden vor allem im Hinblick auf die recht großen *Unterschiede der massenmedialen Kontexte* interpretiert, in denen die Autobiographien geschrieben, publiziert und rezipiert wurden beziehungsweise werden.

4.4.1. Die Autobiographietendenz in spätmittelalterlichen Kaufmannsbüchern

Die Anfänge des sozialen Aufstieges des Kaufmannstandes liegen in Italien, in der Epoche zwischen dem 11. und dem 13. Jahrhundert, die von Jacques Le Goff die Zeit der kommerziellen Revolution genannt wird.[218] Diese Phase bringt auch die Erscheinung des "schreibenden Kaufmanns" hervor.[219] "Scrivere" (schreiben) ist nach Christof Weiand neben "fare" (machen) ein Zauberwort jener Zeit, Schriftkundigkeit galt als hoher Wert, nicht nur in bereits etablierten literaten Kreisen.[220] Die Kaufleute erkannten den Wert der Schriftkundigkeit vor allem für die Ordnung ihrer Geschäfte. Nur eine "ordentliche Buchführung" ermöglichte den venezianischen, florentinischen und genuesischen Händlern, den Überblick über die komplizierten Transaktionen zu behalten, die der Fernhandel über See und Land mit sich brachte. Vertreter des Kaufmannstandes sorgten folgerichtig für die Etablierung von Ausbildungsstätten, in denen - anders als in jenen der kirchlichen Trägerschaft - die Lehre der praktischen Nutzen der Kulturtechniken Lesen, Schreiben und Rechnen im Vordergrund stand; eine Bildungsreform, die sich später in anderen Zentren des Handels (in süddeutschen und französischen Städten, in Antwerpen, Amsterdam und London) wiederholen sollte.

In der alltäglichen Geschäftspraxis wurde Schreiben vor allem für eine umfangreiche *Registriertätigkeit* eingesetzt.[221] Die Handelslehre schrieb vor, jede Transak-

---

218 Le Goff 1993, S.12-13.
219 Bec 1967.
220 Weiand 1993, S.1.
221 Eingehend hierzu siehe Kapitel 5.

tion - und sei ihr Umfang auch noch so klein -, mit Zeitpunkt, Namen der Beteiligten sowie all den quantifizierbaren Eigenschaften der getauschten Objekte (Maße und Preise) und auch den wichtigsten qualitativen Eigenschaften unmittelbar nach dem Vollzug in ein eigenes, laufend zu führendes Buch, als "Memorial" bezeichnet, einzutragen. Die Transaktionen wurden in ruhigeren Phasen des Alltags, zumeist spät abends, aus dem Memorial in andere Bücher übertragen, dabei nach bestimmten Kriterien geordnet und für verschiedene Rechnungen und Bilanzen aufbereitet. Zudem waren zusätzlich verschiedene Register - über Vermögensbestände des eigenen Haushalts und des Geschäfts - anzulegen und laufend zu aktualisieren. Auch familiäre Ereignisse - wie Geburten, Todesfälle und Heiraten - waren zu dokumentieren. So hatte der Kaufmann viele Bücher zu führen[222], anfänglich konnte er nur wenige Schreibaufgaben an Familienmitglieder oder Angestellte delegieren.

Schreiben ist neben seinen verwaltungstechnischen und reinen Mitteilungszwecken auch Arbeit an der Erinnerung, am Gedächtnis. Für welche alltagspraktisch wichtigen Erinnerungen die laufende kaufmännische Schreibtätigkeit diente, ist oben bereits gesagt worden: für die Aufrechterhaltung des Geschäftsbetriebes, für die Vermeidung von kalkulatorischen Fehlern und nicht einlösbaren finanziellen Verbindlichkeiten gegenüber Dritten. Aber schon eines der genannten vielen Register diente einer über diese Alltagszwecke hinausgehenden Erinnerungsarbeit: das "libro di famiglia", das Familienbuch. Die Bücher dieses Genres, von zahlreichen Großkaufleuten jener Epoche geführt, wurden auch als "ricordi" bezeichnet, ein italienisches Wort, in dem Erinnerung und Gefühl verbunden sind.[223]

Christof Weiand, ein historisch orientierter Literaturwissenschaftler, hat die Ricordi von sieben italienischen Großkaufleuten untersucht, die alle zwischen 1300 und 1580 in großen italienischen Handelsstädten gelebt und geschrieben haben. Sie alle orientieren sich in ihren Chroniken und Lebensberichten an der traditionellen Gattung des Familienbuches, und allen ist das Schreiben selbst ein wichtiges Anliegen. Die Schreiber haben durchweg die Stellung des Familienoberhauptes inne, die ihnen auch einen privilegierten Zugang zu den überlieferten Familienbüchern sichert, von denen einige ausdrücklich geheim geführt wurden, nur für die Weitergabe an den Nachfolger bestimmt. Diese Stellung als Familienoberhaupt

---

222 Christian Bec (1967, S.49) zählt beispielsweise neun Arten.
223 Von "il cuore", das Herz, der Mut.

und damit als Statthalter der Familientradition gab allen Chronisten zentrale Elemente ihres Schreibprogrammes vor. Für mein Erkenntnisinteresse - die Frage nach der schriftlichen festgehaltenen Selbstdarstellung des Kaufmanns[224] - sind drei Textkonstanten besonders relevant.

1. Der Schreiber stellt sich der Aufgabe, die Verwandtschafts- und die Vermögensverhältnisse der Familie zu fixieren, die Nachfolgebeziehungen und Erbschaftsansprüche - Genealogie und Patrimonium - zu ordnen. Dieses zentrale Element des Schreibprogrammes macht aus den Familienbüchern ein äußerst umfangreiches Faktenregister, in dem Namen, Daten und Zahlen listenweise aneinandergereiht sind.[225] Die Darstellungsweise des Kaufmanns hat etwas Buchhalterisches, doch läßt sich diese Besonderheit des Darstellens mit der oben genannten Schreibaufgabe - Ordnung von Genealogie und Patrimonium - verstehend erklären.

2. Eine zweite Textkonstante stellt der intendierte Rezipientenkreis der schreibenden Kaufleute dar. Stereotyp rufen sie zu Beginn all ihrer Schriften den Namen Gottes an. Nicht nur ihr Leben, sondern auch ihr Schreiben vollzieht sich *sub specie aeternitatis*. Diese Gottesaufsicht verpflichtet sie im Schreiben zum Bemühen um Wahrheit und Aufrichtigkeit. Einige Schreiber lassen deutlich Selbstzweifel darüber erkennen, ob sie dieser Aufgabe gerecht werden können. Kommentierend umkreisen sie Probleme des Selbstlobes, des Hochmuts und dergleichen, und sie versuchen an einigen Stellen ihrer Chroniken, Rechenschaft über ihr eigenes Schreibhandeln abzulegen. Doch wie stark oder wie schwach diese Schreibskrupel bei den sieben Verfassern im Einzelfall auch ausgeprägt waren: die Legitimität ihres Schreibens finden sie alle in der Gerichtetheit des Textes an unmittelbare, irdische Adressaten: "i posteriori", die Nachkommenden, im engeren Sinn die eigenen Nachfolger. Sie stellen ihr Schreiben letztlich alle in den Dienst der Familientradition, der Weitergabe ihres Wissens und ihrer Einsichten an die Erben. Die Arbeit am Familienbuch und an den anderen Ricordi ist intendiertermaßen Erinnerungsarbeit,

---

224 In dieser Epoche haben sich nur Männer derart betätigt. Der Einfluß des privilegiert männlichen Zugriffs zum Archiv, zu den Geschäftsdokumenten und zur Schreibtätigkeit selbst wäre gerade hinsichtlich der Frage von Geschlecht und Ökonomie einer eigenständigen Untersuchung wert.

225 Später einmal sollten Max Weber und noch viel markanter Werner Sombart diese registrierende Darstellungsattitüde des Kaufmanns als Ausdruck eines "kapitalistischen *Geistes*", als Audruck einer buchhalterischen und kalkulatorischen "*Mentalität*" interpretieren. Doch mittlerweile ist man zurückhaltender mit dem Schluß von Darstellungsweise auf "Geist" und "Mentalität" (heute würde man wohl sagen: auf Bewußtsein). Diese analytische Zurückhaltung möchte ich hier auch der Figur des Kaufmanns zugute kommen lassen, und nicht von einem Mentalitäts-, sondern von einem *Darstellungstypus* sprechen.

nicht für eine "Öffentlichkeit" im heutigen Sinne, sondern für einen sehr "privaten" Kreis bestimmt.

3. Die dritte hier zu erörternde Textkonstante betrifft die Autobiographietendenz der vorliegenden Schriften. Diese Tendenz ist in den sieben Fällen sehr verschieden ausgeprägt. Die erste Schrift, die Weiand zu Kontrastzwecken für die übrigen sechs vorstellt, enthält überhaupt keinen Ansatz zum Autobiographischen, zum Beschreiben des Verfasser-Ichs. Matteo Corsini (Schriftführer der Familienbücher der Corsinis von 1362 bis 1402) repetiert in der Darstellung der eigenen Person das Listenformat, rapportiert sachlich-nüchtern Namen (von Städten und Geschäftspartnern), Daten und Summen aus der Zeit seiner eigenen Wanderjahre. Bei ihm "steht eine lexikalisch wenig ausdifferenzierte Sprache im Dienst einer Berufswelt."[226] Weiand geht in einer umfassenden Form-, Inhalts- und Stilanalyse der Frage nach, welches Schreibmotiv die übrigen sechs Verfasser in ihren Versuchen demonstrieren, das strenge Listen-Lexikonformat der Ricordi-Gattung zu durchbrechen und das Ich des Schreibers zur Darstellung zu bringen. Bei allen sechs Autoren, die eine Autobiographietendenz erkennen lassen, konnte Weiand als autobiographisches Schreibmotiv die Bearbeitung einer Lebens- und Orientierungs-, allgemeiner: einer Sinnkrise, oft im Zusammenhang mit Todes- und Krankheitserfahrungen, ausmachen, die der Verfasser schreibend, sich selbst über sein Handeln und seine Beweggründe vergewissernd, zu bewältigen versuchte. Gerade in diesen Punkten schrieb er - dies auch mehr oder weniger deutlich zugestehend - auch *für sich selbst*, um Klarheit über seinen *Stand vor Gott*, seinen Stand im Leben *und* im Himmel zu gewinnen.

Für die hier behandelte Fragestellung ist vor allem interessant, wie, mit welchen Darstellungsmitteln und -formen, es den Verfassern gelingt, im Hinblick auf "die Sorge um sich"[227] ein personales "Ich" in die teilweise monumentalen Register der Genealogie und des Patrimoniums *hineinzuschreiben.*[228] Wie gezeigt, hat hier der erste Fall, die Chronik von Matteo Corsini (und zweien seiner Nachfolger) als Kon-

---

226 Weiand 1993, S.19.

227 So betitelt Michel Foucault den dritten Band seiner Abhandlungen zu "Sexualität und Wahrheit".

228 Adolf Rein (1989, zuerst 1919) sieht in der hausverwalterischen Notizsammlung und der ihr angegliederten Familienchronik des ausgehenden Mittelalters auch die Ausgangsbasis für das ganze Genre der spezifisch bürgerlichen Tagebücher in der Renaissance. "Aus der Familienchronik entsteht das individuelle Tagebuch." (S.333) Sein gattungsgenealogisches Argument ähnelt dem hier vorgetragenen, auch wenn es im Stil seiner Epoche stark psychologistisch gefärbt ist und er auf die Bedeutung des Ordnungsformates gar nicht eingeht: Er sieht den "Entwicklungsgang der Selbstbiographie ... in jenem, man möchte sagen, unbewußten Sichherausarbeiten der Autobiographie aus den Geschäfts-, Haus-, Familien-, Merk- und Tagebüchern des ausgehenden Mittelalters." (S.342)

trastfolie zu dienen. Corsini ist typisch für den Kaufmann, der seine Stellung in der Verwandtschaftsfolge mit der Einordnung in die Ahnenreihe und mit der Auflistung seiner Ausbildungs- und Reisestätten und der erwirtschafteten Vermögen zur Genüge beschrieben sieht. Goro Dati (1362 bis 1435), Sohn einer verzweigten und wohlhabenden Kaufmannsfamilie, selber Vater von 26 Kindern aus vier Ehen, schafft sich bereits für die Darstellung persönlicher Anliegen Platz, indem er zusätzlich zum Familienbuch ein "libro segreto", ein Geheimbuch anlegt. Das einleitende Schreibprogramm repetiert zunächst den Gottesanruf und den Ordnungszweck der ricordi:

"'Al nome di Dio e della sua madre Vergine Maria e di tutti i santi e le sante di Paradiso questo libro comincerò, in sul quale nel principio farò brieve menzione di nostri fatti da farne memoria; e poi apresso scriverò i fatti segreti della compagnia e della mercatanzia, che a me s'apartengono, ad anno ad anno, invocando prima e sempre il nome di Dio. Questo libro è di Goro di Stagio Dati, e chiamerollo *Libro Segreto*.' (11)"[229]

Auch in diesem Buch werden zahlreiche (sic!) Familien- und Geschäftsbelange registerartig dokumentiert, aber es findet bereits eine Auswahl aus den anderen Quellen statt; streng an dem Ziel orientiert, sich und den Nachfolgern Klarheit über seine Angelegenheiten zu verschaffen ("a chiarezza di me e di chi fosse dopo me", ebd.). Diese Auswahl schafft einen bescheidenen Raum für die Darstellung persönlicher Empfindungen und Gedanken. Vor allem Geburten und Todesfälle werden von Dati nicht mehr nur nüchtern notiert, sondern durch die Verwendung von Adjektiven mit einer persönlichen Stimmungsfarbe versehen.

An zwei Stellen des libro segreto weitet sich die Personalisierung des Verfassers zu regelrechten Bekenntnistexten aus.[230] Mit 48 Jahren, in einer von finanziellen Nöten und anderen Schicksalsschlägen gekennzeichneten Phase, überdenkt er sein Leben. Dati kommt in dieser vorläufigen Lebensbilanz zu dem Schluß, daß seine Misere durch eine Lebensführung verursacht worden sei, die er als "disutilmente",

---

229 Zit. n. Weiand 1993, S.22. "Im Namen Gottes und seiner Mutter, der Jungfrau Maria, und aller Heiliger des Paradieses werde ich dieses Buch beginnen, in dem ich zu Anfang unsere (Familien-)Angelegenheiten der Erinnerung wegen erwähnen werde; und daraufhin werde ich die geheimen Geschäftsangelegenheiten niederschreiben, die zu ihnen gehören, Jahr für Jahr, zuerst und stets den Namen Gottes anrufend. Dieses Buch ist von Goro di Stagio Dati, und ich nenne es *Geheimes Buch*." (Übers. A.B.).
230 Den engen Zusammenhang von Autobiographie und Bekenntnis hat Alois Hahn (1982, 1987a) herausgestellt.

als "unnütz" und damit sündig gegen Gottes Gebote kennzeichnet.[231] Zwecks Selbstläuterung will er sich an drei Grundsätze binden: Sonn- und Feiertags nicht arbeiten noch jemanden für sich arbeiten lassen, Freitags die Fastengebote einhalten und täglich Almosen geben - Selbstgebote eines Kaufmanns, der in Finanznöten steckt! Dati ringt dann auch mit einer Kasuistik, die in Fällen greifen soll, in denen die Gebotsmißachtung ihm unausweichlich scheint.

25 Jahre später, dreiundsiebzigjährig, resümiert Dati - bezugnehmend auf seine diversen Ricordi und auf sein früheres Bekenntnisschreiben - die Ereignisse seines Lebens und versucht - an seinen Nachfolger gerichtet - eine Lehre aus ihnen zu formulieren.

"'Memoria di mio stato' - also Vergegenwärtigung meines Standes oder besser: meines sozialen Standes - betitelt Dati eine eigene Texteinheit (carta 15) zum Beschluß seines 'Libro segreto', das ihm nun seit dreiundvierzig Jahren zur Aufbewahrung von Vorgängen gedient hat, aus denen sich sein Leben zusammensetzt. Er stellt sich dieser Schreibhandlung, um sich einen letztgültigen Überblick zu verschaffen, der auch seinem Nachfolger an der Spitze von Familie und Geschäft zugute kommen soll. Dazu hat er alle jemals von ihm angelegten oder in seinem Besitz befindlichen libri di famiglia erneut durchgesehen und versieht die Einträge, die er nun vornimmt, mit Querverweisen. Er zieht Bilanz, macht auf Quellen gestützt Inventur."[232]

Abermals werden vor allem Daten und Fakten aufsummiert. Der *Ordnungsmodus* dieses Resümees ist die *Bilanz*; also jenes Darstellungsformat, das dem Kaufmann im praktischen Lebensbereich zur Ordnung seiner Geschäftsbelange dient, das ihm im ereignis- und datenüberladenen Geschäftsverkehr die Bewahrung einer *Übersicht* ermöglicht. *Zählend und erzählend* stellt Dati "auf textlicher Ebene Verweisungszusammenhänge her, die ... getrennt liegende Lebensabschnitte miteinander verbinden" und eine Bewertung ermöglichen.[233] Diese Projektion eines Darstellungsformats begründet die Rede von der "Lebensbilanz". Im Kontext dieser, die Schreibarbeit beendenden, Bestandsaufnahme nimmt Dati auch Bezug auf jene Zeilen, die er 25 Jahre zuvor niedergeschrieben hatte. In jener Zeit hätte ihn das Schicksal harten Prüfungen unterzogen ("Ora cominciò la fortuna a

231 Weiand 1993, S.25.
232 Ebd., S.23.
233 Ebd., S.25.

percuotermi forte"). Und nur die Fähigkeiten, sich selbst Rechenschaft abzulegen, einen Überblick über die Gesamtheit der Lebensdinge herzustellen, auf diese Weise den Stand vor Gott und die eigene Lebensführung überprüfen zu können, hätten ihn diese Prüfung bestehen lassen und in die Lage versetzt, die Angelegenheiten der Familie und des Geschäfts weiterführen und nunmehr geordnet übergeben zu können.[234]

Die bilanzierende Selbstdarstellung ist stark genealogisch, an der Frage nach dem Woher und dem Wohin der eigenen Person in der Generationenfolge orientiert. Sie ist Erinnerungs- und Besinnungsarbeit zugleich. Sie ist, um eine Formulierung von Christian Bec (1967, 301) zu zitieren, der Versuch, die Geschäfte und den Platz des Menschen in der Welt in einen Zusammenhang zu bringen; den Stand vor Gott an den Taten und ihren Folgen, und nicht an der "hohen" oder "niedrigen" Geburt des Menschen zu ermessen.

Auch die fünf weiteren Kaufmannsautobiographien können als Arbeit an dieser Moral gelesen werden. Es geht immer um die Einordnung der eigenen Person in eine familiale Genealogie, in der auch dem Stand des Familienvermögens eine wichtige Bedeutung zugemessen wird. In allen bekennenden Abschnitten werden schließlich moralische Prinzipien formuliert, die der Selbstvergewisserung über den Stand vor Gott und der Orientierung der Nachkommenden dienen sollen. Aber in einigen Fällen bedienen sich die Schreiber in ihren Dokumentationsabsichten bereits eines reichhaltigeren Repertoires an Stilmitteln als die bislang vorgestellten Verfasser. Das monotone Format der Liste wird überschritten und die autobiographischen Themen werden erweitert.

Zwei Beispiele mögen dies veranschaulichen. Donatu Velluti, dessen Schriften den Versuch bekunden, den frühen Tod seines Sohnes und ein eigenes chronisches Körperleiden zu bewältigen, entwirft den Werdegang der eigenen Person vor dem Hintergrund eines florentinisch-zeitgenössischen Panoramas.[235] Er bewegt in seinen Texten die Fragen, wie die eigenen Verwandten gewesen sind, und wie sie den Familienbesitz zustande gebracht haben. Im Versuch, eine lückenlose Ahnenreihe zu zeichnen, entwirft er - unter Rückgriff auf die ihm vorliegenden früheren Familienchroniken - Porträts von über 130 Vorfahren, in denen er teilweise recht ausführlich auf den Charakter und auf die physische Erscheinung der

---

234 Ebd., S.24.
235 Zum folgenden siehe Weiand 1993, S.31-47.

jeweiligen Person eingeht. Resümierend formuliert Velluti zugleich eine bedächtige, bilanzierend angelegte Kritik am Lebenswandel jedes von ihm Porträtierten.[236] Velluti betont den Wert gewerblicher Tätigkeit, das Streben nach Wohlstand und um öffentliche Anerkennung für den Zusammenhalt der Familie und für den Platz des Einzelnen im Kollektiv. "Der recht einfache Grundgedanke ... lautet: der quantifizierbare Erfolg bestätigt die rechte Lebensführung. Messen lassen sich materieller Besitz und öffentliches Ansehen, wenn man Ämterhäufung als Parameter anerkennt."[237]

Dieses Bilanzierungsprinzip ebenso wie die für die Renaissance charakteristischen Topoi fortuna, ragione und prudenza finden sich auch bei Bonaccorso Pitti, Giovanni Morelli, Francesco Guicciardini und Marcello Alberini wieder. Sie alle verknüpfen das Schicksal der eigenen Familie mit dem politischen Schicksal ihrer Heimatstädte, das in jener Krisenepoche von Unbeständigkeit gekennzeichnet war. Velluti zieht sich in der Darstellung der Ereignisse auf die Position eines unbeteiligten Beobachters zurück und folgert summarisch, "daß man den Herausforderungen des Lebens mit gleichmäßiger Verfügbarkeit und der Bereitschaft zum Tätigsein und Tüchtigsein ... begegnen soll."[238] Die "Verfügbarkeit" wird nicht nur für die engeren, sondern auch für die weiteren Belange der Familie gefordert, die die Geschicke der Stadt mit einschließen. Das Ausüben öffentlicher Ämter wird neben dem finanziellen Wohlstand zum Indikator eines gottgefälligen Lebens.

Besonders deutlich ist diese Figur bei Francesco Guicciardini festzustellen, der als Diplomat am spanischen Königshof für seine Heimatstadt Florenz wichtige Verhandlungserfolge erzielen konnte. "Guicciardinis Eudämonievorstellungen gehen von einem erfolgreichen Tätigsein im Interesse des Gemeinwohls aus, einem Handeln, das öffentliche Anerkennung findet, das Ansehen steigert und zu einem 'vivere e morire felice' führt. Die 'felicità' ist bei ihm eine Erfahrung in der

---

236 Warnend wird beispielsweise von einem jungen Mann berichtet, der die Gutmütigkeit seines Vaters ausnützte, um sich dem süßen Leben hinzugeben: "La vita sua infino a qui è stata e è sanza niuno dispiacere d'altrui, e fatto più male a sé ch'altrui, logorato in corteseggiare ciò ch'à potuto, ingegnatosi di volere procacciare sua vita di fuori; ed è stato di ciò assai isventurato." (zit. n. Weiand 1993, 38).

237 Ebd., S.39.

238 Ebd., S. 55. Gerade dieses Moment des Aufrufs zum unablässigen "Tätig- und Tüchtigsein" markiert Weber als das Besondere der protestantisch-puritanischen Glaubenslehre (Weber 1991, z.B. S. 44). Angesichts der hier vorgelegten Textstellen kann man fragen, ob die Kaufleute nun von Calvin lernen, oder ob nicht eher Calvin seine Einsichten aus den Lebenslehren der Kaufleute ableitet. Wie bei allen "Wahlverwandtschaftsfragen" dürfte ein Streit um Henne und Ei müßig und steril bleiben; aber immerhin wären angesichts möglicher Wechselbeziehungen Thesen zur Wirksamkeit kirchen-offizieller Lehren vorsichtig zu handhaben.

Gemeinschaft, in der Familie."[239] Mit den von Gott empfangenen Wohltaten habe der Mensch uneitel umzugehen, und er müsse sich kraft seines Urteilsvermögens im Leben bewähren. "Die Balance hat man sich so zu denken: Die Taten des Menschen und sein Platz in der Welt sind äquivalent zur Verlohnung und zu dem Platz, der ihm von Gott im Paradies zugewiesen wird."[240] Mit anderen Worten: Vermögen und öffentliches Ansehen sind Symbole der moralischen Achtbarkeit einer Person.

Hier zeigt sich schon aus der Feder eines römisch-katholischen Kaufmanns stammend, im Jahr 1513 geschrieben jenes Prinzip der "Gnadenwahl", das Max Weber der Lehre Calvins zuschreibt, und das er als ein wesentliches Individualmotiv für die Ausbreitung des kapitalistischen Wirtschaftens kennzeichnet. Weber ist für seine These zum engen Zusammenhang von Protestantismus und Kapitalismus heftig kritisiert worden. Will man auf die religiösen Motive des auf säkularen, innerweltlichen Erfolg orientierten Wirtschaftens abstellen, so muß man wohl den eher *indirekten* Zusammenhang zwischen kirchenoffizieller Lehre und individueller Aneignung von Glaubenssätzen eingehender untersuchen. Was die von Weber behandelte Variante des Protestantismus mit den hier vorgestellten Selbstbekundungen italienischer Kaufleute verbindet, ist *die personenunmittelbare, den Klerus ausschließende Kommunikation mit Gott*. Der schreibende Kaufmann führt all seine Bücher ausdrücklich "im Namen Gottes". Er hat Gott nicht nur in der Beichte, sondern auch in seinen Büchern Rechenschaft abzulegen - und dies anders als in der Beichte permanent.

Die Repräsentanten der Kirche fehlen im Adressatenkreis der kaufmännischen Schriften. In den bekennenden Abschnitten beziehen sich die Schreiber allein auf die von der Kirche verwalteten Sündenkataloge - so auf die Sünden der Eitelkeit, der Habsucht, des Wuchers und andere.[241] An diesen Sünden arbeiten sich die Kaufleute unter Hinweis auf die familialen und personalen Erfolgs- und Mißerfolgsbilanzen ab, die Gott, der alles sieht, ohnehin nicht verborgen sind. Diese Bilanzen - die ja Bonus *und* Malus offenbaren - deuten sie in ihrer eigenen Moralistik als sichtbare Zeichen der Achtbarkeit *und* der Gefährdetheit ihres Standes vor Gott. Das Medium der Selbstvergewisserung bilden die eigenen Schriften, die ein

---

239 Weiand 1993, S.134.
240 Ebd., S.137.
241 Bei Weiand 1993, S.29-30, ist eine kurze Beschreibung des komplexen Sündensystems und der zugehörigen Kontrollpraktiken jener Zeit zu finden.

122

reichhaltiges Quellenmaterial, einen Überblick über die Geschäfts- und Familienbe-
lange und einen hinreichenden Abstand zur Hektik des Zeitgeschehens und zum
herrschenden moralischen Diskurs bieten.

4.4.2. Die säkularisierte Unternehmerautobiographie (18. bis 19. Jahrhundert)

Im 16. und 17. Jahrhundert beginnt nach Habermas die Entwicklung einer
"bürgerlichen" Variante von Öffentlichkeit, die die repräsentative Öffentlichkeit
der großen und kleinen Rituale zwar nicht ersetzt oder gar verdrängt, gegenüber
dieser jedoch immer mehr an sozialer Breitenwirkung gewinnt. Der Ansatz einer
bürgerlichen Moral überschreitet die Grenzen eines "privaten" Leserkreises, das
entsprechende Schrifttum gewinnt in den neuartigen Assoziationen - bürgerliche
Salons, Vereine, Lesezirkel, Debattierkreise usw. - eigene Foren der Öffentlichkeit,
die laut Habermas auch als Keimzelle der heutigen "politischen Öffentlichkeit"
angesehen werden können. Arbeitsbereitschaft und Erwerbsstreben brauchen in
diesen Öffentlichkeiten ebensowenig wie weltlicher Erfolg ausdrücklich legitimiert
zu werden. Die teil-öffentlichen Zirkel nehmen sich auch der Frage nach der
rechten Moral und Lebensführung an. Die bürgerliche Stimme verschafft sich
eigene Publikationsforen. Besonders anschaulich zeigt sich diese Entwicklung an
der Erscheinung der "moral weeklies" ("moralische Wochenschauen"), die in
England wie ihre Nachbildungen auf dem Kontinent im 18. Jahrhundert zu
wichtigen und weitverbreiteten Organen der nunmehr - sozusagen "jenseits"
persönlicher Beichtpraxen und zeremoniell-ritueller Repräsentationen - öffentlich
vorgeführten Moralbildung werden.[242] Wöchentlich werden in diesen Blättern die
Ereignisse der Zeit im bürgerlichen Sinne kommentiert.

Vor dem Hintergrund eines gleichgesinnten, pädagogisch-moralisch interessierten
Publikums *gewinnt die Mitwelt gegenüber Vor- und Nachwelt* des kaufmännischen Autobiographen an Gewicht. Die Person des Schreibers figuriert nun weniger
als genealogisches, sondern mehr und mehr als *zeitgenössisches* Exemplum für die
rechte Lebensführung. Philipp Lejeune hat alle autobiographischen Schriften von
französischen Geschäftsleuten aus dem 19. Jahrhundert[243] auf ihre thematischen

---

242 Siehe Habermas 1991, 105-107. In England heißen die ersten dieser Periodika "Tatler" (1709),
    "Spectator" und "Guardian", in Deutschland "Der Vernünftler" (1713) und "Hamburger Patriot". "Während
    des ganzen Jahrhunderts wächst in Deutschland die Zahl dieser Zeitschriften auf 187; in England sollen es
    während des gleichen Zeitraums 227, in Frankreich 31 gewesen sein." (ebd., 106, Anm. 39).
243 "Y sont recensées toutes les autobiographies de commerçants, d'industriels et de financiers du XIXe siècle
    dont j'ai pu retrouver la trace." (Lejeune 1982, 209).

Motive und erzählstrukturierenden Muster hin untersucht. Das dominante Thema dieser personenorientierten Schriften ist - bis auf wenige Ausnahmen - die Frage nach den Bedingungen des persönlichen Erfolges; laut Lejeune das moralische Thema jener Epoche schlechthin. Der erfolgreiche Kaufmann und Unternehmer ist dabei der Prototyp des "selfmade man", der ungeachtet des Standes seiner Geburt dank eigenem Bemühen einen geachteten Platz in der Welt errungen habe.

In den Autobiographien des exemplifizierenden Typs ergreifen die Verfasser *"die Stimme des Erfolges" und sprechen deren Lehre aus.*[244] Sie stellen - bei allen Unterschieden im Detail und in der Gewichtung - abermals Kataloge von praktischen wie von moralischen Tugenden auf. Das oberste Gebot ist das der Arbeit, die hier wiederum gegen die Oberschichtsdünkel geadelt und zugleich als das wirksamste Mittel gepriesen wird, im Kampf gegen die Fährnisse des menschlichen Schicksals zu bestehen. Narcisse Faucheur (1794-1875, Gründer einer Spinnerei) läßt in "Mon Histoire. A mes chers enfants et petits-enfants"[245] der Stimme des Erfolges durch einen Benediktiner-Pater Ausdruck geben, dessen Worte sich ihm eingeprägt hätten und seine eigenen Erfahrungen wiedergeben würden:

"Le Père *Chirac*, c'était son nom, avait pour habitude de dire à chaque instant:

Labor improbus omnia vincit,

phrase qu'il traduisait ainsi:
Un travail opiniâtre vient à bout de tout.
Il disait aussi: j'aime mieux avoir à faire l'éducation d'un âne bon travailleur que celle d'un paresseux qui n'a pas l'intelligence de comprendre que le travail est la base non seulement des bonnes études, mais encore la base de tous les succès dans la vie, ce travail est raisonné et s'il est accompagné d'un esprit d'ordre, de persévérance et de la ferme résolution d'accomplir par des voies honnêtes tout ce qu'on a résolu de faire.
Ces préceptes du Père Chirac sont restés profondément gravés dans mon esprit, j'ai reconnu qu'ils étaient exacts, et je me suis trouvé, bien jeune, dans l'absolue nécessité de les mettre en pratique; car, à peine à ma sortie de l'adolescence, j'ai eu à lutter contre tant d'obstacles, de déboires, de désillusions, de mécomptes, de privations, de fatigues et de périls, que je ne sais ce que je serais devenu si les sentences du Père Chirac n'avaient été si profondément gravées dans mon esprit."[246]

---

244 Lejeune 1982, S.210.
245 Lille 1886 (von seinem Sohn und Nachfolger posthum veröffentlicht), zitiert nach Lejeune 1982, S.221.
246 "Der Pater Chirac, so war sein Name, hatte die Angewohnheit, bei jeder Gelegenheit zu sagen:
Labor improbus omnia vincit,
einen Satz, den er so übersetzte:
Durch hartnäckige Arbeit erreicht man jedes Ziel.
Er sagte auch: ich erziehe lieber einen fleißigen Esel als ein Faultier, das nicht intelligent genug ist, um

Diese Sätze bedenkend, gelangt man zur (Erfolgs-)Moral der (Lebens-)Geschichte:

"Avec du courage, de l'énergie et de l'économie, qualité aujourd'hui trop oubliée, un homme intelligent peut toujours se créer une honnête position."[247]

Diese Lehre wird in der Kaufmannsautobiographie nicht als abstraktes Prinzip eingeführt. Die schreibenden Kaufleute synthetisieren aus den Ereignissen und Episoden ihrer Lebensgeschichte, aus den eigenen und bei anderen beobachteten Erfolgen und Mißerfolgen, Siegen und Niederlagen jene Personenqualitäten, die sie als grundlegend für eine individuelle Erfolgsgeschichte ausmachen: Tüchtigkeit, Einsatzbereitschaft, Mut und Energie. Aus diesem Datenfundus schöpft die Arbeits- und Erwerbsmoral ihre Beweiskraft. Weltlicher Besitz, die Verfügungsmacht über Güter, wird - neben dem öffentlichen Ansehen einer Person - also auch in dieser Epoche in der Selbstdarstellung des Kaufmanns als Indikator für die rechte Lebensführung, als Zeichen für Erfolg im Streben nach dem eigenen Platz in der Welt interpretiert.[248]

4.4.3. Die popularisierte Unternehmerautobiographie (20. Jahrhundert)

Schon in den bislang behandelten Epochen war die Autobiographie des Kaufmanns, Händlers und Unternehmers eine Ausnahmeerscheinung. Familien- und Tagebücher sind mehr und mehr Privatzweck geworden, die *Weltkoordinaten der*

---

zu verstehen, daß Arbeit nicht nur Grundlage erfolgreicher Studien, sondern auch die Basis aller Erfolge im Leben ist. Diese Arbeit ist wohl begründet, wenn sie begleitet wird von Ordnungssinn, Beharrlichkeit und von einem festen Willen, auf ehrlichem Weg das zu vollenden, was man sich vorgenommen hat. Diese Gebote Pater Chiracs sind in meinem Geist fest eingeprägt geblieben. Ich habe erkannt, daß sie richtig sind, und ich bin sehr früh gezwungen gewesen, sie in die Tat umzusetzen; denn, kaum aus dem Jugendalter heraus, mußte ich mit so viel Unbill, so vielen Hindernissen, Enttäuschungen, Entbehrungen, Strapazen und Gefahren kämpfen, daß ich nicht weiß, was aus mir geworden wäre, wenn die Gebote von Pater Chirac mir nicht so tief im Sinn gewesen wären." (Übers. A.B.).

247 "Mit Mut, Energie und Ökonomie, heutzutage allzu vergessene Qualitäten, kann ein intelligenter Mensch (Mann) sich immer eine ehrenhafte Position schaffen."

248 Der berühmte Satz von Benjamin Franklin, "Zeit ist Geld", ist als pädagogisches Pendant dieser Selbsteinschätzung zu lesen. Franklins Anleitung zur Tagesplanung und andauernden Selbstvergewisserung anhand eines schriftlich fixierten Tugendkataloges - in Webers Worten Ausdruck einer "methodischen Lebensführung" - ist der praktischen Umsetzung der gewonnenen Einsichten in die Ordnung eines gottgefälligen und zugleich dem Gemeinwohl dienlichen Lebens gewidmet. Sombarts (1988, S.120) Verweis auf Franklins Ausspruch ist im übrigen mit zahlreichen Hinweisen darauf ausgestattet, daß die Prinzipien von Franklins Lehre, gerade der Zusammenhang von Zeit- und Geldeinteilung, schon lange vor ihm in den spätmittelalterlich-italienischen Hausbüchern und Ratgeberschriften ausformuliert waren, siehe bspw. auf S. 113 das Zitat aus dem 15. Jahrhundert aus der Feder Leon Battista Albertis: "Wer keine Zeit zu verlieren weiß, der kann beinahe jede Sache tun; und wer die Zeit gut anzuwenden versteht, der wird bald Herr über jedes beliebiges Tun sein".

Person werden von der Verwaltung, von den Massenmedien und den Nachrichtendiensten besorgt. Selten zieht sich der Geschäftstätige wie noch Benjamin Franklin und Andrew Carnegie zum Schreiben über das eigene Leben aus seiner Geschäftspraxis zurück. Zeichen persönlicher Religiosität werden - wenn überhaupt noch - vor allem im Stiftungs- und Kulturbereich gesetzt. Das Geschäft der Biographie wird von professionellen Schreibern besorgt: von Schriftstellern, Historikern, Journalisten und neuerdings auch von Soziologen.

Die wenigen Unternehmer- und Manager"auto"biographien werden in der Regel von "Geisterhand" (ghost writern) geschrieben, basieren auf tonband-registrierten Erzählungen aus dem Gedächtnis der Protagonisten und anderen Informanten und eben dem Quellenmaterial, das dem Schreiber zuhanden ist und nützlich erscheint.[249] Lebensberichte werden selbst auf Märkten gehandelt, und die schriftlichen Fassungen der Erzählungen werden nicht durch eine antizipierte Öffentlichkeit moralischer Provenienz, sondern durch eine antizipierte *Popularität* strukturiert. Dabei lassen sich immer noch die typischen Motive der klassischen Kaufmannsbiographie wiedererkennen. Die Posten der Lebensbilanz finden sich als *Kapitel* einer vorbildlichen Erfolgsgeschichte wieder. Ihr Bonus, der Gesamterfolg, und der Wunsch, die persönlichen Einsichten in die Gründe des Erfolgs weiterzuvermitteln, legitimieren die Arbeit an der Biographie. Der Erfolg spricht für sich. Die Tugendkataloge haben die Form von Grundsatzprogrammen angenommen, als deren Exemplifizierung die Episoden abgehandelt werden. Zur Illustration seien hier Ausschnitte aus einer jüngeren Erfolgsbiographie angeführt:[250]

"Während ich daran (an der Biographie, A.B.) arbeitete und mein Leben aufs neue durchlebte, dachte ich immer wieder an all die jungen Menschen, denen ich begegne, wenn ich an Universitäten und Handelsschulen spreche. Wenn ihnen dieses Buch ein realistisches Bild der Faszination und Herausforderung der heutigen Großindustrie in Amerika geben kann und eine Idee davon, wofür es sich lohnt zu kämpfen, dann wird sich diese ganze Mühe gelohnt haben."

"Ich brauchte einige Jahre, um ganz zu begreifen, warum ich vor einem Priester eine gute Beichte ablegen mußte, bevor ich zur Kommunion ging, aber als Halbwüchsiger begann ich, die Bedeutung dieses am häufigsten mißverstandenen Ritus der katholischen Kirche zu erfassen. Ich mußte mir meine Verfehlungen gegen meine

---

249 Hansen 1992, S.33.
250 Iacocca und Novak 1985, S.11f., 25 und 416.

Freunde nicht nur eingestehen; ich mußte sie laut aussprechen. In späteren Jahren fühlte ich mich nach der Beichte vollkommen erfrischt. Ich begann sogar an Wochenend-Exerzitien teilzunehmen, bei denen mir Jesuiten in der Gewissenserforschung unter vier Augen halfen, mir über meine Lebensführung klarzuwerden. Die Notwendigkeit, regelmäßig Gut und Böse abzuwägen, erwies sich als die beste Therapie, die ich je hatte."

Die Autobiographie schließt mit einem Bekenntnis ab:

"Ich habe eine glanzvolle Karriere hinter mir, und dieses Land ermöglichte sie. Ich habe die Gelegenheit ergriffen, dennoch war das nicht in neunzig Tagen möglich. Er hat mich fast vierzig Jahre harter Arbeit gekostet.
Die Leute sagen mir: 'Sie sind das Beispiel eines schlagenden Erfolgs. Wie ist Ihnen das gelungen?' Ich kehre zu dem zurück, was meine Eltern mir beigebracht haben. Streng dich an. Versuche, soviel Ausbildung wie möglich zu bekommen, und dann, um Himmels willen, *tu* etwas! Steh nicht herum, werde zum Teil des Geschehens. Es ist nicht einfach, aber wenn Sie hart arbeiten und sich richtig ins Zeug legen, ist es erstaunlich, wie Sie in einer freien Gesellschaft so weit kommen können, wie Sie wollen. Und natürlich sollten Sie für die Segnungen dankbar sein, die Gott Ihnen zuteil werden ließ."

Erfolgreiche Unternehmer und Manager - so Klaus Hansens Befund in seinen Untersuchungen zu amerikanischen "Auto"-Biographien des 20. Jahrhunderts, mit Protagonisten wie Thomas J. Watson Junior (IBM), Lee Iacocca (Ford und Chrysler) und Donald Trump (Luxusarchitektur) - fungieren in ihren Lebensberichten als typische Helden unserer Zeit, die mit allen bekannten Sekundärtugenden - wie Disziplin, Fleiß, Einsatzbereitschaft[251] - ausgestattet sind und sich vom Stereotyp des Normalbürgers nur durch ein besonderes Maß an Menschenkenntnis, Intuition und Willenskraft unterscheiden würden.[252] Die Moral ist die schon aus dem 19. Jahrhundert bekannte Moral der Erfolgsgeschichte: "Mag die moderne Wirklichkeit noch so verwirrend scheinen, besagt diese Botschaft, ist sie im Grunde doch einfach und der Erfolg für jeden greifbar."[253]

---

251 Der moderne Titel für Donato Vellutis "Verfügbarkeit".
252 Hansen 1992, S.7-11.
253 Ebd., S.172. Eine weitere Kostprobe: "Wer in großem Maßstab denkt und plant, muß sein Ziel mit totaler Hingabe verfolgen. Dieses hochgradige Engagement könnte man mit einer Neurose vergleichen, die man voll unter Kontrolle hat. Das Syndrom ist, wie ich feststellen konnte, für viele erfolgreiche Geschäftsleute von heute charakteristisch. Sie sind auf ihre Ziele eingeschworen, hochmotiviert, gelten nicht selten als eingleisig oder sogar besessen, aber sie kanalisieren all diese Eigenschaften im Rahmen

Der schreibende Kaufmann hat sicherlich keine aufsehenerregenden Beiträge zur Erzählstilistik der Autobiographie geleistet.[254] Aber er hat - seine eigene Lebensgeschichte in die Geschäfts- und Familienbücher hineinschreibend - eine synthetisierende Formel geschaffen, die als Topos - wie Weiand in seiner Analyse von Künstler- und Klerikerautobiographien zeigte - nicht nur die schriftlichen Selbstvergewisserungen des Kaufmannstandes strukturiert: die Formel von der Lebensbilanz, die Erfolge und damit *Schicksalsbannung* sichtbar macht, in die Wertvorstellungen projiziert und aus der Lebensmaßstäbe extrahiert werden können. Franklins Tugendkataloge und Planformate können als eine mögliche, recht rigide Anwendung dieses Syntheseprinzips, das auf Schriftlichkeit und Selbstverwaltung basiert, gelesen werden. Stellt man das *Gesamt*zitat, das Weber aus Franklins Schriften heranzieht,[255] in diesen Kontext ein, so wird deutlich, daß das Thema "Geld" für Franklin ein - dem Erwerbstätigen naheliegendes - Hilfsmittel ist, seine Botschaften zu formulieren. Am Sinnspruch "Zeit ist Geld" expliziert er nur die Weisung: "Arbeite!" Franklins Hauptproblem ist jedoch die *Kreditwürdigkeit* des Geschäftsmannes. Erfolg im Geschäftsleben wird von ihm an die Fähigkeit gebunden, das *Vertrauen anderer* in die Erfolgsaussichten der eigenen Geschäftätigkeiten einzuwerben und zu halten. Und hierfür kommt es - wie in der Geschäftsbilanz - nicht auf etwaig "verborgene" Positionen an, sondern im Gegenteil darauf, was man an Erfolgen und Erfolgsaussichten *vorzuweisen* hat.

---

ihrer Arbeit. ... Ich behaupte nicht, daß diese Charaktereigenschaft ein erfüllteres oder besseres Leben garantiert, aber sie ist von ungeahntem Vorteil, wenn man seine Ziele erreichen will." (Trump und Schwartz 1988, S.46).

254 Auch wenn einige der relativ hoch gebildeten Verfasser der italienischen Ricordi diesbezüglich recht bemerkenswerte Ansätze zeigten; man siehe beispielsweise die Personenporträtierungen von Donato Velluti, die lebhaften Abenteuerschilderungen von Bonnaccorso Pitti und die Historiographien von Marcello Alberini.

255 Er zitiert fast zwei Seiten lang, Weber 1991, S.40-42.

5. Der Ausweis wirtschaftlichen Erfolgs/Mißerfolgs: Die Bücher des Kaufmanns und die Ordnung der Geschäftsführung

Bislang wurde vorausgesetzt, daß es Erfolge und Mißerfolge im wirtschaftlichen und speziell im unternehmerischen Handeln einfach "gibt". Auch die biographischen Erzählungen behandeln diese Themen ausführlich, *ohne* näher darzustellen, *wie* Erfolge oder Mißerfolge erfahren werden. Wie sich wirtschaftliche Erfolge und Mißerfolge zeigen, ist den ErzählerInnen und AutorInnen *alltäglich* gegenwärtiges, *zu selbstverständliches* Wissen, als daß es ihnen einer Erläuterung wert erscheint. Die Grundformen dieses Praxiswissens müssen daher in einem eigenständigen Schritt herausgearbeitet werden. Der Aufweis von wirtschaftlichen Erfolgen und Mißerfolgen und damit auch die Behandlung von wirtschaftlichen Risiken bedient sich einer speziellen *Dokumentationstechnik,* die heutzutage zur Propädeutik jeder kaufmännischen Ausbildung gehört und deren Beherrschung oder zumindest Verständnis sehr scharf zwischen wirtschaftlichen Laien und Sachverständigen trennt. Die in diesen Techniken produzierten Wissenselemente sollen im folgenden in ihren Grundzügen rekonstruiert und transparent gemacht werden.

5.1. Die Trennung von Person und Betrieb

Mit der Darstellung dieser Thematik wird zugleich der Zusammenhang von wirtschaftlichem Risiko und Betrieb, von persönlicher Verantwortung und formaler Organisation, berührt, der in der Nachfolge von Marx und Schumpeter die wirtschaftssoziologische Frage nach dem Unternehmer beschäftigt. Seit und mit Schumpeter wird das "Verschwinden des Unternehmers" regelmäßig beklagt und ebenso regelmäßig sein "Auftauchen" wieder begrüßt. Die "black box" - so kann man diese Diskurse zusammenfassen -, in der der Unternehmer abwechselnd verschwindet und wieder erscheint, ist der *Betrieb.* In der Anonymität des Betriebes, vor allem des Großbetriebes, mit all seinen bürokratischen Regulierungen und Verfahren, gäbe es neben dem Streben nach Profit keinen Handlungsspielraum für die Ausbildung persönlicher Interessen am Geschäftsgeschehen, und jede persönliche Verantwortung könne sich nur aus dem Gewinninteresse der Eigentümer ableiten - so der Tenor der Betriebskritiker. Keine Betriebsgründung und kein Betriebsfortbestand ohne risikobereite und verantwortungsbewußte Unternehmer(innen) - so der Gegenruf der Unternehmerapologeten.

Folgt man Marx und Schumpeter - um die wichtigsten Leitautoren des Unternehmer-Diskurses zu nennen -, so bringt sich der unternehmerische Handlungsspielraum mit der *Gründung* eines Unternehmens selbst zum Verschwinden - nach Marx im Zwang zur Profitmaximierung, nach Schumpeter im Netzwerk der Routinen und Verfahren, das in der Geschichte einer formalen Organisation aufgebaut wird. Aber selbst wenn man beide Perspektiven zusammenfaßt, sie zum Beispiel "dialektisch" verschränkt, so bleibt doch das Problem offen, wie der *Zusammenhang* von wirtschaftlichem Risiko und Betrieb, von formaler Organisation und persönlicher Verantwortung gesehen werden kann. Wirtschaftliches Risiko und der Umgang mit ihm sind ja *nicht* auf den Gründungsakt beschränkt - wie wichtig letzterer für die *Geschichte* einer Unternehmung auch sein mag. Die Zukunft eines Betriebes ist nicht bloß im Moment seiner Gründung offen - die Frage *künftiger* Erfolge und Mißerfolge bleibt auch im laufenden Betrieb von entscheidender Bedeutung.

Und so muß auch die Sorge um den Unterschied von Erfolg und Mißerfolg in einem bestehenden Betrieb personal zugerechnet werden. Irgend jemand muß - selbst wenn der Gründer längst gestorben ist - gefunden werden, der sich im Rahmen des Bestehenden für dieses Risiko interessiert, sich in seinen Handlungen an ihm orientiert, für die Folgen seines Handelns einsteht und auch die mit den Erfolgen und Mißerfolgen verknüpften biographischen Konsequenzen zu tragen bereit ist. Andernfalls stellt sich der Betrieb schlicht ein. Ob sich dieser Jemand zum Unternehmer "berufen", also ethisch verpflichtet fühlt, oder ob diesem Jemand solch ein Engagement aus ganz anderen Gründen interessant erscheint (sei es, daß er reich werden will, daß ihn technische Dinge interessieren, ihn der Nervenkitzel, eine "Lust an der Macht" oder der Umgang mit Leuten reizt, oder welche Motive heutzutage auch immer sonst mobilisierbar sein mögen) ist sekundär und kann aus betrieblicher Sicht dem moralischen Urteil der Zeitgenossen überlassen bleiben, solange der Erfolg für ihn spricht, und er nicht von einer Geschichte der Mißerfolge aus seiner Stellung getragen wird.

Offenkundig wird in der modernen Wirtschaft zwischen Betrieb und Person unterschieden. Entscheidungen darüber, ob man kauft oder verkauft, werden allenfalls noch peripher und modalisierend an das moralische Ansehen der Person des Verkäufers oder des Käufers gebunden. Und auch die innerbetrieblichen Beziehungen sind mehr über Personalselektion und aus ihr resultierenden Delegationsverhältnissen als über moralischen Status reguliert. So wird in entsprechend großen Betrieben auch nicht die Verantwortung für Erfolg und

Mißerfolg auf eine einzelne Person zugerechnet - außer in jenen Ex-post-Rekonstruktionen, in denen man zwecks Belobigung oder Degradierung einen Ursachen-Wirkungszusammenhang herstellen muß, in dem sich die Handlungen und Entscheidungen eines Einzelnen aus allen anderen Begleitumständen hervorheben. *Fraglich ist, auf welche Art und Weise Betrieb und Person so auseinandergehalten werden, daß sich dennoch persönliche Interessen an einer Verantwortung für betriebliche Erfolge und Mißerfolge ausbilden können.* Die größten Verständnisprobleme ergeben sich in diesem Zusammenhang daraus, daß man als Antwort auf diese Frage immer noch - für den Großbetrieb zumeist sehr komplizierte - Ableitungen aus dem Eigentumsbegriff bemüht. Über solche Konstrukte bleibt es schwer zu verstehen, wie im Zeitalter der Besitzstreuung über Geschäftsanteile, Aktien, Aktienfonds usw. die Interessen von "Eigentümern", die "ihren" Betrieb selten oder nie[256] zu Gesicht bekommen, das Handeln von Betriebsverantwortlichen beeinflussen oder gar "kontrollieren" sollten.

Die Geschichte der black box "Betrieb" wird seit Adam Smith zumeist als eine Geschichte der Arbeitsteilung gelesen. Wissenssoziologisch ist im Hinblick auf die Fragen nach der Trennung von Betrieb und Person sowie nach dem Zusammenhang von wirtschaftlichem Risiko und persönlicher Verantwortung jedoch an einem anderen Punkt anzusetzen: an jenen Objektivationsverfahren, mit deren Hilfe die *Trennung* von Betrieb und Privateigentum vollzogen wird, und die es ermöglichen, den Verlauf der zu einem Betrieb zusammengefaßten Geschäftätigkeiten unabhängig von Eigentumsfragen *auszuweisen.* Den Detaildarstellungen vorgreifend kann man sagen, daß die Institution des Betriebes - als einer sachlich-zeitlich übergreifenden Einheit von Geschäftsvorgängen - gerade mit der *Anweisung* an den Kaufmann beginnt, *sich das eigene Geschäft als ein von ihm unabhängiges Gegenüber vorzustellen.* "Stelle Dir ... vor, daß dieser Laden eine *Person* sei, die Dein Schuldner über soviel wird, als Du ihm gibst ... Mache dagegen den Laden zu Deinem Gläubiger für alles, was Du von ihm herausziehst", ist in dem wohl einflußreichsten Buch der spätmittelalterlichen Handelslehre zu lesen.[257]

Unter dem Regime jener Dokumentations- und Rechentechniken, die aus dieser Anweisung aus dem Jahre 1494 abgeleitet sind, *kann jedes Geschäft unabhängig von den geschäftsführenden Personen und Gremien als "Schuldner" und*

---

256 Anteilseigner von verwalteten Fonds wissen noch nicht einmal, von welchen Betrieben sie etwas "besitzen".
257 Pacioli 1494, S.128f., Herv. A.B.

"Gläubiger" begriffen werden, dem eine "Grundsumme" (das mittellateinische Wort hierfür: "capitale") an Vermögenswerten zur Durchführung der Geschäfte (von wem auch immer) überlassen ist. Und sofern der Gesamtwert dieser Grundsumme laufend nachgeführt wird, kann zu jedem Zeitpunkt ausgewiesen werden, ob er sich erhöht oder vermindert hat, ob die Geschäfte erfolgreich oder erfolglos durchgeführt wurden. Die wirtschaftlichen Risiken einer Unternehmung finden in solchen Ausweisen ihren objektiven Niederschlag. Auf diesen Grundlagen kann über "gute" und "schlechte" Bewirtschaftung der Vermögenswerte befunden und Verantwortung zugewiesen werden - gleichviel, ob die verantwortlichen Personen Kaufleute, Unternehmer oder Manager genannt werden.[258]

In dieser Perspektive, in der Perspektive des Wissens um wirtschaftliche Risiken, liest sich die Geschichte der Industrialisierung und der Arbeitsteilung anders als eine Geschichte von Eigentum, Herrschaft und Kontrolle. Im historischen, kulturellen und nationalen Vergleich ist dann vor allem beachtlich, welche *unterschiedlichen Objekte* zur Vermögensbewirtschaftung *zugelassen* und von unternehmerischen Interessen *wahrgenommen* wurden beziehungsweise werden. Der größte Skandal des Industrialismus - die Vertreibung der englischen Landbevölkerung im 18. Jahrhundert - hatte seine *wirtschaftlichen* Gründe darin, daß *Landbesitz* aus den feudal-patriarchalischen Treue- und Fürsorgeverpflichtungen entbunden und seine "Kapitalisierung" erlaubt wurde.[259] Die Eigner konnten Acker- in Weideland umwandeln, in Schafzucht und Baumwollindustrie investieren. Der Wert der Ländereien wurde fortan von den Preisen bestimmt, die auf den Wollmärkten erzielt werden konnten.

Unternehmerische Trajektories - so wurde in Kapitel 3 dargelegt - schaffen nicht nur materielle Werte, sie verbrauchen sie auch. Was an Vermögenswerten in dem einem Trajektorie beansprucht wird, kann in keinem anderen und auch nicht für Konsumzwecke verwendet werden. Im Einsatz solcher Mittel - seien es betriebseigene, seien es geliehene Mittel - ist jeder Betrieb dem Risiko ausgesetzt, daß sie ihren Wert nicht erhöhen oder gar an Wert verlieren könnten. Durch den Einsatz

---

258 "Bookkeeping and accounting, as means of writing down transactions and comparing them with expectations, obligations, and promises, become very useful instruments for placing people in failure and success and consequently for discipling, pressuring, and stressing them in a way impossible outside the 'cool' medium of writing. Any accounting used as a means of reporting, and checked by auditing, is an instrument that allows decisions to be taken in view of the reported data and to be presented as standard operational consequences of those data when compared with criteria written down elsewhere." (Baecker 1992a, S.162f.)

259 Polanyi 1990, S.60-65, 132f.

der Dokumentationsmethoden - um sie beim Namen zu nennen: der doppelten Buchführung und ihr angelagerter Verfahren - wird der laufende Betrieb an dem Vermögenswert orientiert, der in Büchern nachgeführt und durch den Betrieb *repräsentiert* wird; und erst dies macht es möglich, Betriebsanteile oder gar ganze Betriebe zu verkaufen und zu kaufen, Kreditsummen einzuwerben und zu gewähren usw. Diese Orientierung legt den Betrieb zunächst einmal auf Vermögenserhalt und - je nach den Erwartungen der Eigner und Gläubiger - gegebenenfalls auch auf Vermögensmehrung fest. Soweit kann man Marx' Analysen folgen. Doch welche Folgen hat dieser Erwartungsrahmen für die Geschäftsführung? Sind Geschäftsführende wirklich - wie Marx meinte - darauf festgelegt, ihre Betriebe allein auf Konkurrenz zu anderen Betrieben auf denselben Märkten einzustellen, so daß die Möglichkeiten zur Vermögensmehrung schließlich gegen Null oder sogar ins Negative tendieren? An dieser Stelle ist Schumpeter gegen Marx ins Feld zu führen.

Unternehmungen - so wurde ebenfalls schon gesagt - testen das wirtschaftlich Mögliche. Sie setzen bestimmte Werte ein, um andere und der Erwartung nach höhere Werte zu realisieren. Ob dies gelingt, können weder die Eigner noch die Geschäftsführer vorab bestimmen. Dies entscheidet die Realität der Wirtschaft, sprich: die Bereitschaft von Käufern, für die von der Unternehmung bereitgestellten Werte Zahlungen zu leisten und selber auf Anderes zu verzichten, das sie mit den entsprechenden Geldmitteln realisieren könnten. Jeder projektierte und jeder laufende Betrieb ist eine Hypothese auf diese Realität und selber die Bedingung dafür, daß diese Realität überhaupt getestet werden kann. Marx' "Gesetz" vom tendenziellen Fall der Profitrate hatte - historisch gesehen - die *Möglichkeiten der Erweiterung* der wirtschaftlichen Realitäten unterschätzt. Die "Grundsumme", das Kapital des Betriebes repräsentiert das Risiko des Scheiterns, und der Geschäftsführung ist die Aufgabe auferlegt, die Bedingungen für einen erfolgreichen Betriebsverlauf zu realisieren und für die sich einstellenden Erfolge und Mißerfolge auch die Verantwortung zu tragen. Pointiert kann man sagen, Geschäftseigentum und Geschäftsführung verhalten sich zueinander wie Wunsch und Wirklichkeit: Während die Eigner, die Anderen Vermögenswerte zur Bewirtschaftung überlassen, eine Mehrung wünschen und ihre Sorgen über die Wege der Mehrung delegieren, müssen sich jene, denen diese Sorge delegiert wurde, am Machbaren orientieren und dessen Möglichkeiten ausprobieren.

Und genau hierin eröffnet sich einem Geschäftsführenden ein Handlungsfeld, in dem er *persönliche Interessen* entwickeln und ausbilden kann; zwar stets in Rücksichtnahme auf die ihm auferlegten Relevanzen, aber doch in Rekurs auf Erfahrungen, Wissen und Fertigkeiten, deren besondere Konkretion er im jeweiligen Geschäftskontext als individuelle Person zur Geltung bringen kann. Nur soweit er durch seine Person und damit in seinen Handlungen die Aussicht auf künftige Erfolge verkörpern kann, kann er damit rechnen, von anderen Vertrauen, Autorität, Einfluß und auch Macht zuerkannt zu bekommen. Und umgekehrt beschränken seine Erfahrungen im Umgang mit den wirtschaftlichen Risiken einer Unternehmung diese persönlichen Attribute: in dem Maße, in dem er in der Geschichte seiner Geschäftätigkeit Mißerfolge ausweisen und vertreten muß, muß er in den genannten Dimensionen mit Degradierungen rechnen. Eigentum und Unternehmerschaft sind mithin mögliche, aber keineswegs notwendige personale Verbindungen. Eigentümer können unternehmerische Handlungsprobleme ebenso delegieren, wie sich Delegierte diese Probleme aneignen und sich mit ihnen persönlich identifizieren können.[260]

Aber *daß* sie ihre eigenen Interessen unter Rücksicht auf die in die Unternehmung involvierten Vermögenswerte verfolgen, liegt im Interesse *aller*, die Einkommensansprüche am Betrieb erworben haben, also *nicht* nur der Eigentümer und Kreditgeber (der "Kapitalisten"), sondern auch aller Angestellten, die sich vertraglich zur Mitarbeit verpflichtet haben und dafür regelmäßige Lohnauszahlungen erwarten dürfen. In diesem Sinne sind Unternehmerinteressen doppelt delegierte Interessen: delegiert (und entsprechend: kontrolliert) von den Finanziers *und* von der Mitarbeiterschaft eines Betriebs. In diesem Schnittfeld hat sich die Suche nach wirtschaftlichen Risiken, nach Chancen wirtschaftlicher Rentabilität einzurichten. Und die Erfahrungen, die hier angesammelt werden, erzeugen ein Wissen, das weder den Eigentümern noch den Angestellten geläufig und völlig durchschaubar ist.[261]

---

260 Die Rede vom "Privat"-Eigentum ist im Kontext von Geschäftswerten ohnehin etwas mißverständlich: Die Werte, die einmal in das Inventar von Geschäftsbetrieben eingestellt wurden, lassen sich von niemandem so ohne Weiteres für "private", etwa für Konsumzwecke entnehmen. Sie können allenfalls, bestimmte Rechtskonstruktionen vorausgesetzt, von "Privaten" dazu benutzt werden, Einfluß auf die Geschäftsführung auszuüben. Drastischer formuliert dies Luhmann (1989, S.56): "(D)ie Privatwirtschaft ist seit langem abgeschafft." In der für ihn typischen, paradoxieentfaltenden Manier begründet Luhmann diese These mit dem Verweis auf die Profitorientierung, über die die moderne Geldwirtschaft gesteuert würde: "Man zahlt, um die eigenen Möglichkeiten des Zahlens wieder aufzufrischen", und gerade dadurch würde das Wirtschaftssystem "im Produktionsbereich von den 'privaten' Motiven und Wertschätzungen (der Kapitaleigner und Betriebsleiter, A.B.) unabhängig".

261 "Noch nie konzentrierte sich so viel Entscheidungsmacht in einem so hohen Maße bis fast zum Verschwinden kleingearbeitet in einer ebenso unbekannten Einrichtung wie dem Management, das ebenso offenkundig und ebenso erfolgreich ein Wissen über ein Nicht-Wissen verwaltet und ausbeutet wie in der oralen Gesellschaft die Priester und in der literalen Gesellschaft die Schriftgelehrten." (Baecker 1993,

Die Herrschafts- und Legitimationsprobleme, die mit unternehmerischem Handeln verbunden sind, finden in diesem Wissen ihren "Grund" und auch ihre Grenzen.

5.2. *Die doppelte Buchführung: Das Register vom Auf und Ab im Geschäftsgeschehen*

Die wirtschafts*soziologische* Bedeutung der *doppelten* Buchführung - jener wahrscheinlich genuesischen Erfindung des 13. Jahrhunderts - hat erstmals Werner Sombart hervorgehoben, allerdings in der ihn kennzeichnenden leicht enthusiastischen Art. Er bezeichnete die doppelte Buchführung als jene Schreibtechnik, ohne die die Kategorie des Kapitals und damit eine der begrifflichen Grundlagen heutigen Wirtschaftens "nicht in der Welt" wäre.[262] Die doppelte Buchführung macht Bestimmtes sichtbar, einsehbar und damit kommunikationsfähig. Sie dokumentiert Einzelvorgänge und erzeugt durch ihre interne Systematik und Regulierung Dokumente, die für moderne Betriebe unerläßlich sind. Unter anderem ermöglicht sie - worauf auch Max Weber in seinen Analysen zur modernen Wirtschaft abstellt - die Trennung von Haushalt und Betrieb.[263] Dies wird vor allem deutlich, wenn man sie mit dem *Aufbau* und den *Verwendungszwecken* der einfacheren Dokumentationstechniken *vergleicht*. Für viele Kaufleute und Händler der spätmittelalterlichen und der folgenden Epochen kann der praktische Zweck ihrer Notizen - abgesehen vom (selten gegebenen) Nutzen als Beweismittel - nur in der Funktion einer Gedächtnisstütze gesehen werden; sie mußten die Einträge mit Hilfe ihrer Erinnerungen und gegebenenfalls im Abgleich mit anderen Dokumenten

---

S.13).

262 "Mit dieser Betrachtungsweise wird der Begriff des Kapitals überhaupt erst geschaffen. Man kann also sagen, daß vor der doppelten Buchführung die Kategorie des Kapitals nicht in der Welt war, und daß sie ohne sie nicht da sein würde. Man kann Kapital gerdezu definieren als das mit der doppelten Buchführung erfaßte Erwerbsvermögen." (Sombart 1917, S.120) Zur ökonomischen Kritik an dieser Definition siehe Schneider 1987, 103f. Um einen Eindruck der Begeisterung zu vermitteln, die Sombart der anscheinend so spröden Registriertätigkeit in doppelter Buchführung entgegenbrachte: "Man kann schlechthin Kapitalismus ohne doppelte Buchhaltung nicht denken: sie verhalten sich wie Form und Inhalt zueinander. ... Die doppelte Buchhaltung ist aus demselben Geiste geboren wie die Systeme Galileis und Newtons, wie die Lehren der modernen Physik und Chemie. ... Die doppelte Buchhaltung ruht auf dem folgerichtig durchgeführten Grundgedanken, alle Erscheinungen nur als Quantitäten zu erfassen. ... Und wird schon - ich möchte sagen - ein rein ästhetischer Bewertung in der Tat die doppelte Buchhaltung nicht ohne Staunen und Bewunderung betrachten können als eines der kunstvollsten Gebilde des wunderreichen Gestaltungsvermögens der europäischen Menschheit." (Sombart 1917, S.118f.) Daß sich - den Enthusiasmus einmal abgezogen - die Vergleiche zu den naturwissenschaftlichen Systemen philosophisch durchaus halten lassen, zeigt Piguet 1972. Unter anderem vermerkt er: "(T)oute comptabilité reproduit en gros le procès habituel des sciences de la nature et de la méthode expérimentale: observer et recueillir des faits (le 'journal'), en tirer une loi globale interprétative soumise au calcul (le 'bilan'), et, à partir de là, mettre à l'épreuve le système obtenu en l'affrontant à des faits nouveaus grâce à des prévisions (le 'budget')." (S.70).

263 Weber 1958, S.198ff.

(zum Beispiel Verträge) entziffern. Auf den Erinnerungszweck verweist auch der Name für das Tagesprotokollarium, "Memorial", was soviel wie "Gedächtnis" heißt. Ein Beispiel soll dies illustrieren.

Vinzenz Bartlome versuchte, die Rechnungsbücher des Schweizers Hans von Herblingen (1360-1438), ein für seine Zeit und Region überdurchschnittlich engagierter und wohlhabender Wirt und Kaufmann, als Quelle zur Wirtschaftsgeschichte nutzbar zu machen. Dabei stellte er fest:

"Eine erste Durchsicht der beiden Rechnungsbücher des Hans von Herblingen hinterlässt zunächst einen verwirrenden Eindruck. In der Anordnung der einzelnen Einträge lässt sich kaum eine sinnvolle sachliche und zeitliche Anordnung erkennen. Sicherlich verfügte Hans von Herblingen nur über bescheidene buchhalterische Kenntnisse; wir dürfen also auch keine ausgefeilte, systematische Rechnungsführung erwarten. Wenn aber die Rechnungsbücher heute so unübersichtlich sind, dann rührt dies jedoch auch vor allem daher, dass die Einträge - je länger das jeweilige Rechnungsbuch in Gebrauch stand - immer mehr alle noch freien Stellen überwucherten."[264]

Erst bei näherem Hinsehen zeigt sich, daß Herblingen versucht hat, die Einträge nach regionaler Herkunft seiner Schuldner und Gläubiger zu ordnen, und wegen der sachlichen und zeitlichen Zusammenhänge der Geschäfte und der wachsenden Zahl der Einträge in immer größere Zuordnungsproblem geraten ist, was die "wucherartige" Gestalt der Einträge erklärt. Das Beispiel des Hans von Herblingen zeigt, daß die kaufmännische Notationspraxis in der Regel weit entfernt von einer idealen Aufzeichnungsordnung war. Zu sehen sind vielmehr mit Namen, Tagesdaten, Zahlen und Kurzbeschreibungen angefüllte Seiten, deren Aneinanderreihung trotz Heftungen und Bindung eher einer "Loseblattsammlung" oder einem "Zettelkasten" als einem "Buch" gleichen. Nicht einmal die Chronologie der registrierten Ereignisse kann an der Abfolge der Einträge sicher abgelesen werden. Oft war das Papier knapp, man schrieb auf, wo man auf einer Seite noch Platz fand und versuchte, spätere Eintragungen zum selben Geschäftsvorgang (Beispiel: Weiterverkauf einer Ware) oder zu Geschäften mit dem selben Partner (zum Beispiel: Begleichung einer Schuld) in der Nachbarschaft der Ersteintragung zu plazieren. Weit entfernt von den strengen Regeln einer "ordentlichen Buch*führung*", zeigen viele Dokumente aus den Archiven von Wirtschafts- und Sozialhistorikern eher eine "Zettelwirtschaft", die die Rekonstruktion von Zusammenhängen und Vermögensbewegungen äußerst erschweren oder gar völlig ausschließen.

---

264 Bartlome 1988, S.26f.

Dementsprechend war die Leistungsfähigkeit des einfachen Memorials für die Erinnerungsarbeiten, die in der Abwicklung von *Fern- und Großhandels*geschäften anfallen, nur sehr ungenügend. Schon ein einziges Fernhandelsgeschäft beansprucht lange Zeiträume, involviert viele Geschäfts- und Tauschpartner und integriert zahlreiche (sic!) Tausch- und Zahlungsvorgänge. Nicht nur die Abwicklung, sondern auch die Notation von regionenüberschreitenden Geschäften wurde darüber hinaus durch die Vielzahl unterschiedlicher Maße, Gewichte und Währungen erschwert, die in den verschiedenen Herrschaftsgebieten gültig waren. Die Lehre von den Maßen, Gewichten und Währungen und den Umrechnungsverfahren war in den frühen kaufmännischen Ratgeberschriften zentral. Ein Lehrbeispiel aus solch einer Schrift zeigt, wie komplex die buchhalterische Abbildung eines einzigen Tausch-Zahlungsgeschäftes auch schon in der damaligen Zeit sein konnte; wobei in diesem Beispiel noch nicht einmal Maß- oder Währungsumrechnungen, sondern allein eine Mischung verschiedener Zahlungsweisen vorkommt.

"Da wir jetzt beim Kaufen angekommen sind, so merke, daß Du gewöhnlich auf neun Arten kaufen kannst, nämlich gegen Kasse (Bargeld, A.B.), oder gegen Ziel (Zahlungstermin, A.B.), oder gegen Ware, was man gewöhnlich Tausch nennt, oder teils gegen Kasse und teils gegen Ziel, oder teils gegen Kasse und teils gegen Ware, oder teils gegen Waren und teils gegen Ziel, oder gegen Anweisung einer Bürgschaft, oder teils gegen Bürgschaft und teils gegen Ziel, oder teils gegen Bürgschaft und teils gegen Waren. Auf eine dieser neun Arten pflegt man meistens zu kaufen. Und wenn Du in anderer Weise, die jener entspricht, kaufen würdest, so sorge, daß Du und die anderen für Dich es in das Memorial genau und wahrheitsgemäß eintragen, dann wirst Du gut handeln."[265]

In den Schreibkammern, in den "cameri di scrivere" der norditalienischen Handelsstädte des 13. und 14. Jahrhunderts - der genaue Ursprung läßt sich nicht feststellen, man vermutet ihn irgendwo in Genua - wird eine Dokumentationstechnik entwickelt, die sich bald als den Belangen der Groß- und Fernhandelskaufleute sehr dienlich herausstellen sollte, so daß sie in allen übrigen Handelszentren kopiert und weiterentwickelt wird. Aber die *Möglichkeit* dieser Erfindung war keineswegs rein wirtschaftlich bedingt. Sie entstammt einem Milieu, das den Kulturtechniken Lesen, Schreiben und Rechnen in vielen Lebensbereichen eine bis dahin unbekannte Rolle zuweist. Bekannt ist die Bedeutung der fraglichen Epoche für die Entwicklung von Architektur, Kunst und Literatur, deren Werke Renaissance und frühe

---

265 Pacioli 1494, S.101f.

Neuzeit prägten. Weniger beachtet wird hingegen der Einfluß von Numerik und Mathematik auf die Artefakte und die Symbolik jener Zeit.[266]

5.2.1. Numerik oder Die Popularisierung einer Geheimwissenschaft

Rechnen war vor dieser Zeit fast eine Geheimwissenschaft. Erst die Übernahme des indischen Ziffernsystems ermöglichte die Popularisierung und allgemeine Verbreitung dieser Kulturtechnik. Wirklich populär wird dieses Wissen in Europa jedoch erst nach der Französischen Revolution durch Einführung der allgemeinen Schulpflicht. Der erste Einbruch in das klerikale Arkanum der Bildung wurde lange zuvor von der Kaufmannsschicht protegiert. Es waren Fernhändler, ihre Gehilfen und Begleiter, die Papier (billiger, transportfähiger, haltbarer Schreibuntergrund) und die indisch-arabische Numerik nach Europa, hier vor allem nach Norditalien, brachten und seit dem 13. Jahrhundert für die Errichtung weltlich orientierter Ausbildungsstätten sorgten. Die kaufmännisch-bürgerliche Aneignung von Schreiben, Lesen und Rechnen verlief keineswegs ohne Widerstand der Gralshüter. So bot beispielsweise gerade die Leistungsstärke des neuen Begriffes und seines Zeichens, der Null, den Anlaß für viele Verbote der indisch-arabischen Methoden. Die Null, die vieles so einfach machte, wo ehedem komplexes Sonderwissen gefragt war, wurde als ein Werk des Teufels verfemt. So bedurfte es der bürgerlichen Revolution, um den bürgerlichen Methoden endgültig ihre Fragwürdigkeit zu nehmen.[267]

Die indische Notationstechnik hat gegenüber der römischen zwei entscheidende Vorteile, die nicht nur die Leistungsfähigkeit der Arithmetik steigern, sondern ihre Aneignung und ihre alltägliche Anwendung erheblich erleichtern und beschleunigen. Gemeint sind hier das Positionssystem und das Zeichen für Null, also "0" - jenes Zeichen, das anzeigt, daß "Nichts" da ist.[268] Man kann mit den römischen

---

266 Siehe jedoch Baxandall 1972, der u.a. den Einfluß von Intervall- und Proportionswahrnehmung der in Geometrie geübten Beobachter auf die Kunstentwicklung im 15. Jahrhundert herausarbeitet. Man kann vielleicht stellvertretend an Leonardo da Vincis Aufzeichnungen und Entwürfe erinnern, um die damalige Bedeutung von Arithmetik und Geometrie zu vergegenwärtigen. Da Vinci entwarf seine Objekte nach den Proportionen ihrer Teile. Geschäftsleute, die in dieser objektivierenden Wahrnehmungsweise ausgebildet waren, gehörten zu den engagiertesten Förderern der neuen Künste und der Renaissance der antiken Kultur (Le Goff 1993, S.97-122).

267 Ifrah, 1992, S.227-234.

268 Für die Fortschritte in Rechnen und Mathematik war nicht das Dezimalsystem ausschlaggebend, dies liegt ja auch der römischen Zählweise zugrunde. Die Experten sind sich im Detail nicht ganz einig, aber es scheint, als ob rein verfahrenstechnisch etwa die Basis Zwölf der Zehn mindestens ebenbürtig, wenn nicht gar überlegen wäre. Zum Positionsstellensystem auch Weber 1958, S.198ff.

Zahlen kaum oder nur mit großen Komplikationen schriftlich rechnen. Man war auf den Umweg der Übersetzung in die Kügelchen des Abakus angewiesen, denn der hatte ein Stellensystem, das das Aufsteigen der Zehnerpotenzen anzeigte und damit das Addieren und Subtrahieren (um von Multiplikation und Division ganz zu schweigen) in Einzelvorgänge auflösen konnte, bei denen der Anwender lediglich den Überblick im Bereich von Eins bis Zehn beziehungsweise von Null bis Neun behalten muß. Anders gesagt: Solange mit Zeichenketten wie "XXIX" anstatt "29" gerechnet wurde, mußte der Anwender während der Gesamtrechnung jede Einzelzahl selbst im Kopf berechnen - X für Zehn plus X für Zehn gleich Zwanzig, plus die um Eins dezimierte Zehn macht Neunundzwanzig - und auf die Daten seines Hilfsmittels, des Abakus, übertragen (neun Kügelchen in der ersten, zwei in der zweiten Reihe von rechts).[269] Die "29" steht nicht nur wie "XXIX" für den Begriff Neunundzwanzig (die Wortgebung für die Zahlen wurde durch das indische Notationssystem ja nicht verändert), *sie enthält auch unmittelbar die Abzählanweisung* für die Kugeln auf dem Rechenbrett: neun in die erste, zwei in die zweite Reihe von rechts. Das heute verbreitete *schriftliche* Rechnen, das - ursprünglich mit Sand und Stöckchen - außer einer Schreibunterlage und einem Penetrationsgerät (Stock für Sand, Tinte für Papier, Kreide für die Tafel, Signalgeber für elektronische Speichermedien usw.) keinerlei weitere Hilfsmittel braucht, ist mit den römischen Ziffern gar nicht möglich. Das berühmte "Rechnen nach Adam Riese" ist - so der Titel seines Lehrwerkes auf der Ausgabe von 1533 - die "Rechnung auff der Linihen und Federn/ Auff allerley handthirung gemacht/ durch Adam Risen".[270]

Ein wichtiger Effekt der Umstellung vom Rechenbrett auf das Rechnen mit Papier und Stift (oder anderen bleibenden Materialpenetrationen) ist auch, daß jeder Rechenvorgang dauerhaft erhalten bleibt, daß der Anwender selbst oder / und Zweite und Dritte, die das Material in die Hand und vor Augen bekommen, die Rechenschritte einzeln zurückverfolgen und auf ihre Richtigkeit und Vollständigkeit prüfen können. Der Aspekt der *Überprüfbarkeit* von Rechnungen ist in der Entwicklung der heutigen Buchführung ganz zentral. Das moderne Wirtschaftsrecht, das sich erst seit dem 18. Jahrhundert entwickelt und zu Beginn unseres Jahrhunderts die heute bekannten Formen ausgebildet hat, stützt sich ganz zentral auf die "ordentliche Buchhaltung" des Kaufmanns. So findet man etwa im

---

269 Fortentwickeltere Rechenbretter brauchten für die Darstellung der Neun weniger Kugeln, da sie durch eine vertikale Reihe nochmals in der Mitte getrennt waren. Das beschleunigte das Schieben, verkomplizierte aber nochmals die Anwendungsregeln.
270 Pausch 1982, S.55.

bundesdeutschen Handelsgesetzbuch unter dem Abschnitt "Vorschriften für alle Kaufleute" als *ersten* Satz: "Jeder Kaufmann ist verpflichtet, Bücher zu führen und in diesen seine Handelsgeschäfte und die Lage seines Vermögens nach den Grundsätzen ordnungsmäßiger Buchführung ersichtlich zu machen." Und weiter: "Die Buchführung muß so beschaffen sein, daß sie einem sachverständigen Dritten innerhalb angemessener Zeit einen Überblick über die Geschäftsvorfälle und über die Lage des Unternehmens vermitteln kann. Die Geschäftsvorfälle müssen sich in ihrer Entstehung und Abwicklung verfolgen lassen." (Handelsgesetzbuch § 238, Abs.1)[271]

So verweisen - vermittelt durch eine "ordentliche Buchführung" - auch "unbedeutende" beziehungsweise unscheinbare wirtschaftliche Handlungen immer auf den Doppelkontext von Wirtschaft und Recht. Wer für 50 Pfennig ein Brötchen erwirbt, schließt mit dem Verkäufer beziehungsweise mit der Firma, die er repräsentiert, einen Kaufvertrag im Sinne des BGB ab. Bei werthöheren Tauschobjekten heißt es explizit in den Vertragsbedingungen: Die Ware bleibt bis zur vollständigen Zahlung im Besitz des Verkäufers. Die Notiz, die den Wechsel von Brötchen und 50 Pfennig registriert, wird heutzutage vermittels einer Tastatur von der Registrier- oder auch der Computerkasse erstellt. Über die Abendabrechnung gelangt der Tauschvorgang - auf seinen Geldwert hin verdünnt und mit allen anderen Tagesverkäufen summiert - schließlich in den Buchhaltungsapparat der Firma, die den Bäckerladen betreibt - und deren Repräsentanten zur Bezahlung der Angestellten, der Lieferanten und der Kreditgeber in die Pflicht genommen sind. Mit diesen Umständen muß ein Unternehmer rechnen, der einen Bäckerladen eröffnen oder irgendein anderes Geschäftsprojekt angehen will. Auf Umstände dieser Art rekurriert die unternehmerische Verantwortung. Legt sich jemand auf einen Geschäftsplan fest - zum Beispiel, indem er Kredite aufnimmt und / oder Bau- und Einrichtungsverträge abschließt und Angestellte einwirbt -, dann muß er darauf setzen, daß in die Kassen und Konten seiner Firma über die Zeit hinweg mehr Geldmittel ein- als abfließen. Zumindest er selbst muß von der Kreditwürdigkeit seines Vorhabens überzeugt sein; braucht er für die Durchführung auch fremde Finanzmittel, muß er auch die avisierten Kreditgeber (Teilhaber, Aktionäre, Lieferanten, Banken) von der Kreditwürdigkeit überzeugen. Kredit kommt von credere, dem lateinischen Wort für glauben.

---

271 Schon eine Firmen*gründung* ist ohne eine Inventarisierung des Geschäftsvermögens rechtlich gar nicht möglich (§ 240 HGB).

In diesem Zusammenhang ist die Bedeutung des Zeichens für Nichts, die "0", nicht so sehr in der Vereinfachung der Rechenverfahren zu sehen. Diesbezüglich erhöht dieses Zeichen "nur" die Präzision der Abwicklung und der Dokumentation. Theoretisch - aber in der modernen Ausbildung des Rechenwesens eben bloß theoretisch - könnte die Null auch durch eine Leerstelle, durch ein Freilassen der betreffenden Positionsstelle ersetzt werden, also beispielsweise "1 " statt "10". So wurde zunächst auch in Indien gerechnet. Der entscheidende Nachteil war, daß Leerstellen eben leicht zu übersehen und / oder durch ungenaue Notation gar nicht von einem leeren Raum auf der Unterlage zu unterscheiden sind. In der Prüfung von Dokumenten, wenn es um Verträge, Testamente und dgl. geht, konnte es zum Streit darüber kommen, ob der Schreiber tatsächlich Platz für die Leerstellen gelassen hat oder ob "nur so" Raum zwischen den anderen Zeichen entstanden ist.

Viel entscheidender ist aber, daß der *Begriff* der Null die Voraussetzung für viele Weiterentwicklungen in der Arithmetik bildete. Und erst die Einführung einer Bezeichnung und eines Zeichens kann eine Begriffsbildung stabilisieren. Die Funktion der Null wird hier deshalb hervorgehoben, weil sie gerade jene wirtschaftspraktische Dokumentionstechnik regiert, von der noch eingehender die Rede sein wird. Die doppelte Buchführung ist dezidiert auf den Ausgleich aller Konten gerichtet: Soll minus Haben gleich Null ist ihre Grundgleichung, aus der alle anderen Operationen abzuleiten sind. Und wie noch zu zeigen sein wird: Genau diese Null der Bilanzgleichung macht die buchhalterische Trennung von Betrieb und Haushalt möglich. Mit ihrer Hilfe kann der gesamte Vermögensbestand, der einem Betrieb rechtlich zugeordnet ist, *rechnerisch* auf alle beteiligten Kreditgeber und Eigentümer aufgeteilt werden. Und nur so kann umgekehrt der Betrieb als eine in sich geschlossene Rechen- und Rechtseinheit wertmäßig appräsentiert werden.

Diese - vielleicht ein wenig hartnäckig anmutenden - Hinweise auf die Registrier- und Rechentätigkeit, die mit unternehmerischem Handeln verbunden sind, kontrastieren wohl recht scharf mit jenen Erzählungen, die die "Intuition" und den "Mut" zu den hervorragenden Charaktereigenschaften unternehmerischer Persönlichkeiten stilisieren. Das krämerhafte Notieren, Eintragen, Zusammenstellen, Abzeichnen, Berechnen, Vorlegen usw. paßt natürlich nicht in eine Heldengeschichte. Aber bislang fehlt jeder Nachweis darüber, daß irgendeine der "großen" Unternehmergestalten in der Ruhmes- oder je nach Standpunkt auch in der Schreckensgalerie der Wirtschaftsgeschichte in ihrer Geschäftspraxis ohne diese lästigen Tätigkeiten und ohne entsprechende Nachweise von Kreditwürdigkeit ausgekommen wäre. Allenfalls konnte, wer die Stellung dazu hatte, größere oder kleinere Teile der Buchführung Personen seines Vertrauens überlassen. Aber jede Kompetenzübertragung geht auch mit Kontroll- und Machtverlust im eigenen Betrieb einher. Ein "Herr der Zahlen" kann eine ähnliche Stellung im Hause erlangen, wie die Hausmeier am Hofe der Frankenkönige. Bekanntlich hat das Geschlecht, das diese Hausmeier ("Meier" ist das alte Wort für Verwalter) stellte, schließlich selbst die Krone übernommen.[272] In der Geschäftspraxis ist daher der Zugang zu den Büchern und den einzelnen Konten ähnlich streng reglementiert wie die Vergabe von Prokura, also das Recht, im Namen der Firma Abreden zu treffen und Verträge zu schließen. Der spätmittelalterliche Händler hatte weder die Möglichkeit (fehlende Ausbildung des Personals) noch das Interesse, seine Buchführung vollständig aus der Hand zu geben. Allein das Memorial, also die primäre Notizsammlung, wurde auch von Bediensteten und Familienmitgliedern mitgeführt. Die wichtigen Bücher, vor allem das Hauptbuch mit seinen Vermögensaufstellungen, wurden geheim geführt und erst zusammen mit allen anderen Leitungsaufgaben dem Nachfolger übergeben. Zeitlebens hatte das Geschäftsoberhaupt kein Motiv, seine Hefte freiwillig aus der Hand zu geben.

Aber die unternehmerische Tätigkeit geht nun nicht im Notieren und Rechnen auf. Der Unternehmer ist bei weitem nicht nur sein eigener Buchhalter. Jede Einzelunternehmung - eine Handelsreise, ein Warenkauf auf Lager usw. -, erst recht eine Gesamtunternehmung, ist - dafür steht der Begriff des Geschäftsrisikos - stets ein Einsatz auf Bestimmtes: auf die erfolgreiche Durchführung und den lohnenden Geschäftsabschluß. Die Notizen und Bücher arbeiten nicht, sie kaufen und verkaufen nicht, sie reisen auch nicht - sie reisen nur mit. Die Notizen und Rechnungsbücher sind - so gesehen - eine Neben-Sache des Wirtschaftens, nicht sein Zweck und Ziel. Die Rechnungen sind Medien wirtschaftlichen Handelns, nicht sein Vollzug. Der Unternehmer muß die Erfolge und Mißerfolge der Unternehmungen, die unter seinem Namen durchgeführt werden, verantworten, gerade weil er keineswegs der einzige ist, der die Nutzen genießen kann und die Schäden zu tragen hat, die dabei verwirklicht beziehungsweise angerichtet werden. Von einem Schiffsuntergang sind vor allem die Matrosen, Offiziere und der Kapitän betroffen, dann jene, die vergebens auf Nachschub warten - und zuletzt und doch zugleich auch alle, die als Kreditgeber oder Teilhaber materiell und finanziell an der

---

272 Diese Analogie bringt Jacoby (1984, S.129) in seiner Kulturkritik der Wirtschaftsbürokratie, allerdings ohne den Zusammenhang von Einfluß und Kompetenz ernsthaft zu analysieren. Er beklagt, wie viele andere, die Zersetzung des dynamischen und intuitiven Unternehmergeistes durch den gewachsenen Einfluß der Bürokraten.

Unternehmung partizipiert haben. Die einen haben ihr Leben verloren, andere einen erhofften Konsum, die letztgenannten nur ihre Waren und ihr Geld - und wenn sie versichert waren, nicht einmal das.[273] Diese Ungleichverteilung der Betroffenheit im Mißerfolgsfalle einer Unternehmung - die Massenentlassungen bei Konkursen wären ein zeitgemäßeres Beispiel - ist wohl einer der nachhaltigsten Stimuli für das Mißtrauen und die Proteste gegen "die" Unternehmerschaft und "die Kräfte des Kapitals".

5.2.2. Die Notationen der Wirtschaft und die Lehre von der ganzen Ordnung des Handels

"Accounting is hardly a glamorous activity; repetitious, detail oriented, and methodical, it is not a subject that quickens the pulse. Accounting, it seems, is as exciting as adding up a long column of numbers. Perhaps this image explains its neglect by sociologists." Mit dieser Bemerkung, die sie mit einem Zitat von Goethe[274] kontrastieren, der seinen Wilhelm Meister die doppelte Buchführung als "eine der schönsten Erfindungen des menschlichen Geistes" loben läßt, leiten Bruce Carruthers und Wendy Espeland eine ausführliche Studie zur rhetorisch-symbolischen Funktion der kaufmännischen Buchführung ein.[275] Den Autoren gelingt es, den kulturellen Stellenwert der Buchführung im Spannungsfeld zwischen stupider und strenger Klassifikationstechnik einerseits und sinnstiftender Symbolik andererseits aufzuzeigen. In der Soziologie wurde bislang vor allem die erste dieser zwei Seiten des kaufmännischen Rechnungswesens hervorgehoben. Buchführung und kaufmännisches Rechnen präsentieren zahlreiche algorithmische Züge, beruhen auf der Anwendung formaler Vorschriften. Dabei geht es keineswegs allein und nicht einmal in erster Linie um besondere *Rechnungs*vorschriften. Buchführung kommt auf elementarer Ebene mit Addition und Subtraktion aus. Viel entscheidender, schwieriger und daher unverständlicher sind Vorschriften der Zuordnung, die einschlägigen *Klassifikationsregeln*. Diese Vorschriften werden einsichtig, wenn man die *Lehrsituation* rekonstruiert, in der die einschlägigen Techniken entwickelt, dargestellt und vermittelt wurden und werden.

---

273 Wobei entgangene Gewinn*chancen* prinzipiell nicht versicherbar sind: "Daher kann keine Versicherung das 'Risiko' (die Verlustmöglichkeit) decken, das (die) sich aus zeitweiliger Beeinträchtigung des Kapitals oder der Führung eines Unternehmens ergibt. D. h. man kann materielle Objekte in ihrer Eigenschaft als Eigentum versichern, nicht aber in ihrer Eigenschaft als Kapital." (Redlich 1964, S.114) Wohl aber, oder sogar: gerade deshalb kann man mit Gewinnchancen *handeln*, siehe Baecker 1991.
274 Zu finden in Wilhelm Meisters Lehrjahre. Erster Band, Berlin 1795 (Nachdruck Stuttgart 1883) 1. Buch, 10. Kap., S.3.
275 Carruthers/Espeland 1991, S.31.

Die Geschichte der Wirtschaftsnotation ist hingegen so alt wie die Schrift selbst. Ihre Ursprünge werden auf die Zeit 3500 v. C. datiert.[276] Die sumerischen Tontafeln, auf die man die Entstehung der westlichen Schreibsysteme zurückführen kann, waren zu drei Viertel verwaltungstechnischen Inhalts. Auf diesen Tontafeln wurden Listen von Gegenständen erstellt und erst ihre Mengen, später auch ihre wichtigsten Qualitäten registriert. Über die Tontafeln selbst konnten die Besitzverhältnisse fixiert und reguliert werden. Solche Register bildeten zunächst die Grundlage für alle zentralistischen Abgabensysteme, in der sumerischen und den sie ablösenden Dynastien für den Aufbau und Erhalt der Tempelwirtschaften. Die Existenz einer zentralen Verwaltung und ihrer Beamtenschaft ermöglichte wiederum die Ausbildung des Privatvertrages, der eine besonders verbindliche Art der Notation darstellt. Wahrscheinlich kann die altägyptische "Bulle" als historischer Prototyp des heutigen Vertrages angesehen werden.[277]

Ein Blick in Paciolis Werk und andere Lehrbücher zur "doppelten Buchführung" (ab dem 15. Jahrhundert) gibt zu erkennen, daß "die Übersicht über die eigenen Geschäfte" vor allem ein *didaktischer Anreiz* war, um die Kaufleute jener Zeiten zur "ordentlichen Buchführung" anzuhalten. Den Autoren und Lehrmeistern ging es vor allem um die Aufrechterhaltung oder Etablierung eines "ordentlichen" Handels. Die - wie zu sehen sein wird - strenge Ordnung kaufmännischer Bücher und die Disziplin, die in ihrer Führung dem Schreiber abverlangt wird, konnte sich weniger ihrer strategischen Vorteile wegen - Verweise auf ihre Vorteilhaftigkeit war zu allen Zeiten Mittel der Didaktik -, sondern vielmehr aufgrund der Rekurse auf *Moral, Vertrauen und Recht*, die ihre Didaktik begleiteten und stützten, letztlich erfolgreich durchsetzen.

Die zunächst vor allem in Norditalien aufkommenden Handelsschulen, die die ehedem vornehmlich vom Klerus getragenen Bildungsstätten ergänzten, wurden wichtige Orte der Ausbildung. In diesem kulturellen Milieu galten "narrare" und

---

276 Siehe zum Folgenden Goody 1990, S.89-151, Coulmas 1992, S.258-262.
277 "In der zweiten Hälfte des vierten vorchristlichen Jahrtausends wurden Geschäfte durch Zählsteine ... symbolisiert. Diejenigen, die ein einzelnes Geschäft repräsentieren, wurden in eine Tonkugel eingeschlossen ... . Auf der Oberfläche dieser Ummantelung wurden dann ein oder zwei Rollsiegel abgerollt, um das Dokument zu siegeln. In Streitfällen konnte das Behältnis geöffnet werden, war dann aber nutzlos, weil es zerbrochen war. Deshalb bestand eine zweite Entwicklungsstufe darin, daß man den Inhalt auf der Oberfläche kennzeichnete, indem man entweder die Körperform der Zählsteine selbst in den Ton eindrückte oder indem man eine Kopie herstellte. Es war also nicht mehr notwendig, das Behältnis zu öffnen. In der Tat wurden jetzt die Zählsteine selbst überflüssig, und der Weg wurde frei für die sogenannten 'Zahlentafeln', 'Tafeln mit Eindrücken' ... ." (Goody 1990, S.98). Die Siegel enthielten sowohl Beglaubigungen von Repräsentanten des Tempels als auch die persönlichen Zeichen der beteiligten Händler, ihr Signum. Heute nimmt die "Firma" (von lat. "firmare", ursprünglich "bekräftigen", heute: (unter-)zeichnen), der im Handelsregister eingetragene Name, diese Stelle in den Geschäftsdokumenten ein, siehe Sombart 1917, S.104-110.

"contare", erzählen und zählen, als zentrale Modi der *aktiven* Welterfahrung und -bewältigung.[278] Das Lob der *praktischen* Nutzen von Lesen, Schreiben und Rechnen, mit dem die (groß-)bürgerliche Bildung schließlich auch gegen Widerstände des Adels und des Klerus an Einfluß gewann, ist in den sich entwickelnden symbolischen Kosmos eingebettet, der heute unter dem Obertitel der Renaissance eingruppiert ist. Lesen, Schreiben und Rechnen sind Einübungen in eine besondere, eine sehr individuell orientierte Form der Disziplin. Die kaufmännische Buchhaltung ist eine jener Praktiken, deren Rückwirkung auf ihren Anwender von Jack Goody sehr pointiert mit der Formel der "domestication of the savage mind", die Domestikation des wilden Denkens, bezeichnet wird.[279] Die Arbeit an Listen, Tabellen, Aufzählungen und Zählungen zwingt ein "wildes" Denken in die Schranken der Kategorien und Relationen. Die Kaufmannsratgeber - die zu den verbreitetsten Schriften des späten Mittelalters und der frühen Neuzeit gehörten, zumal sie mit als erste Werke nicht in Latein, sondern in den Volkssprachen publiziert wurden - waren vor allem Lexika der Maße, Gewichte und Währungen, sie enthielten Umrechnungstabellen und -formeln und darüber hinaus Anleitungen zur angemessenen persönlichen Buchführung über alle Geschäftsangelegenheiten.

Im Schreibprogramm und in den Leseappellen der Ratgeberautoren waren *praktischer und moralischer Nutzen der Methoden untrennbar miteinander verbunden.* Ihre disziplinierte Anwendung wurde als ein Zeichen gottgefälligen Wirkens gepriesen. "Its use signaled a prudent, disciplined mind. Its neglect signaled character weakness."[280] Bei Luca Pacioli, dessen Werk aus dem Jahr 1494 als Grundstein der modernen Buchhaltungslehre gilt[281], heißt es: "Das Ziel eines jeden Kaufmanns ist die Erwerbung eines erlaubten und angemessenen Gewinnes für seinen Unterhalt. Daher müssen die Kaufleute ihre Geschäfte immer im Namen Gottes beginnen und im Anfang aller ihrer Aufzeichnungen seinen heiligen Namen im Sinn haben."[282] Luca Pacioli war Franziskanermönch mit einer umfangreichen

---

278 Weiand 1993, S.24.
279 Goody 1977.
280 Carrugher/ Espeland 1991, S.42
281 1994 würdigten Buchhalter- und Wirtschaftsprüferverbände das 500ste Jahr des Erscheinens von Paciolis Werk mit Ausstellungen und Jubiläumsveranstaltungen (DIE WELTWOCHE, Nr.20, 19.5.1994, S.25).
282 Pacioli 1494 (hier in der dt. Übers. von Balduin Penndorf, 1933), S.90. Ähnliche Anrufungen der Kaufmannsehre vor Gott und der Welt sind in dem einflußreichen französischen Werk von Jacques Savary über "Le parfait négociant. Ou instruction générale pour ce qui regarde le commerce", das 1675 erschien, bereits ein Jahr später ins Deutsche übersetzt wurde und in den folgenden Jahrhunderten grundlegend für viele ähnliche Schriften im europäischen Raum blieb (Schneider 1987, S.89-90). Savary, seines Zeichens Textilkaufmann, wirkte unter Colbert, Finanzminister Ludwigs XIV., an der Ausarbeitung der Ordonnance de Commerce (1673) mit, des ersten nationalstaatlichen Handelsrechtes, an dem sich auch Friedrich der Große mit seinem Allgemeinen Preußischen Landrecht (1794 erlassen) orientierte (siehe

Bildung, Mathematiker und einer der angesehensten Gelehrten seiner Zeit, im übrigen auch ein Freund Leonardo da Vincis.[283] Seine Abhandlung über die Buchhaltung ist ein Unterkapitel in seinem umfangreichen und für die Geschichte der europäischen Mathematik bedeutenden Werk, in der "Summa di Arithmetica Geometria Proportioni et Proportionalita".

Der Kontrast zwischen den "wilden" Notizsammlungen - beispielsweise jenen des Wirtes Hans von Herblingen - und den nach den Vorschriften der "italienischen Methode" gestalteten Geschäftsbüchern könnte kaum größer sein, obwohl sich die Inhalte der elementaren Eintragungen im Prinzip kaum unterschieden. Sie enthielten Vermerke über die Namen der am Geschäft Beteiligten, Angaben über Art, Menge, Preis und Qualitäten der getauschten Güter sowie über die vereinbarte Zahlungsart. Pacioli lehrte ein Klassifikationssystem, "damit die verehrten Untertanen des erlauchten und großmütigen Herzogs von Urbino einen vollständigen Begriff der ganzen Ordnung des Handels bekommen", so beginnt der einleitende Satz zur Abhandlung über die Buchhaltung.[284] Die "ganze Ordnung des Handels", die Pacioli dem Novizen des von ihm propagierten Notationssystems verspricht, bedarf einer näheren Betrachtung, denn erst diese Ordnung macht den Zusammenhang von Registrierarbeit und domestiziertem Denken anschaulich und verständlich.

Die "wilde" Notation der Geschäftsvorfälle im ungeordneten Geschäftsbuch dient ihrem Anwender vornehmlich als Erinnerungshilfe. Die italienische Methode hingegen stellt die gesamte Praxis der Buchführung, bis hin zur Notiz über den "unbedeutendsten" Geschäftsvorfall, *unter das Regime zweier übergeordneter Kategorien: Guthaben und Schuld.*[285] Jeder einzelne Tausch besteht ja genau besehen aus *zwei* Vorgängen. Zum einen wechseln die Waren, zum anderen Zahlungsmittel den Besitzer. Die *doppelte* Buchführung notiert *beide* Veränderungen, und zwar *an separaten Stellen.* Kaufmann A notiert einmal den Zufluß oder Abgang auf einem Warenkonto, den gegenläufigen Abgang beziehungsweise Zufluß an Zahlungsmitteln auf einem Kassenkonto. Erfolgt die Warenübergabe

---

Pausch 1982, S.56).

283 Penndorf 1992, S.51-55.

284 Pacioli 1494, S.88. Pacioli ist nicht der Erfinder der Dokumentationsmethode, er liefert nur die erste systematische Darstellung. Man vermutet den "Ursprung" der Techniken im Buchhaltungsbereich von Banken und Kommunen. Inwieweit noch ältere (römische) und außereuropäische (China, Arabien) Quellen existieren, ist völlig unklar. Nachweisbar ist der Gebrauch der Doppelschreibung für die Stadtverwaltung von Genua ab 1263 (Pausch 1982, S.48).

285 "Double-entry bookeeping, applying the distinction between assets and liabilities, or credit and debit, to each transaction accounted for, is nothing less than a device of doubling all transactional events." (Baecker 1993, S.163).

ganz oder teilweise auf Kredit - was unter Großkaufleuten, im Fernhandel und bei Kettengeschäften die Regel ist - so vermerkt Kaufmann A die ausstehenden Forderungen oder Schulden auf einem eigenen Konto, das er dem Kaufmann B zuordnet.

Der praktische Nutzen dieser Umständlichkeiten wird erst ersichtlich, wenn man die Regeln zur *Vorbereitung* der täglichen Buchführung betrachtet. Der Kaufmann wird von Pacioli und allen anderen Handelslehrern seiner Zeit dazu angehalten, seine Bücher für den Einsatz im Geschäftsalltag sorgfältig zu präparieren. Der "ordentliche Kaufmann"[286] beginnt seine Bücher - deren Existenz er im Idealfalle sogar von amtlicher Stelle beglaubigen läßt[287] - nach der Anrufung Gottes, der Angabe seines eigenen Namens und des Zieles seiner Geschäfte mit der *Inventarisierung aller Vermögenswerte*, die er in sein Geschäft einbringt: Land- und Hausbesitz, Wertgegenstände, Zahlungsmittel, Warenbestände usw. Sie alle werden - teils in akribischen Schätzverfahren - mit Geldpreisen bewertet und nach kasuistischen Regeln zu den ersten Konten der Buchführung gruppiert. Die Summe aller Einzelkonten informiert den Kaufmann über den Gesamtvermögenswert seines Geschäfts zum Zeitpunkt der Inventarisierung, sofern er "angemessen" geschätzt hat.[288] Diese Summe wird nun in ein eigenes Konto eingetragen, das der Kaufmann sich selbst zuordnet. Der Titel dieses Kontos heißt "Kapital", nach dem mittellateinischen Wort "capitale" für "Grundsumme".[289]

5.2.3. Repräsentation im Kapitalkonto: Der Laden als "Schuldner" und "Gläubiger" des Kaufmanns

Das besondere Kennzeichen des neuartigen Inventars ist, daß das Kapitalkonto allen anderen Konten *gegenübergestellt* wird. So erhält man die (sprichwörtlichen) *zwei Seiten* einer Bilanz. Die Werte auf beiden Seiten sind zum Zeitpunkt der Inventarisierung per definitionem summengleich.[290] Die linke Seite mit den

---

286 Mit diesem Ausdruck ist hier und im folgenden der "Musterschüler" der Lehre gemeint. Wie in jeder Methodenlehre ist das Verhältnis von Theorie und Praxis ein Thema für sich.

287 Pacioli 1494, S.99-100.

288 Zum grundlegenden Problem der "angemessenen Wertschätzung" siehe weiter unter.

289 Der Ausdruck "Kapitalismus" wäre - wenn er nicht schon so fest in politisierender Rede verankert wäre - eher ein treffender Name für jenes Notationssystem, das von der Vorstellung einer "Grundsumme" regiert wird, unabhängig davon, welcher rechtlichen Einheit diese Grundsumme zugeordnet wird. Jeder staatliche Haushalt bedient sich dieser "kapitalistischen" Notationsweise. Die Gattung "Inventar", nicht das Rechtsinstitut "Privateigentum", ist die Grundlage "kapitalistischen Rechnens".

290 "Bilanz" kommt vom italienischen "bilancio", dies wiederum von "bi-lanx" ("zweischalig"), dem lateinischen Namen für die Feinmetallwaage, die im Abgaben- und Tauschsystem für das Wiegen von

Vermögenswerten wird "Soll" genannt, die rechte Seite mit dem Kapitalkonto des Kaufmanns heißt "Haben". Die Titelgebung "Soll und Haben" ist dem Bankengeschäft nachempfunden, in dem die Bilanzierungstechnik aller Wahrscheinlichkeit nach entwickelt worden war. [291]

Abbildung 1: Grundschema eines Inventars

"Soll"	"Haben"
Geschäftsinventar (Waren, Geräte, Geldmittel usw.)	Kapital

Pacioli überträgt die Bankenbilanzierungstechnik und deren Grundkategorien von Guthaben und Schuld auf die Buchführung des Handelsgeschäfts, indem er den Kaufmann in ein *fiktives Gläubiger-Schuldner-Verhältnis zu seinem eigenen Geschäft* versetzt. "Stelle Dir dabei vor, daß dieser Laden eine Person sei, die Dein Schuldner über soviel wird, als Du ihm gibst und für ihn in jedem Fall ausgibst. Mache dagegen den Laden zu Deinem Gläubiger für alles, was Du von ihm herausziehst und erhältst, gerade wie wenn er ein Schuldner wäre, der Dir seine Schuld im einzelnen zurückbezahlt. Und jedesmal, wenn Du mit ihm abrechnen willst, wirst Du sehen können, was er Dir einbringt, ob viel oder wenig. So wirst Du dann wissen, was Du zu tun hast und in welcher Art."[292] Dies ist wohl die deutlichste Ausformulierung der "kapitalistischen" Grundregel.

Der Kaufmann, der sich tatsächlich an diese Regel hält, "leiht" seinem eigenen Geschäft das zu dessen Betrieb notwendige Sach- und Finanzvermögen. Unter anderem werden durch dieses fiktive Gläubiger-Schuldner-Verhältnis *zwei verschiedene Arten der Geldentnahme deutlich unterscheidbar: die Entnahme für private und die Entnahme für Geschäftszwecke.* Der Kaufmann entnimmt der Geschäftskasse nicht einfach Geld für private Zwecke, sondern er *notiert diese*

Gold und Silber eingesetzt wurde (Pausch 1982, S.20).
291 Auf der linken Seite notierten die Banken alle Forderungen ("Der Bezeichnete *soll* geben ..."), auf der rechten alle Schulden ("Der Bezeichnete soll *haben* ...").
292 Pacioli 1494, S.128f.

Summe zweifach, als Minderbestand in der Kasse und zugleich als Minderbestand im Kapitalkonto: Der Laden hat ihm einen Teil der "Schuld" zurückbezahlt. Ganz anders wird eine Ausgabe für Geschäftszwecke verbucht. Der Minderbestand der Kasse wird durch einen gleichhohen Mehrbestand auf einem Warenkonto aufgewogen, die "Schuld" des Ladens an den Eigner, die Höhe des Kapitals, ändert sich dabei nicht. Auch "Gewinn" bekommt eine präzise Bedeutung. "Gewinn" ist nicht einfach der Überschuß von Tageseinnahme und Tagesausgabe, das abendliche Geld-Mehr in der Geschäftskasse. Man notiert vielmehr, was man für diesen Geld-Mehr an Warenwerten[293] weggegeben hat, und nur die *Differenz* wird in dem Konto für "Gewinn und Verlust" verbucht. Erst der Bonus oder der Malus, der Saldo von allen Gewinnen und Verlusten, wird auf das Kapitalkonto übertragen. Ein Bonus erhöht die "Schuld" des Ladens an seinen Eigner, ein Malus mindert sie.

Der Kaufmann kann auf seinem Konto wortwörtlich einsehen, wie der Laden "für ihn" gewirtschaftet hat. In der Einstellung der Gläubiger-Schuldner-Beziehung gewinnt der Kaufmann zugleich ein persönliches und ein distanziertes Verhältnis zu seinem Geschäft. Das Kapitalkonto ist gleichsam die "Nabelschnur" zwischen Geschäft und privater Haushaltung des Kaufmanns, die vollends durchschnitten wird, wenn die Führung der Geschäfte einem Dritten übertragen wird. Die Ent-Personalisierung betrieblicher Wirtschaft kann in dem Maße zunehmen, in dem "der Laden" zu einer "Person" stilisiert wird, an die Ansprüche und Pflichten geltend gemacht werden können.

Die Wahrung der Ansprüche und Pflichten kann einem Geschäftsführer ganz unabhängig von dessen privater Vermögensbeteiligung übertragen werden. Der Geschäftsführer wird zum Vermögensverwalter und zum Stellvertreter für die Zahlungsansprüche an die Firma. Eine Zwischenform der Trennung von Eigentum und Geschäftsführung stellt die Teilhabergesellschaft dar. Hier bringt jeder Teilhaber Vermögenswerte ins Geschäftsinventar ein und erhält ein Unterkonto im Kapitalkonto und entsprechende Anteilsrechte am erhofften Gewinn. Die Geschäftsführung kann ganz nach Vereinbarung von einem der Teilhaber vollständig übernommen werden, oder - was in den frühen Handelsgesellschaften eher die Regel war - jeder Teilhaber wird für bestimmte Bereiche verantwortlich

---

293 Ihr Wert war ja im Inventar festgestellt worden.

gemacht. Über ihren Erfolg und Mißerfolg kann anhand der betriebseigenen Daten kommuniziert werden.

Die negativen Folgen einer unvollkommenen gesellschaftsinternen Rechnungslegung können an einem sehr frühen Beispiel eines Konkurses illustriert werden.[294] An der "venedischen Handelsgesellschaft" (zwischen 1407 und 1413) waren sieben Lübecker und ein Kölner Kaufmann beteiligt. Gehandelt wurde vor allem in Lübeck, Venedig, Brügge und Köln. Im Jahre 1412 oder 1413 mußte die Gesellschaft unter hohen Verlusten liquidiert werden. Über die Ursachen dieses Scheiterns sind die Historiker uneins, aber man vermutet, daß wegen mangelnder Buchführung keiner der Beteiligten rechtzeitig das Anwachsen der Schulden registriert hat, die durch die Wechselgeschäfte des in Venedig tätigen Teilhabers aufgehäuft wurden.

Dies Beispiel zeigt auch, daß der Eigner oder die Teilhaber nach Aufnahme ihres Geschäftes natürlich nicht die einzigen "Gläubiger" des Ladens blieben. Wenn Waren auf Kredit gekauft oder Geldkredite aufgenommen wurden, so wurden - in einer Gesellschaft, die anders als die Venedische ihre Bücher nach den Regeln Paciolis führte - für diese Schuldtitel eigene Konten eingerichtet, die wie das Kapitalkonto den Vermögenswerten des Geschäftes gegenübergestellt wurden. Zusammen mit den Eignern bilden somit die Kreditgeber (Banken, Lieferanten usw.) die Gruppe der Gläubiger des "Ladens". Schematisch läßt sich die Gesamtbilanz recht einfach darstellen:

---

294 Siehe Afflerbach 1993, S.99-103.

Abbildung 2: Erweitertes Schema einer Bilanz

"Soll" (des "Schuldners") Geschäftswerte	per definitionem gleich	"Haben" (der Gläubiger) Forderungen
Warenkonto Immobilien, Anlagen und Geräte Kasse		Kreditgeber (Banken, Lieferanten und andere) Teilhaber (Kapitalkonto)

Im Format der Bilanz werden jeweils zwei *Bestandsgrößen* einander gegenübergestellt: die Geschäftswerte auf der einen, der Bestand an finanziellen Forderungen
auf der anderen Seite. Diese beiden Größen sind per definitionem immer gleich groß:
Auf der einen Seite wird verteilt, was auf der anderen Seite vorhanden ist. *Der
rechnerische Ausgleich dieser Verteilung erfolgt stets über das Kapitalkonto*, es
ist gewissermaßen das Gewicht, mit der die Waage austariert wird. Geschäftsvermögen abzüglich Schuldenbestand (Fremdkapital) ist gleich Eigenkapital, so lautet die
Grundform der Bilanzierungsgleichung. Jeder Gewinn und jeder Verlust an
Geschäftsvermögen wird auf das Kapitalkonto verbucht. Die sprichwörtlichen
"schwarzen" oder "roten Zahlen" signalisieren, ob der Kapitalwert steigt oder
sinkt.[295]

Alltagsweltlich erscheint es oft ominös, daß "trotz" Schulden Geschäfte betrieben
und sogar Gewinne erwirtschaftet und verteilt werden können. Aber ein Blick in
das Bilanzierungssystem zeigt, daß "Schuld" zunächst einmal eine reine *Rechen-
größe* darstellt. Ein Betrieb ist erst dann gefährdet, wenn die periodisch oder diskret
anfallenden *Rückzahlungsforderungen* nicht mehr aus laufenden Einnahmen
bezahlt werden können und Bestandswerte verkauft werden müssen. In diesem
Sinn ist Zahlungsfähigkeit (Liquidität), nicht aber Gewinn die Voraussetzung für

---

295 Rot ist die Farbe, mit der in der mechanisierten Buchhaltung negative Werte ausgedruckt wurden.

den Fortbestand einer Firma. Theoretisch, wenn die Eigner darauf verzichten, kann ein Betrieb auch ohne Gewinn weitergeführt werden, solange die Zahlungsfähigkeit gegenüber den Kreditgebern sichergestellt ist. Stiftungen und gemeinwirtschaftliche Unternehmungen arbeiten auf dieser profitlosen Basis, jedoch wirtschaften sie gleichwohl "kapitalistisch": auch sie müssen den Bestand des Eigenkapitals bewahren.[296]

Dies sind die "kapitalistischen" Spielregeln. Sie muß beherrschen, wer sich unter den Bedingungen der geltenden Rechnungsvorschriften die Führung von Geschäften zumuten läßt; sei es in eigenem, sei es in fremder Namen. Der Unternehmer muß registrieren oder zumindest registrieren und sich vorrechnen lassen, welche Wirkungen seine Abreden und Vertragsabschlüsse auf die Geschäftswerte einerseits, auf die Zahlungsverbindlichkeiten andererseits ausüben. Das Instrument, das in den Worten Jack Goody's sein ansonsten möglicherweise "wildes" Denken domestiziert, ist die doppelte Buchführung. Im Unterschied zu den einfachen Aufzeichnungssammlungen, die der Geschäftsmann vornehmlich der Erinnerung wegen anlegte und fortführte, sind die Aufzeichnungen in doppelter Buchhaltung *durch die Inventare an Guthaben und Schulden vorpräpariert*, und jedes noch so klein und unbedeutend erscheinende Geschäftsereignis[297] muß auf diesen *doppelten* Verweisungshorizont hin *registriert und notiert* werden.

Noch in einer weiteren Hinsicht verändert das inventargesteuerte Register die Wahrnehmung der eigenen Geschäftstätigkeit. Die fragmentarische Ordnung der einfachen Notizen appräsentiert[298] die *Trennung* der verschiedenen Geschäftsab-

---

296 Theoretisch könnte jede Unternehmung sogar solange mit Verlusten fortgeführt werden, solange der Bestand an Eigenkapital nicht auf Null zurückgegangen und damit der Vermögenswert vollständig von den Forderungen Dritter absorbiert ist - sofern die Kreditgeber dies geschehen lassen und nicht zuvor die Zahlungsfähigkeit durch Rückruf ihrer Kredite blockieren.

297 "Das Memorial ... ist ein Buch, in das der Kaufmann alle seine kleinen und großen Geschäfte eigenhändig, so wie sie kommen, von Tag zu Tag, von Stunde zu Stunde, einschreibt. In dieses Buch schreibt er ausführlich jeden Kauf und Verkauf und andere Handelsgeschäfte ein, wobei er nicht ein Jota weglassen soll, wer, was, wie und wo, mit seinen ganzen Abmachungen und Anführungen, wie ich Dir oben vollständig beim Inventar gesagt habe, ohne es zu wiederholen." (Pacioli 1494, S.97)

298 Appräsentation ist der Begriff Husserls für die Bewußtseinsleistung, eine der Wahrnehmung zugängliche Erscheinung mit einer nicht-präsenten Einheit im Wege der "paarenden Assoziation" zu synthetisieren (Husserl 1973, S.138-143). Appräsentation bezeichnet also "eine Mitvergegenwärtigung, eine analogisierende Erfahrung, welche ein Mit-da vorstellig macht, ohne dass das Appräsentierte zur wirklichen Existenz käme." (Eberle 1984, S.30) Allerdings entwickelt Husserl diesen Begriff vornehmlich am Problem der (Nicht-)Zugänglichkeit fremder Bewußtseinsleistungen. In der Zeichentheorie, die in Schütz/Luckmann 1984, S.178-184, im Anschluß an Husserl für wissenssoziologische Zwecke entworfen wird, ist der Appräsentationsbegriff nicht mehr allein auf das Ego-Alter-Problem beschränkt. Hier wird dieser Begriff verwendet, um die "paarende Assoziation" zwischen den Notizen und den faktischen Geschäftsabläufen, die ja immer mehr sind als die "bloße" Notiz, prägnant zu kennzeichnen. Durch die laufend erzeugten Notationen gewinnen "die Geschäfte" raum-

wicklungen. Geschäfte sind hier diskrete, voneinander zeitlich und sachlich geschiedene Vorgänge. Man kauft bestimmte Waren ein, lagert sie vielleicht einige Zeit und verkauft sie sukzessive weiter. Ist der ursprünglich erworbene Warenbestand liquidiert, wird abgerechnet und das Geschäft ist beendet. Zwar wiederholen sich oft ähnliche Abläufe mit den gleichen und mit andersartigen Waren, aber in der ungeordneten Buchhaltung gibt es kein Register, das für einen Zusammenhang der verschiedenen Aktivitäten stehen könnte. Dies macht auch einen eventuellen Ertragsvergleich zwischen verschiedenen Erwerbsmöglichkeiten schwierig bis unmöglich, und der Kaufmann bleibt in seinen Entscheidungen auf seine Erfahrung und den Rat der anderen angewiesen.

Auch waren die frühen Handelsgesellschaften keine Zusammenschlüsse, in denen die Teilhaber sich auf unabsehbare Dauer und mit all ihrem Geschäftsvermögen engagiert hätten. Vereinbarungsgegenstand war in der Regel ein konkretes Vorhaben, etwa eine Handelsreise, ein gemeinsamer Einkauf oder Verkauf, Bau und Ausrüstung eines Schiffes und dergleichen. Waren die Reise beendet und alle Verkäufe getätigt, wurde abgerechnet und der Gewinn verteilt. Der Zweck der Gesellschaft war erfüllt. Zwischenzeitliche Bilanzierungen oder gar Gewinnausschüttungen - Schiffsexpeditionen konnten mehrere Jahre beanspruchen - waren nicht möglich. Bei vorzeitigen privaten Entnahmen aus dem Gesellschaftsvermögen wurde der Teilhaber zum Schuldner der Gesellschaft.

Die Kontentechnik der Doppik und die Bilanzierung appräsentiert hingegen *die Einheit und den Verlauf* der gesamten Geschäftstätigkeit. Der Ertrag verschiedener Aktivitäten kann auf ihren Unterkonten beobachtet und verglichen werden, das Jahressaldo des Eigenkapitalkontos vermittelt sogar einen summarischen Überblick über den zeitlichen Verlauf aller Geschäfte, die unter dem Regime dieses Kontos abgewickelt wurden. Darüber hinaus ist jederzeit ein Vergleich des aktuellen mit dem anfänglichen Vermögensbestand möglich, auch seine Veränderungen in der Abfolge der Jahre können unmittelbar abgelesen werden. *Dem Leser eröffnet sich ein Blick auf Vermögensbestände und ihre Veränderungen in der Zeit.*

Doch gerade aus dieser Möglichkeit leitete die herrschende Handelslehre eine Pflicht und einen Aufruf zur praktischen Bewährung ab. Es wurde zur moralischen Aufgabe des Kaufmanns erhoben, das ihm durch Erbe und Geschick - also nach damaliger Lesart durch Gottes Wohlwollen - zugefallene Vermögen im Namen seines Hauses, seiner Familie und seiner Nachkommen während seines Lebens zu bewahren und nach seinen Möglichkeiten zu vermehren. Das Gelingen dieser

---

und zeitübergreifende Einheiten und Zusammenhänge, die ohne die Notizen nicht herstellbar wären.

Aufgabe wurde auch schon in katholischen Zeiten und Milieus als Zeichen gottgefälligen Wirkens gedeutet. Das Erwerbsstreben ist also weder "grenzenlos", wie Sombart polemisierte, - es findet seine Grenzen in der Rechenschaft vor Gott, den Ahnen und den Nachfahren - noch ist ein "asketischer" Umgang mit dem erworbenen Vermögen ein genuines Produkt der protestantischen Ethik. Weber hatte sicherlich darin recht, daß er in der Lehre Calvins eine besonders deutliche Ausformulierung dieses Bewährungsprinzips sah, und daß der Protestantismus wesentlich zu seiner Popularisierung beitrug. Die spätmittelalterlichen Ansätze zur bürgerlichen Bewährungsethik standen hingegen noch weitgehend im Schatten der herrschenden Lehre von Adel und Klerus, die Arbeit und Erwerb als weltlich-niedere, den Gotterwählten unwürdige Betätigungen deklarierten. Die späteren Pioniere des Kapitalismus auf dem Neuen Kontinent, zu denen auch Benjamin Franklin gehörte, hatten sich ja gerade von diesem moralischen Teil des europäischen Erbes, vom Standesdünkel des Geburtsadels befreit.

5.3. Abriß zur Institutionalisierung der Geschäftsnotation und der Rechnungs- disziplin

Die "italienische Methode" wurde in allen späteren Fernhandelszentren West- europas und Amerikas kopiert: in Augsburg[299], in Lyon und anderen französischen Messestädten, in Antwerpen, Amsterdam und London, dem Sprungbrett kapitalisti- schen Wirtschaftens in die Neue Welt.[300] Paciolis *Grund*regeln gelten bis heute fort, auch wenn sie durch viele Detail- und Ausführungsvorschriften angereichert wurden, auf die ich hier nicht näher eingehen möchte.[301] Doch wenn die kaufmännische Buchführung auch ihrer *Form* nach konstant gehalten wurde, so sind ihr doch in der späteren Entwicklung zwei fundamental neue *Gebrauchsfunk- tionen* zugeschrieben worden.

Wie oben gezeigt, wurde die Lehre der Doppelnotation bis in die frühe Neuzeit hinein vor allem durch den Rekurs auf strategische und moralische Zwecke

---

299 Zum "Zeitalter der Fugger" (Richard Ehrenberg), dem deutschen Frühkapitalismus, gehörte auch der italienkundige Hauptbuchhalter der Fugger, der berühmt-berüchtigte Matthäus Schwarz. Vgl. zur Ausbildung deutscher Kaufleute im Mittelalter Penndorf 1913, S.46-166, Bruchhäuser 1989, zu ihrem Alltag Afflerbach 1993. In diesen Studien finden sich zahlreiche Hinweise auf die durch die Handelsbeziehungen selbst verschlungenen Pfade des Wissenstransfers zwischen den verschiedenen Handelszentren der damaligen Zeit.
300 Eine detailreiche Beschreibung der sich in der Zentralstellung im Welthandel ablösenden Städte und Regionen gibt Fernand Braudel, insbesondere in Braudel 1990c, S. 93-478.
301 Denn dies hieße, eine *Lehre* von der doppelten Buchführung zu schreiben.

befördert.[302] Dies ändert sich grundlegend mit dem Aufkommen der Nationalstaaten und eines nationalen Handelsrechts. In Frankreich tritt 1673 die Ordonnance de Commerce in Kraft, Preußen folgt 1794 mit dem Allgemeinen Preußischen Landrecht, im 19. Jahrhundert werden in Frankreich, Deutschland, England und in den USA Gesellschafts- und Aktienrechte institutionalisiert. Buchführung und Bilanzierung werden Rechtsvorschriften, die vor allem die Zahlungsbeziehungen der Gesellschaft untereinander und gegenüber den Gläubigern regulieren.[303] Die "Firma" wird im Handelsrecht zu einem Zeichen, das alle Gesellschafter mit ihren Vermögen an die Erfüllung von Verpflichtungen bindet, die unter dem Firmenzeichen eingegangen wurde.[304]

Zuvor konnte nur jene Einzelperson haftbar gemacht werden, die die fragliche Verabredung getroffen und gegebenenfalls schriftlich gezeichnet hatte. Das Rechtskonstrukt der Handelsgesellschaft ist nur mit dem Hilfsmittel des Vermögensinventars, also einem objektiven Ausweis der Vermögensbestände, justiziabel. Dementsprechend ist die Anerkennung einer Gesellschaft im Sinne des Handelsrechts an drei Bedingungen geknüpft: a) an die Aufstellung eines Gesellschaftervertrages, der den Geschäftszweck der Unternehmung und die Form der Gesellschaft[305] festlegt, b) an die Aufstellung der Vermögenswerte, die die Teilhaber in das Geschäft einbringen, verbunden mit der Pflicht zur fortlaufenden Bilanzierung des Geschäftsvermögens und c) an die Regulierung der persönlichen Zeichnungs- und Abrederechte der Teilhaber, wobei diese Rechte auch an beauftragte Personen oder Gremien vergeben werden können.[306]

Mit dem Rechtskonstrukt der Firma ist das Geschäftsvermögen vollends entpersonalisiert; und der Umgang mit den Vermögenswerten ist kein Problem selbstdisziplinierender Askese, keine "private" Entscheidung mehr, sondern Gegenstand von Vereinbarungen und Verfahren der Rechenschaftslegung. Wer unter diesen tribunalen Umständen unter Zugriff auf Vermögenswerte unternehmerisch handeln, Geschäftsprogramme durchführen will, muß sich besprechen, muß um die Kredit-

---

302 Im übrigen wurden in der *Praxis* der Buchführung die hehren Standards der "vollkommenen Ordnung aller Dinge" selten bis gar nicht erfüllt. Carruthers und Espeland (1991, S.54-55) deuten diesen Umstand als Beleg für ihre These, daß der Hinweis auf "ordentliche Bücher" zu allen Zeiten unabhängig von unmittelbaren Nutzungen vor allem von hohem *symbolischen* Wert war.
303 Vgl. Kübler 1985, insb. S.183.
304 Sombart 1917, S.99-138.
305 Offene Handelsgesellschaft, Kommanditgesellschaft, Gesellschaft mit beschränkter Haftung, Aktiengesellschaft etc.
306 Vgl. für Deutschland die einschlägigen Paragraphen im Handelsgesetzbuch (HGB), im GmbH-Gesetz (GmbHG) und im Aktiengesetz (AktG).

würdigkeit seiner Vorhaben werben. Die Letztinstanz für die Programmbewertung ist in vielen Fällen die Hausbank der Firma.[307] Der Einzelunternehmer, der weiterhin mit seinem gesamten persönlichen Vermögen haftet, ist diesbezüglich kein Ausnahmefall. Nur wer gänzlich auf Geld- und Lieferantenkredite verzichten kann, also keinerlei Fremdvermögen in seine Geschäfte einbezieht, braucht außer Steuerbehörden und Wirtschaftsprüfern niemanden in seine Bücher einsehen zu lassen. Die grundlegende Basis der modernen Betriebswirtschaft ist *die Kreditwürdigkeit einer Unternehmung*. Wer in eigenem Namen oder im Namen einer Firma unternehmerisch agiert, handelt mit dem Vertrauensbonus, den andere - Kapital- und Kreditgeber, Geschäftspartner, Lieferanten und Kunden - diesem Namen zuerkannt haben. Die rechtliche Objektivierung der Firma und ihrer Vermögensbestände macht es in der Folge auch möglich, Geschäftsanteile als Tauschobjekte zu behandeln. Im Gesellschafts- und speziell im Aktienrecht werden die Einsichtsrechte und die Einspracheziehungen zwischen den Geschäftsführern und den Anteilseigner reguliert. Große Unternehmen und Aktiengesellschaften müssen ihre Jahresbilanz publizieren, und die Profession der Steuerberater und Wirtschaftsprüfer etabliert sich im Dickicht der einschlägigen Rechts- und Verfahrensvorschriften.[308]

Festzuhalten ist, daß sich mit der Kodifizierung und Popularisierung der Buchführungstechnik ihre primäre soziale Funktion verändert hat. Sie ist nicht mehr wie ehedem Erinnerungsarbeit des einzelnen Kaufmanns, nicht mehr nur dessen privates "Memorial" der finanziellen Verbindlichkeiten, in die er sich und andere durch seine Geschäftstätigkeiten involviert. Die kodifizierte Buchführung erzeugt vielmehr auch eine *Übersicht in die Gesamtheit* der diversen Geschäftstätigkeiten einer Firma, und sie ermöglicht die *Kommunikation* über wirtschaftliche Risiken. Dieser Mitteilungswert ist die sozial folgenreichste Funktion. Man kann und muß *ausweisen*, welche Werte eine Unternehmung involviert. Und nur anhand solcher Ausweise kann der Mitteleinsatz kalkuliert werden.

Die Macht der modernen Wirtschaft ist weniger in Eigentumsverhältnissen bestimmten Typs zu suchen, sondern eher darin, daß sie allein dieses Risiko-Wissen kommunizieren kann. Verwaltet wird dieses Spezialwissen vor allem im Banken- und Finanzierungssektor und nur sehr ausschnittsweise in den Wirtschaftsbetrieben selbst.[309] Aber nur in letzteren können die in den Risikokalkulationen geschätzten

---

307 Vgl. Baecker 1991.
308 Zur Geschichte der steuerberatenden Berufe siehe Pausch/Kumpf 1986.
309 Baecker 1991.

156

Vermögenswerte *realisiert*, dem Wirklichkeitstest der Wirtschaft ausgesetzt werden. Nur in unternehmerischen Erfolgen und Mißerfolgen zeigt sich das wirtschaftlich Mögliche und können neue Möglichkeiten, i.e. neue Risiken gesucht werden. Und diese Suche nach bewährten und nach aussichtsreichen neuen Möglichkeiten können unternehmerisch Handelnde ausnutzen, um ihre Interessen an diesem oder jenem Betrieb, an dem einen oder anderen Projekt auszubilden, ihre Person ins Spiel zu bringen und selbst Autorität, Einfluß, Macht und Gestaltungsspielraum zu gewinnen - in *Abhängigkeit* davon, wieviel Verantwortung sie an ihre Projekte binden und in ihnen realisieren können.

Der Vermögensbestand eines Geschäfts bleibt stets eine Schätzgröße. Alle Posten auf der linken Seite des Inventars und der das Inventar stetig aktualisierenden Bilanz werden - mit Ausnahme der Geldmittel in der Kasse - über *Bewertungsverfahren* festgestellt. Man bewertet die Waren auf Lager nach bestimmten Regeln, ebenso den Grund- und Gebäudebesitz, den Maschinen- und Fahrzeugpark usw. Man vergibt also *fiktive* Werte.[310] Und die *Regeln* der Wertschätzung sind *eine Frage der Konvention*, der Zustimmung über die Angemessenheit ihrer Anwendung. Mit der Zustimmung zum Anfangsinventar im Gesellschaftsvertrag erkennen die Finanziers die Schätzgrößen im Detail und im Ganzen an; und mit der Abnahme der Jahresbilanz erneuern sie diese Zustimmung in wiederkehrendem Rhythmus, solange sie sich nicht veranlaßt sehen, eigene Überprüfungen vorzunehmen oder vornehmen zu lassen und gegebenenfalls die Anerkennung einzelner Bilanzpositionen oder der Bilanz als Ganzer zu verweigern. Somit ist der Vermögensbestand keineswegs "von sich aus" beständig. Er ist von Anbeginn an so unsicher, wie es die zugrunde gelegten Schätzungen sind.

Es gibt keinen anderen "Grund" für die "Fiktion" des Vermögensbestandes als die Erwartung, daß die Schätzung durch *künftige Faktizitäten,* nämlich Zahlungseingänge, *realisiert* wird, daß wegen oder trotz des Einsatzes prinzipiell unsicherer Schätzmethoden tatsächlich die Zahlungsfähigkeit der Unternehmung immer wieder her- und sichergestellt werden kann. Und daß ganze Gesellschaften immer größere Bereiche der materiellen Versorgung ihrer Mitglieder unter das Regime dieser Schätzmethoden stellen lassen, hat keinen anderen "Grund", als daß diese Erwartung in der Wahrnehmung der entscheidenden Instanzen häufig genug bestätigt wurde und ihr Einsatz Ergebnisse hervorgebracht hat, auf die man aus

---

310 "Fiktiv" in dem Sinne, daß diese Werte nicht durch einen faktischen Tausch-Zahlungsvorgang, sondern im Modus des "als-ob-getauscht-würde" ermittelt werden.

ganz anderen Gründen nicht verzichten wollte und will. In der dynamischsten Phase der Kapitalisierung der Wirtschaft, auch zu Zeiten der vielbeschworenen Gründerjahre, war einer der wichtigsten Nebeneffekte dieses Wirtschaftsmodus sicherlich die Steigerung der Kriegsfähigkeit des einzelnen Nationalstaates, heutzutage stellen die Parlamentarier eher die Wohlfahrt des Volkes als unverzichtbare Errungenschaft in den Vordergrund.

Die Unternehmer der Gründerzeiten waren in ihren Vorhaben noch nicht wie heutige Unternehmer(innen) mit solch feingesponnenen Rechnungs- und Regelwerken belastet. Doch dafür konnten sie nur durch das Versprechen überaus hoher Prämien andere dazu bewegen, ihnen die notwendigen Finanzmittel für ihre Unternehmung zur Verfügung zu stellen.[311] Die ungeheuer hoch anmutenden Prämien ebenso wie die Waghalsigkeit der Projekte jener Epoche ließen die Nähe von wirtschaftlichem Risiko, Abenteuer und Spekulantentum für die Zeitgenossen offenkundig werden und erklären die Entstehung eines eigenen Namens für die "neue" Art des Kaufmanns, Händlers und Fabrikanten: projecteur, adventurer, entrepreneur, undertaker, zu deutsch Unternehmer.[312]

Der heutige Sparer ist mit Jahresprämien zwischen 2,5 und 10 Prozent zufriedenzustellen, und er überläßt es den Banken, die Finanzmittel auf solche Unternehmungen zu verteilen, die die dafür benötigten Zinssummen erwirtschaften sollen. Der einzelne Unternehmer hingegen ist mit den Zahlungserwartungen (rechte Seite der Bilanz) einerseits, mit den festgestellten Schätzgrößen des Geschäftsvermögens (linke Seite) andererseits konfrontiert, und muß sich fragen: Was tun?[313] Die einzigen Sicherheiten, die er den Schätzungsgrößen abgewinnen kann, sind seine eigenen Erwartungen an die zukünftige Entwicklung aller wertrelevanten Umstände und die Tatsache, daß die anderen Beteiligten sich ebenfalls auf die Unternehmung eingelassen haben. Und nur, wenn er selbst ein persönliches Interesse an der Kontinuität der Unternehmung und an seiner eigenen Beteiligung daran hat, muß er dafür Sorge tragen, daß deren Erwartungen nicht übermäßig groß und nicht übermäßig häufig enttäuscht werden.

---

311 Siehe zum Aufkommen und zur Verbreitung des Spekulationsgeschäftes im 18. Jahrhundert Braudel 1990b, S.97-116, zu den hohen Profiten S.469-475.

312 Siehe zur Begriffsgeschichte "Unternehmer" Redlich 1964, S.225-232; zur ideologischen Vernutzung dieses Begriffs im 20. Jahrhundert affirmativ Jungfer 1954, kritisch Lempert 1969.

313 Er steht - soweit er sich persönlich im Geschäft engagiert - existentiell gesehen vor den Bilanzgrößen und den Rechnungen, die ihm präsentiert werden (können), ganz im Sinne des dramatologischen Ansatzes von Ronald Hitzler (1992, S.453) als "Goffmensch" vor der Frage: "Was geht hier eigentlich vor?"

Indem diese Form des Rechenschaftslegung über das spätmittelalterliche Fernhandelswesen hinausgehend für alle Bereiche des Wirtschaftens generalisiert wurde, wurde die aristotelische Lehre von der Versorgungswirtschaft (Oikonomiké), derzufolge ein Hausvorsteher vornehmlich für das materielle Wohlergehen seiner Familie und seines Gesindes Sorge zu tragen hatte, als grundlegendes Ideal des Wirtschaftens endgültig abgeschrieben und durch die Orientierung an den Erwartungen Dritter ersetzt.[314] Seither sind auch nicht mehr Hagelschlag oder Schiffbruch die Hauptgefahren der Wirtschaft, sondern die Fehleinschätzungen über fremde Erwartungen. Ein zukünftiger, prinzipiell unbekannter Bedarf ist die Basis der Kreditwirtschaft, und nicht die Erinnerungen an das, was in der Vergangenheit verbraucht wurde.

Das meint man, wenn man sagt, "der Markt entscheide". Im Kontext der hier bislang vorgelegten Analyse heißt dies: Im "Marktgeschehen" - in der Gesamtheit aller Käufe und Verkäufe, die im Namen einer Unternehmung getätigt werden - realisieren sich die Erwartungen über Zahlungsein- und -ausgänge. Die früheren Erwartungen können an den aktuellen Daten gemessen und als "richtig" oder "falsch" identifiziert werden, und dann - zumeist im Negativfall - wird jemand festgestellt, der die Verantwortung zu tragen hat. Der "Markt" kann also immer nur *ex post* als "Entscheidungsträger" herangezogen werden. *Ex ante* kann man sich nur auf Einschätzungen verlassen, und über die Kreditvergabe wird entschieden, wessen Vorhaben man vertrauen will. Der Unternehmer besetzt in seinem Handeln genau jene Zeitstelle zwischen ex ante und ex post, er hat für das *Jetzt* der Entscheidung (immer auch reziprok zu lesen: das Jetzt der Nicht-Entscheidung) Sorge zu tragen. Und hier ist *gegen* Schumpeter festzustellen: Auch die Entscheidung, *bewährte* Trajektories fortzuführen oder zu kopieren, ist eine unternehmerische Entscheidung. Wo Auswahl möglich ist, ist *jede* Entscheidung riskant, denn sie kann stets im Vergleich mit dem Ausgeschlagenen bewertet werden.[315]

5.4. Die Kalküle der Kostenrechnung: Simulationen des Machbaren

Seit Max Weber wird die betrieblich organisierte Wirtschaft in der Soziologie als prototypisches Feld der Rationalisierung des Handelns angeführt. Die "rationale Betriebsrechnung" galt Weber als Muster des zweckorientierten, Nutzen und

---

314 Vor diesem Effekt, der schon durch die Zwischenschaltung von Geld im Tauschprozeß bewirkt wird, hatte Aristoteles ausdrücklich gewarnt. Vgl. Binswanger 1991, S.113-127.

315 Vgl. Luhmann 1984a.

Kosten kalkulierenden Planens schlechthin. Nach den bisherigen Ausführungen ist dieses Urteil etwas zu relativieren. Das beschriebene Verfahren, die doppelte Buchführung, muß deutlich vom *betrieblichen Rechnungswesen*, insbesondere von der Kostenrechnung unterschieden werden. Die Vermögenswerte, die im Geschäftsinventar auf- und nachgeführt werden, bleiben *Schätzgrößen*, deren Wert aufgrund von *Erwartungen* bestimmt wird, welche Geschäfte mit ihnen künftig realisiert werden können. Ihr Wert variiert somit mit den Variationen dieser Erwartungen, die sich ihrerseits an den Geschäftserfahrungen orientieren. Zwar können aufgrund solcher Erfahrungen *Kalküle* entwickelt, Berechnungen angestellt und Betriebsabläufe an solchen Berechnungen orientiert werden.

Aber die Kalkulierbarkeit findet gerade im wirtschaftlichen Risiko seine Grenzen: Ob sich Erwartungen bestätigen oder nicht, kann der Plan nicht bestimmen. Bestimmte Enttäuschungen können eingeplant, Sicherheitsstrategien entwickelt werden. Doch der Gesamtwert von erwarteten Geschäften läßt sich weder ab- noch versichern. Die Realisierung der Erwartungen bleibt den spezifischen Risiken des Geschäfts ausgesetzt: daß Käufer ausbleiben, daß Lieferanten oder Geschäftspartner Unzuverlässigkeiten zeigen, daß sich Finanziers zurückziehen, oder auch, daß die eigene Organisation in der Durchführung der Betriebsprogramme versagt.

"Rational" sind Betriebsrechnungen also insoweit, als sie mit den Geschäftserfahrungen abgestimmt werden; so wie umgekehrt Rechnungen auch dafür benutzt werden können, aus den bisherigen Erfahrungen kalkulierend neue Möglichkeiten zu gewinnen, potentielle Geschäftsverläufe projektierend vorwegzunehmen. Die Realisierung solcher Projekte - die Schumpeterschen Innovationen - bleibt jedoch den bekannten und möglicherweise auch noch ganz unbekannten Risiken ausgesetzt. Nur der sich einstellende Erfolg kann - ex post - einem Kalkül Recht geben, und sein Ausbleiben darüber informieren, daß sich bestimmte Projekte "nicht rechnen". Und jene, die sich für das eine oder andere solcher Projekte, solcher Unternehmungen im Unternehmen, engagiert haben, werden sich die entsprechenden Resultate in ihre Unternehmerbiographie einschreiben müssen; mit welchen beruflichen und privaten Folgen dies im Einzelfall auch verbunden sein mag.

Die Kostenrechnung ist weniger eine Weiter-, sondern vielmehr eine Zusatzentwicklung zur Buchführungstechnik. Gleichwohl ist sie subsidiär zu letzterer. Die Frage "Was kostet es?" setzt voraus, daß Wertbestände festgestellt sind, die durch den fraglichen Vorgang ("es") vermindert werden.[316] Die Kostenrechnung arbeitet zwar auch mit Daten, die in der Buchführung anfallen, stellt sie aber nach unabhängigen Kriterien zusammen und kombiniert sie auch mit gesondert erhobenen Daten. Zweck jeder kostenkalkulatorischen Rechnung ist es festzustellen, wieviel und welche Vermögenswerte durch den laufenden Wirtschaftsbetrieb und - je nach Präzisionsbedarf - durch einzelne Betriebsoperationen selbst *verbraucht*, man kann auch sagen: vernichtet werden. Gebäude müssen gebaut, Instand gehalten, erneuert oder gar ersetzt werden, desgleichen alle Apparaturen, der Grund und Boden wird anderen möglichen Verwendungen entzogen, fertige Waren müssen eingekauft, gelagert werden und werden als Vorprodukte verbraucht; für all das und für die Fertigung selbst muß Arbeit eingesetzt und ein entsprechendes Entgelt gezahlt werden.

Faktische Zahlungen - also Zahlungen, die in die doppelte Buchhaltung eingehen - fallen in diesem Prozeß zum einen nur unregelmäßig an: bei Grund und Boden oft nur einmalig (bei der Einstellung ins Gründungsinventar oder beim Kauf), bei Apparaturen je nach Gebrauchsdauer, bei Waren je nach Umschlag, Lohnentgelte periodisch. Zum anderen können diese Summen im Großbetrieb mit vielen speziellen Fertigungs-, Dienstleistungs- und Absatzeinrichtungen kaum oder gar nicht konkreten Betriebsvorgängen zugerechnet werden. Hierfür sind in der betrieblichen Kostenrechnung spezielle Methoden entwickelt worden; man simuliert gewissermaßen ein betriebsinternes, kontinuierliches Zahlungsgeschehen (der Fachausdruck: Verrechnungspreise), um die Verbrauchsintensität einzelner Produktions- und Dienstleistungsbereiche einschätzen zu können. Solche Simulationen sind der Sache nach mit vielen Unsicherheiten und Unschärfen befrachtet, und dem Verfeinerungsbedarf der Methoden ist theoretisch keine Grenzen gesetzt.

Wenn seit Max Weber von der "rationalen Betriebsrechnung" die Rede ist, dann ist damit vor allem die Kostenrechnung gemeint. Doch gerade dieser Prototyp instrumentalistischen Kalkulierens ist - dies zeigt die Geschichte der Kostenrechnung - *nicht* in erster Linie von Kaufleuten und privaten Unternehmern, sondern *von hoheitlich eingesetzten Vermögensverwaltern, von Staatsbeamten entwickelt* worden. "Planwirtschaftliches Denken hat also das innerbetriebliche Rechnungs-

---

316 Die soziologische Frage lautet hier: Wer stellt mit welchen Mitteln welche Verbindlichkeiten fest? Manche Mißverständnisse über die Anwendbarkeit der *soziologischen* Modelle, die mit Kosten und Nutzen arbeiten, könnten vermieden werden, wenn über diese Feststellungsbeziehungen deutlicher Auskunft gegeben würde.

wesen begründet."[317] Der Beginn einer systematisierenden Kostenrechnung ist im Kontext der österreichischen Hofrechenkammer zu finden, eine erste Darstellung gibt der königlich-kaiserliche Rechnungsrath und Staatsrechnungslehrer Johann Gottfrid Brand.[318] Eine zweite Quelle bildet die Lehre des preußischen Gutsverwalters Albrecht Daniel Thaer.[319] Zur Wissenschaft (Betriebswirtschaftslehre, anfangs auch als Privatwirtschaftslehre) wird die Kostenrechnung beziehungsweise Lehre vom Reinertrag erst um 1910.[320] Der Übertrag hoheitlicher Verwaltungs- und Rechnungsmethoden auf privatwirtschaftlich organisierte Betriebe erfolgte nachhaltig erst ab 1890, im Bereich des Eisenbahnbaus, der Schwerindustrie, der Massenfertigung und - einzigartig in den USA - der "public utility firms", also Unternehmen, die in privater Regie Güter des öffentlichen Bedarfs herstellten (Verkehr, Nachrichten, Energie etc.).[321]

Mit der Etablierung der Kostenrechnung als eigenständiger Disziplin beginnt - die Aufwertung *technischen* Wissens und damit der Stellung der Ingenieure begleitend - die Professionalisierung einer spezialisierten Betriebsverwaltung und der Aufstieg der Manager in der Leitung von staatlichen, parastaatlichen und privat finanzierten Großbetrieben.[322] Dieser Prozeß ist mehrfach beschrieben worden, so daß an dieser Stelle hinsichtlich der sozialen Relevanz des Managementwissens auf diese Beschreibungen verwiesen werden kann.[323]

Unternehmerisch wird das Kostenwissen um so relevanter, je stärker die in das Geschäftsinventar eingestellten Vermögenswerte durch den Betrieb selbst

---

317 Schneider 1987, S.386. Schneider legt großen Wert auf die Feststellung, daß der paradigmatische Kern der Betriebswirtschaftslehre in der Kostenrechnung und *nicht* in der Buchführung der mittelalterlichen und frühneuzeitlichen Kaufleute zu sehen ist. In der Tat haben Sombart und Weber in ihren Thesen zur "Rationalisierung wirtschaftlichen Handelns" nicht deutlich genug zwischen Bestandsaufnahme (von Verbindlichkeiten, Soll-Dokumentation) und Betriebsrechnung (Kostenprüfung, Ist-Rechnungen) unterschieden. Vgl. auch Baecker 1987, S.530.

318 Johann Gottfrid Brand, Grundsätze der Staatsrechnungswissenschaft, Wien 1790, zit. n. Schneider 1987, S.122.

319 Albrecht Daniel Thaer, Grundsätze der rationellen Landwirthschaft, Berlin 1809-1853, zit. n. Schneider 1987, S.125.

320 Paradigmatische Werke: Heinrich Nicklisch, Allgemeine kaufmännische Betriebslehre als Privatwirtschaftslehre des Handels (und der Industrie), Leipzig 1912, und Eugen Schmalenbach: Über Verrechnungspreise. In: Zeitschrift für handelswissenschaftliche Forschung, Jg. 3, 1908/09, S.165-185, beide zit. n. Schneider 1987, S.122-132. Auch die prominente Grundlegung der "Prinzipien wissenschaftlichen Managements" von Frederick W. Taylor (1911, 1947) fällt in diese Zeit.

321 Siehe Hendriksen 1977, S.41-53.

322 Vgl. Staehle 1991.

323 Sehr eindringlich bei James Burnham (1944, deutsch 1949), der sogar von der "managerial revolution" und vom "regime" der Manager sprach. Siehe darüberhinaus auch Pross 1965, Pross/Boetticher 1971, Boltanski 1990, Braverman 1976, Burawoy 1982, Edwards 1981, Hildebrandt/Seltz, Hrsg., 1987.

verbraucht und je komplizierter die Betriebsabläufe werden. Eine Anlage beispielsweise wird in der Regel im Laufe der Zeit vollständig durch den Betrieb selbst verbraucht, sie gelangt nicht in den Weiterverkauf, allenfalls auf den Schrottplatz. In der *Projektierung* von Geschäftsprogrammen muß man mithin nicht nur den erhofften Absatz, sondern auch den bis dahin anfallenden Vermögensverbrauch in den Blick nehmen. Das Wissen um diese Art von Restriktionen für unternehmerische Programme ist im Kontext von Großbetrieben so relevant geworden, daß hier deren Durchführung weitgehend nur noch professionellen Managern zugerechnet wird. Schumpeter hatte noch befürchtet, daß mit der weiteren Etablierung der Kostenkontrollrechnung und ihrer Verwalter jede unternehmerische Initiative - nach dem Muster des routineorientierten Staatsbeamten - erstickt würde. Er konnte sich nicht vorstellen, daß die Aussicht auf Einfluß in der Geschäftspolitik ähnlich wie die Vermögenssorge des Eigentümers zu unternehmerischem Engagement motivieren könne.[324]

Aber ob jene, die sich im Kontext angestellter Tätigkeiten derart engagieren, gemäß einer *analytisch* strengen Unterscheidung von Managern und Unternehmern klassifizierbar sind, dürfte lediglich einige Klassifikatoren interessieren. In der Realität ist hingegen allein entscheidend, ob sie sich in den einschlägigen Geschäftsverhandlungen und organisierten Arbeitszusammenhängen den dort relevanten Kommunikationspartnern als unternehmerisch verantwortungsbewußt *zeigen* und hierin Anerkennung finden. Die Frage, mit welcher Berufsbezeichnung sie identifiziert werden, ist demgegenüber sekundär.

Wer Kosten kalkuliert und vergleicht - der gefürchtete "homo oeconomicus"-, spielt - auf der Basis bisheriger Erfahrungen und daraus gewonnener Schätzwerte - die finanziellen Folgen von *verschiedenen* Möglichkeiten des Weitermachens durch. Er kontrastiert die eingespielten und bekannten Betriebsabläufe mit denkbaren Alternativen und kann versuchen, die Unternehmung, in der er sich engagiert, auf Alternativen aufmerksam zu machen und einzustellen, die ihm aufgrund seiner Kalküle aussichtsreich erscheinen. Insofern eröffnet die "rationale", i.e. kalkulatorisch begründbare, Betriebsrechnung Möglichkeiten, Einfluß auf die Geschäftspolitik auszuüben - ein Einfluß, der nur soweit reicht, soweit sich der Einzelne qua

---

324 Z.B. Schumpeter 1980, S.218. Jüngere Reformulierungen dieser Ansicht finden sich bspw. bei Jacoby 1984, S.128-133.

Stellung *und* Überzeugungskraft im Kontext aller Anderen, die an Einfluß interessiert sind, Geltung verschaffen kann.[325]

Im Hinblick auf die Chancen und Risiken eines Unternehmens sind also auch die oft hypostasierten rationalen Kalküle nur ein weiteres Mittel, Hypothesen auf das wirtschaftlich Machbare zu entwickeln und - soweit sie überzeugen - dem Realitätstest zu unterwerfen.[326] Ein wichtiger Effekt dieser Art von Kalkulierbarkeit ist auch, daß sich *einzelne* Risiken identifizieren und lokalisieren lassen, dementsprechend die Größen "Erfolg" und "Mißerfolg" *partialisiert*, in Teilerfolge und Teilmißerfolge zerlegt werden können. In einer bestehenden Unternehmung muß man - je mehr Möglichkeiten von den Verantwortlichen durchkalkuliert werden - nicht "aufs Ganze" setzen. Man kann einige Abläufe und Routinen beibehalten und andere ändern, im Detail umstellen und in diesem Sinne "erneuern". Und jene, die sich ausgehend von ihrer Berufsbiographie mit den wirtschaftlichen Chancen und Risiken einer Unternehmung identifizieren, müssen für sich und im Spiel um Einfluß untereinander prüfen, welche Routinen und welche Innovationen tatsächlich riskiert werden sollen. *Die* Unternehmung kann sich in Unternehmung*en* auflösen, *in sich die Form von Projekten* annehmen und Projektverantwortlichkeiten feststellen. Erst alles Weitere ist eine Frage von Planung, Steuerung, Verwaltung und Kontrolle, also eine Frage der Organisation, die ihrerseits dem Vergleich ausgesetzt werden kann, welche Chancen *andere* Organisationen (faktische oder potentielle Konkurrenz) realisieren. Welche Erfolge unter solchen Bedingungen nach außen (vor den Eigentümern, den Konkurrenten, den Banken, der Öffentlichkeit) auch immer präsentiert werden, *intern* lassen sich persönliche Anteile an ihnen zuschreiben. Und allein die Möglichkeit, sich selbst in solche wirtschaftlichen Erfolgsgeschichten hineinzuschreiben, kann - wie die ungebrochene Attraktivität des Managerberufs zeigt - interessant genug sein, sich unternehmerisch zu engagieren.

---

325 Den Problemkreis von Accounting, Auditing, Kommunikation und Organisation diskutieren, vor allem in der Zeitschrift "Accounting, Organizations and Society", verschiedene Ansätze untereinander: traditionelle Organisationstheorien (z.B. March 1987) wie auch ethnographische (z.B. Power 1991), alltagssoziologische (Covaleski/Dirsmith 1990) und sogar hermeneutische (Boland 1989, 1993, Lavoie 1987) Ansätze. Im hier behandelten Zusammenhang ist die Formulierung von Miller und O'Leary (1987) einschlägig: "Accounting and the Construction of the Governable Person", wobei "governable" im Deutschen wohl zugleich "regierungsfähig" und "regierbar" heißen müßte. Vgl. auch Power 1993.

326 "Accounting, which enables decisions by tracing them and tracking them down to changes in assets and liabilities, has been surpassed by decisions seeking profit in other forms of marketing, which rely on second-order observations concerning risk and profit sharing. ... The existence of a capital market sets free this kind of present check on future chances, independent of past limitations." (Baecker 1992a, S.173).

6. Unternehmerisches Handeln in moderner Gesellschaft

Als eines der wichtigsten Merkmale, die die moderne Gesellschaft von ihren Vorläufern unterscheidet, gilt ihr *besonderes Verhältnis zur Zukunft* und eine entsprechende Vorstellung von der *Zeit des Handelns*.[327] Die Moderne betont das *Veränderliche* gegenüber der Beharrung, das Neuartige zuungunsten ewiger Formen.[328] Nichts ist so beständig wie der Wandel, lautet das moderne Credo. Zukunft wird als Gestaltungsaufgabe, als Richtlinie gegenwärtigen Handelns begriffen - und die Gesellschaftsmitglieder haben sich dementsprechend in ihrem Handeln auf Veränderung und Wandel *vorzubereiten*:

"Zunächst sind es in der abendländischen Entwicklung bestimmte Ober- und Mittelschichtsfunktionen, die von ihren Inhabern eine solche beständige, aktive Selbstdisziplinierung auf längere Sicht erzwingen, höfische Funktionen in den Herrschaftszentren eines großen Gesellschaftsverbandes und kaufmännische Funktionen in den Zentren der Fernhandelsverflechtung, die unter dem Schutz eines einigermaßen stabilen Gewaltmonopols stehen. Aber zu den Besonderheiten der gesellschaftlichen Prozesse des Abendlandes gehört es, daß sich hier, mit der Ausdehnung der Interdependenzen selbst, zugleich die Notwendigkeit zu einer solchen Langsicht und einer solchen aktiven Abstimmung des individuellen Verhaltens auf eine größere, räumliche und zeitliche Ferne über immer weitere Schichten der Gesellschaft hin ausbreitet."[329]

"Modernisierung" kann unter diesem Aspekt heißen: immer mehr Ereignisse, die ehedem als Schicksal und Zufall, als Zeichen des Wirkens höherer Mächte hingenommen wurden, werden als Ergebnis menschlicher Entscheidungen und Handlungen, als Tat-Sachen interpretiert und über Verantwortung den Handelnden zugerechnet.[330] Der Gestaltungswille der Aufklärung beförderte nicht nur die technische Umsetzung wissenschaftlichen Wissens, sondern schuf zugleich die "tat-kräftige Persönlichkeit" und den "Führer".[331] Die "großen Unternehmerfiguren" des 19. Jahrhunderts waren ein Produkt dieser Semantik;[332] und die zeitgenössische Literatur zeichnete mit Zauberlehrling und Faust die dämonischen Züge solcher Figuren nach.[333] Nahezu zeitgleich zum Fortschrittsglauben hat sich

---

327 Um nur einige Stellen zu nennen, in denen auf diese Besonderheit der Moderne hingewiesen wird: Koselleck 1989, Elias 1984, Wendorff 1988 (insb. S.7-20, 88-111, 133-142), Nassehi 1993, S.304-309.
328 Luhmann 1995.
329 Elias 1982, S.339.
330 Beck 1986, Gross 1994, S.174-185.
331 "Die Sehnsucht nach charismatischer Herrschaft dagegen verlangt nicht nach Aufrechterhaltung oder Sicherung des Bekannten. Sie zielt auf Erneuerung durch Zerstörung des Bestehenden. Ihr geht es um das Aufbrechen von gesellschaftlichen Klassifikationsgittern und Normen." (Soeffner 1992b, S.199).
332 Siehe hierzu Rarisch 1977, mit viel Material auch Nuth 1991.
333 "Der klassische Unternehmer ist der alte Faust", stellt Sombart (1988, S.65) fest, Goethe zitierend: "'Daß

also auch eine *Skepsis* gegen die Möglichkeiten des Gestaltens herausgebildet. Die Orientierung an Zukunft durch Bildung von Plänen ("Rationalisierung") *steigert* ja auch die Ungewißheiten, die man in der Zukunft vermuten kann. Je ausgreifender ein Plan, je mehr Umstände er zu berücksichtigen beansprucht, um so mehr Unwägbarkeiten nimmt er in sich auf: Jeder einzelne Umstand kann richtig oder falsch vorhergesehen werden, und genau das kann man in der Vorhersage auch wissen.[334] Wo geplant wird, werden aus zukünftigen Gefahren *Risiken des gegenwärtigen Planens und Entscheidens.* Sicherheit kann immer nur *nachträglich* gewonnen werden: bei Erfolg die Sicherheit, richtig gehandelt zu haben, bei Mißerfolg die Sicherheit, daß man es, wenn man gewußt hätte, wie es kommen würde, hätte anders machen müssen. Trotz dieser Ungewißheit handeln zu können heißt, die *Aussicht* auf einen guten Ausgang als hinreichenden Grund seines Handelns anzuerkennen und sich - beunruhigt oder nicht - auf die Risiken einzulassen.

Handeln nimmt unter diesen Bedingungen *die Form des Projektes* an: Man initiiert Aktionen, deren Resultate niemand im voraus genau abschätzen kann, von deren Erfolgsträchtigkeit man sich dennoch überzeugen läßt beziehungsweise überzeugt gibt. Zwar ist jedes Handeln - wie in der wissenssoziologischen Einführung dargelegt wurde - als Vollzug einer vorentworfenen Erfahrung immer an Zukünftigem orientiert. Unternehmerisches Handeln - so kann man den vorangegangenen Kapiteln entnehmen - ist jedoch ein Sonderfall des Handelns insofern, als es stets an seine *Entwurfsqualität, an seine Projekthaftigkeit erinnert* - den Handelnden selbst und jene, die die Ungewißheiten interessieren, auf denen der Entwurf beruht.

In den drei vorgestellten Fällen ist die Projektqualität gut zu erkennen. Ingeborg Danner stellt sich der Aufgabe, ihren Traum vom eigenen Studio, von einem nach ihren Vorstellungen gestalteten Ambiente für die Bauchtanzveranstaltungen zu realisieren - trotz aller Befürchtungen vor einem bösen Erwachen, trotz der Zweifel, daß sich für den Unterhalt ihrer Unternehmung nicht genügend Interessenten einfinden könnten. Sie begrenzt ihr Projekt zeitlich von vornherein und sieht einen Ausstieg in traditioneller entworfene Tätigkeitsbereiche (Hausfrau und Mutter) von Anfang an vor. Manfred Glaschke hat sein Interesse - die Verwirklichung qualitativ hochwertiger EDV-Lösungen - nach den einschlägigen Enttäuschungen in

---

sich das größte Werk vollende, Genügt ein Geist für tausend Hände.' Das spricht den tiefsten Sinn der Unternehmung aus."
334 Luhmann 1991a, S.37.

Großbetrieben im Rahmen einer freiberuflichen, nur durch ein kleines Team begleiteten Unternehmung projektiert; mit vergleichsweise intensiven Absicherungsstrategien (man könne - male man mal den Teufel an die Wand - mehrere Monate ohne Aufträge überstehen). Inge Mertensen sieht ihre Aufgabe in dem Projekt, das Lebenswerk ihres Vaters trotz ungünstiger Zeitzeichen so lange es geht fortzuführen - ob es zur Weitergabe an den Sohn gereicht, läßt sie dahingestellt bleiben.

Ebenso wie jedes andere Projekt verliert das Unternehmer-Projekt seinen Vorläufigkeitsstatus niemals so ganz. Man kann registrieren, was sich an Erfolgen vermelden läßt, sie entsprechend würdigen und auch feiern, um die Erinnerung übrig zu lassen, daß jeder Erfolg mehr auch eine Aufforderung mehr ist, sich für weitere Erfolge einzusetzen - sofern man es sich selbst und den Anderen nicht erlaubt, sich vom Engagement für die Sache zurückzuziehen, sein Interesse ausklingen zu lassen. Diese Weisungen, diese Mahnungen sind aus den Memoiren von Kaufleuten, Unternehmern und Managern deutlich herauszulesen. Erfolg darf nur im Augenblick, in Atempausen der Entspannung für sich genossen werden, nicht aber zur Ruhe und zum Nachlassen verführen.

Vorläufigkeit der Resultate und Unruhe im Schaffen - dies sind die Merkmale, die die Unternehmerfigur in die Nähe anderer Prototypen der modernen Gesellschaft rücken: in die Nähe des Künstlers, des Schriftstellers, des Intellektuellen, des Wissenschaftlers. Sie alle schaffen für eine und in einer Zeit, von der sie nicht mehr wissen, als daß sie sich ändern, ihre Werke in ein anderes Licht rücken und aller Wahrscheinlichkeit sogar dem Vergessen überantworten wird. "Leben und Werk": solche Gesamtschauen, die der Vergeßlichkeit entgegenarbeiten sollen, werden zumeist nur prominenten Repräsentanten dieser Prototypen gewidmet.

Die Projekthaftigkeit unternehmerischen Handelns findet sich also auch in anderen Leistungsbereichen der modernen Gesellschaft wieder. Überall sucht man nach Veränderungen, die sich bewähren können, versucht, im Wandel Sicherheiten zu finden und protegiert den Personentypus des "Neuerers", dessen Taten durch *unpersönliche Regelwerke* zugleich einer strengen Beobachtung und Bewertung unterzogen und einem rigiden Wirklichkeitsdruck ausgesetzt werden. Dies läßt sich nicht nur in der Wirtschaft - deren Beobachtungs- und Kontrollinstrumentarium hier aufgezeigt wurde (Kapitel 5) - feststellen. Ebenso feingesponnene und biographisch folgenreiche Regelwerke und Selektionsprozeduren, die den jeweiligen

Erfolgsausweisen vorgeschaltet sind, sind in der Politik, in der massenmedial hergestellten Öffentlichkeit, in der Kunst und in der Literatur, in der Wissenschaft, also überall dort, wo man die Helden der Moderne sucht, vorzufinden.[335] Jeder, der die in diesen Bereichen etablierten Institutionen nur etwas näher kennt, weiß, wie eingeschränkt es dort um die "Freiheiten" beschaffen ist, denen ein individueller Betätigungswunsch ausgesetzt ist.[336]

Trotz oder besser: *wegen* des Regimes weitgehend unpersönlicher Regeln kann sich niemand, der oder die in diesen institutionalisierten Handlungsfeldern seine oder ihre Interessen ausbilden will, der Selbstbestimmung entziehen. Er oder sie muß seine oder ihre persönlichen Interessen im Kontext der Fremdbestimmungen, die er oder sie an sich erfährt, profilieren; was ihm oder ihr zugleich die Möglichkeit eröffnet, eigene Interessen *zu ent-decken*, herauszufinden, was sich im Zusammenspiel der Handlungen vieler, auch persönlich unbekannter Anderer überhaupt verwirklichen läßt. "Teilhabe an einer sozialen Welt vollzieht sich im Handeln. Sich in ihr zu orientieren und zu bewegen, bedeutet, sich bestimmten Positionen und Aufgaben zuzuordnen - sich im Handeln zu 'verorten'...".[337]

Unpersönliche Regeln können im Zusammenhang der "Selbst-Verortung" nicht einseitig als dem Einzelnen gegenüber zwanghaft verstanden werden. "Unpersönlichkeit" von Regeln heißt ja auch, daß der *Ausschluß* von den Spielen, die nach ihnen gespielt werden, *nicht* über spielfremde Attribute der Person ("Charakter"- oder "Standesqualitäten") geregelt wird. Aufnahme ebenso wie Ausschluß erfolgen über regelgeleitete Befähigungs- und Leistungsausweise, über Erfolgsnachweise und Erfolgsaussichten. Auf diese Weise *schützen* Regeln den einzelnen Teilnehmer auch vor allzu großen Überraschungen und Zumutungen, die die Einzigartigkeiten jedes Einzelnen für alle anderen Einzelnen und wohl auch für sich selbst in sich bergen. In der modernen Gesellschaft wird Vermögensverwendung vermittelt über Geld, Recht und Organisation *entpersonalisiert* - und es bleibt unternehmerisch Interessierten überlassen, sich in ihrem Handeln mit der Durchführung von Geschäftsprogrammen - auch unter Ungewißheit und Risiko - zu

---

335 Man spricht ja auch mittlerweile vom politischen, vom moralischen, vom wissenschaftlichen Unternehmer usw.
336 In der Idealisierung "freier Tätigkeit", die noch in der Aristotelischen Tradition der aufgabenerfüllenden (sklavischen, heute würde man sagen: entfremdeten) Arbeit entgegengesetzt gedacht ist (vgl. Böhme 1985, S.153 -166), schwingt immer die Erinnerung an vermeintlich bessere "frühere Zeiten" mit - die sich gerade deswegen zur Idealisierung eignen, weil sie von niemandem mehr nacherlebt werden können; man denke nur an die Schwärmereien vom "Mut" und der "Tatkraft" der Unternehmer der "Gründerzeiten".
337 Soeffner 1991, S.7.

identifizieren. Die unternehmerischen Verantwortlichkeiten kann man - wie historisch auch geschehen - politisch und moralisch aufladen, etwa mit sozialpolitischen Fragen, mit Moralproblemen des Waffengeschäfts, mit dem ökologischen Problem oder auch mit der Forderung nach Gleichstellung von Frau und Mann im Berufsleben. Aber Vermögensverwendung kann weder über Appell noch über Recht effektiv fremdgesteuert werden.[338] Faktische Veränderungen im Repertoire der Geschäftsprogramme waren und sind immer dann zu verzeichnen, wenn politisch oder anderweitig Bewegte sich selbst - ob in formeller Selbständigkeit, Teilhaberschaft oder Delegiertenverhältnissen - unternehmerisch engagieren, den Erfolg und den Mißerfolg der alternativen Geschäftsprogrammatik zurechenbar und damit tragfähig machen.

Was sich inhaltlich - man denke an die typischen Themen der Unternehmensgestaltung, an Beschaffung, Tausch, Fabrikation und Ausrüstung - neu projektieren und gestalten läßt, wird ermöglicht und eingeschränkt von dem Zustand, in dem sich eine Unternehmung aktuell präsentiert, das heißt von dem, was sich in ihr bereits als machbar oder als undurchführbar erwiesen hat.[339] Die Geschichte geschäftlicher Erfolge und Mißerfolge prägt die aktuell mobilisierbaren Erfolgsaussichten. Durch sie wird jede Geschäftsführung - sei sie selbständig, sei sie delegiert - an bestimmte Aufgaben und Positionen und damit auch an bestimmte Arbeitsanforderungen und -leistungen gebunden. 'Stelle Dir den Laden als Person, als Schuldner und Gläubiger vor', um nochmals an die (kategorische) Anweisung Paciolis zu erinnern; eine Anweisung, die impliziert, daß sich der Kaufmann von seinem "Laden" *distanziere*, um Aufgaben *feststellen* zu können, die "die Sache selbst" ("die Ordnung des ganzen Handels") ihm auferlege. Die biographische Aneignung von unternehmerischer Verantwortung beschreibt einen *impliziten Vertrag*, der den Verantwortlichen - nur so kann er Verantwortung *zeigen* - ebenso wie ein formaler Vertrag zu Loyalitäten verpflichtet, und der das, was an Tradition und Innovation in der Geschäftsführung riskiert werden kann, entsprechend einschränkt. Die Geschichte einer Unternehmung selbst ist ihr "konservatives" Moment, was gerade die Geschichten von Traditionsunternehmen eindrucksvoll belegen.

---

338 Auch der Vordenker der Diskursethik, Jürgen Habermas, konzediert mittlerweile, daß über Geld sonderbare Zumutungen etabliert werden, die nicht in einem infiniten Begründungsregreß aufgelöst werden können: "Ich muß nur feststellen, daß sich eine funktional ausdifferenzierte Gesellschaft holistischen Gesellschaftskonzepten entzieht. Der Bankrott des Staatssozialismus, den wir heute beobachten, hat noch einmal bestätigt, daß ein modernes, marktgesteuertes Wirtschaftssystem nicht beliebig von Geld auf administrative Macht und demokratische Willensbildung umgepolt werden kann, ohne daß seine Leistungsfähigkeit gefährdet würde." (Habermas 1991, S.27, im Vorwort zur Neuauflage von "Strukturwandel der Öffentlichkeit".)

339 Vgl. Baecker 1987, S.533-539.

Der "Übername" für die Vielzahl von etablierten Regeln und Routinen, die mit den Regeln verbunden sind, heißt "Alltag", jenes Raum-Zeit-Gebilde, das die Gewißheiten des "und-so-weiter" und "ich-kann-immer-wieder" erst ermöglicht. Und die Frage für den Einzelnen ist, was er oder sie jenem All-Tag, den er oder sie kennengelernt hat, abzugewinnen vermag. Auch hier liegen Selbstbestimmungen vor, die in einer Gesellschaft, die das Individuum in sein Recht zu setzen beansprucht, von keiner großen Institution mehr aufgefangen werden können. Nur dort, wo Regeln bestehen und individuell erkannt und anerkannt werden, kann der Einzelne riskieren, zu spielen, auszugestalten und zu probieren, was sich im Zusammenspiel verwirklichen läßt. So können Interessen ausgebildet, Handlungsräume und Handlungszeiten, schließlich auch Lebenszeiten gewonnen werden.[340] Auf die Attraktivität ihrer Handlungsfelder setzen alle Institutionen, die unter dem Anspruch stehen, Gestaltung zu betreiben: Politik, Wirtschaft, Wissenschaft, Kunst, auch Pädagogik, Familie, Partnerschaft und Freizeit. Sie werben für sich mit den Aussichten auf Gelingen und Erfolg. Sie werben um persönliche Interessen, die sich neben ihren Außer-Alltäglichkeiten auch ihren Alltäglichkeiten auszusetzen bereit sind.

Aber der Aussicht auf Gelingen, Erfolg und Anerkennung sind die - in den Erfolgsgeschichten und in den offiziellen Präsentationen ausgeblendeten - Seiten des Mißlingens, des Mißerfolgs, der Degradierung stets mitgegeben.[341] Das Scheitern ist jedem Gelingen als dessen dunkle Seite eingeschrieben. "Riskanz wird in gewisser Weise operatives Gegenstück zu Interesse."[342] Wer seine Interessen nicht in die Alltäglichkeiten, Routinen, Gewißheiten und Interessen relevanter Anderer einzubringen vermag, wird von letzteren auf die eine oder andere Art über seine Grenzen informiert.[343] Und in der biographischen Arbeit am Selbst - im autobiographischen Schreiben wie in den kleinen, mehr oder weniger alltäglichen Gattungen biographischen Erzählens - kann er sich und gegebenenfalls Andere darüber vergewissern, wie er sich im Laufe der Zeit, im Laufe *seiner Zeit*, im Hinblick auf jene Ambivalenzen der Erfolgsaussichten zu disponieren vermag, die er in seinen Interessensbereichen kennengelernt hat. Die Protagonisten der modernen

---

340 Soeffner 1991, S.12.
341 Beck/Beck-Gernsheim, Hrsg., 1994.
342 Luhmann 1993, S. 285. So auch Baecker 1993, S.102: "Immerhin ist ja mit jedem Interesse, mit jedem 'Dazwischen', eine Wette darauf abgeschlossen, daß sich weder die Welt noch das Unternehmen in dem zu überbrückenden Zeitraum in gerade den Hinsichten ändert, die für eine Einlösung des Interesses erforderlich sind."
343 Zum Beispiel des Interesses an Intimbeziehungen: Beck/Beck-Gernsheim 1990.

Helden- und Schicksalsgeschichten verkörpern - jenseits der konkreten Erfolge, die ihnen Aufmerksamkeit zuteil werden ließen - in ihren Lebensgeschichten vielleicht am intensivsten sowohl eine der größten Hoffnungen, als auch eine der größten Befürchtungen, die die moderne Gesellschaft - einerseits auf das Individuum zentriert, andererseits auf eine ungewisse Zukunft eingestellt - hervorgebracht hat: die Hoffnung auf ein erfülltes Leben und die Furcht vor einer gescheiterten Existenz.[344]

Wer an der Teilhabe im Wirtschaftsverkehr, an der Möglichkeit, sich auch künftig den Zugriff auf Güter und Dienste sichern zu können, interessiert ist, kann auf die Einkommenssicherheiten setzen, die eine Anstellung bietet - oder er muß selbst etwas unternehmen, Verantwortung für wirtschaftliche Risiken übernehmen. Doch wo diese Wahlmöglichkeit erst einmal gegeben ist, wird auch die Wahl für die "sichere" Alternative der Anstellung riskant: Scheitert die beschäftigungs- und lohngebende Organisation, oder scheitert auch "nur" die individuelle Karriere in ihr, dann tritt die Vergangenheit der individuellen Wahl mit der Frage in die Gegenwart ein, ob man nicht selbst etwas hätte unternehmen können.

Auf den ersten Blick unterscheiden sich die Regeln und damit auch die Gestaltungsmöglichkeiten, die einmal in einer formal selbständigen, das andere Mal in angestellter Erwerbstätigkeit gelten, deutlich voneinander. Der Selbständige muß sich in seinem Handeln per se mit seinem Geschäft, das heißt mit dessen Erfolgen und Mißerfolgen identifizieren. Der Angestellte hat einen Vertrag unterzeichnet und sein primäres Verhältnis zum Geschäftsgeschehen ist durch *Loyalität*, nicht durch eine persönliche Identifikation gekennzeichnet.[345] Loyalität verlangt nach Dienst, zur Not nach Vorschrift, Identifikation hingegen nach persönlichem Einsatz, der erkennbar über das bloß Vorgeschriebene hinausweist. Etwaig persönliche Interessen kann ein über Vertrag gebundener Angestellter - soweit er die Rechte nicht verlieren will, die sein Vertrag bestimmt - bei seiner Arbeit nur im Rahmen dessen ausbilden, was sich den Bedingungen der Anerkennung und Aberkennung von Loyalität fügt.[346]

Im Gegenzug ist der Angestellte über seinen Loyalitätsrahmen auch vor der *unmittelbaren* Identifikation mit den Erfolgen und Mißerfolgen der Geschäftsver-

---

344 Baethge 1985.
345 Vgl. Luhmann 1973, S.140-143, Becker/Strauss 1972, S.362f., zu Loyalität auch Hirschman 1970.
346 Vgl. auch Schimank 1981.

läufe, mit den wirtschaftlichen Risiken der Unternehmung *geschützt*. Solange keine Loyalitätsverletzungen nachweisbar sind, braucht er sich in seinem Handeln keine weitere Verantwortung für Erfolge und Mißerfolge vorrechnen und zurechnen zu lassen. Geschäftliche Erfolge und Mißerfolge der Unternehmung, bei der er angestellt ist, bekommt er nur vermittelt über die Entscheidungen und Nichtentscheidungen der Geschäftsführenden zu spüren, vermittelt über die Gratifikationen und Sanktionen, die in der Behandlung von Personalproblemen jeweils zur Verfügung stehen.[347]

Aber diese scharfe Trennung der Interessen und der Identifikationsmöglichkeiten in geschäftsführenden oder in rein angestellten Tätigkeiten verschwimmt, sobald Ungewißheiten, die in der *Zukunft* einer Unternehmung liegen, für den Angestellten auch *in biographischer Hinsicht* an Relevanz gewinnen. Im Hinblick auf die je individuelle Zukunft schreibt sich der Projektcharakter einer Unternehmung auch *implizit* in die Arbeitsverträge ihrer Angestellten ein. Angestelltenverhältnisse werden in der Regel auf *unbestimmte Dauer*, vom Anspruch des Angestellten her gesehen oft auf Erwerbslebensdauer eingegangen.

Dieser unbestimmten Anspruchsdauer stehen auf der Seite der Leistungsfähigkeit der Unternehmung - und sie schließt Beschäftigungs- und Lohnzahlungsfähigkeit ein - Zeithorizonte von erheblich kürzerer Ausdehnung gegenüber. Sicher sind die Routinen des Tagesgeschäfts, konkret projektiert ist das nächste Geschäftsjahr, je nach Branche und Organisationsgröße mögen einige Angestellte oder Abteilungen auch in das eine oder andere bis zu drei- oder fünfjährige Entwicklungsprojekt involviert sein - jede darüber hinausgehende Aussicht verschwimmt in den "Visionen", in denen sich die Beteiligten darüber versichern, daß ihr Trajektorie jenseits der bekannten Zeiten eine Zukunft haben könnte. Und im Hinblick auf diese ungewissen Zeiten können die Beteiligten sich selbst und die anderen - Loyalität ohnehin vorausgesetzt - befragen, ob und inwieweit sie sich in ihrem Handeln mit der Zukunft der Unternehmung identifizieren und ein persönliches Engagement und Interesse an den Möglichkeiten und Gefährdungen der Unternehmung entwickeln.

Dieses Identifikationspotential, diese Betroffenheit muß nun keineswegs zwangsläufig - wie es manche Motivationspropheten gerne sähen[348] - die Loyalitätsbin-

---

347 Vgl. Becker/Strauss 1972, S.356-362.
348 Vgl. Broszewski 1994b.

dungen verstärken: das Gegenteil kann der Fall sein, Manfred Glaschke wäre hier ein prototypisches Beispiel. Der Einzelne kann - vorausgesetzt, er realisiert für sich die Risiken - zu den biographisch bekannten alternative Identifikationsmöglichkeiten suchen, entdecken und entwickeln, sich zeitig auf *Möglichkeiten des Wechsels* einstellen; seien es Wechsel zu bestehenden Unternehmungen, die ihm persönlich interessantere Aussichten versprechen, seien es Wechsel in formal selbständige Projekte, seien es diachrone oder synchrone Mischungen aus solchen Wechseln.[349] Und mit den Möglichkeiten solcher Identifikationswechsel - die durch Motivationsaufrufe, unternehmerisch zu denken und zu handeln, auch noch verstärkt werden - steigt für bestehende Unternehmungen das Risiko, Arbeitsvermögen und Erfahrungswissen der Mitarbeiter zu verlieren; ein Risiko, das traditionell über Hierarchie und Loyalitätsverpflichtungen gebunden ist. Für den einzelnen Angestellten steht in solchen Identifikationsproblemen nicht sein Eigentum auf dem Spiel, sondern sein Arbeitsvermögen, das heißt jene Ansprüche (auf Lohn und auf Positionen), die er durch künftige Arbeitsleistungen zu realisieren hoffen kann.

"Personen werden in spezifischer Weise betroffen von ungewohnten Forderungen nach Loyalität und Treue, die ihre Ursache in den unvorhergesehenen Veränderungen in der Organisation haben. Mobilitätswege werden weniger deutlich festgelegt, was nicht ohne Auswirkungen auf das Engagement oder die Identität einer Person ist. Wo die Möglichkeit, sein Schicksal fest an irgendeine Karriere zu knüpfen, schwindet, da sich eine solche Karriere nicht so klar anbietet, wächst Experimentierfreude und geistige Offenheit oder auch Besorgnis und Unruhe."[350]

In dem Maße, in dem dem Einzelnen solche Ungewißheiten des persönlich Realisierbaren biographisch zum Problem und zum Thema werden, bekommt sein Interesse unternehmerische Züge, wird die eigene Position zum Projekt, das sich in den Möglichkeiten und Gefährdungen des wirtschaftlich Machbaren realisieren kann und muß.

"Die Berufe und Organisationen, innerhalb welcher Karrieren verlaufen, ändern ihre Struktur oder die Richtung ihrer Aktivität ... (und) schaffen somit die Möglichkeit einer Veränderung lang etablierter Karrieretypen. Eine Person, die einst eindeutig für eine bestimmte Position bestimmt schien, sieht sich plötzlich neulich vor eine Wahl gestellt; was einst eine abgemachte Sache schien, hat sich eine Reihe von Alternativen aufgesplittert, zwischen denen sie nun ihre Wahl zu treffen hat."[351]

---

349 Vgl. Becker/Strauss 1972, S.365-367, Gross 1995.
350 Becker/Strauss 1972, S.369.
351 Becker/Strauss 1972, S.369.

Damit soll *nicht* gesagt sein, daß von einer allgemeinen Tendenz zur *Gleich*verteilung unternehmerischer Chancen und Risiken, gar zu einer "Gesellschaft von Unternehmern" die Rede sein könnte. Daß der Zugang zu Sachvermögen und die Chancen, Wissen zu erwerben und Erfahrungen zu sammeln, ungleich verteilt sind, kann nicht bestritten werden; ebensowenig wie die logische Folge dieser Tatsache, daß sich die Ausgangspositionen zur Ausbildung unternehmerischer Interessen und die Verwirklichungschancen von Individuum zu Individuum erheblich unterscheiden. Die Chancen und Gefährdungen werden - in einer Gesellschaft, die Selbstverantwortung auch in wirtschaftlicher Hinsicht generalisiert - *individualisiert* und damit *differenziert*.[352]

Das wissenssoziologische Vorgehen bringt es mit sich, daß das *Typische* hervorgehoben und alle anderen Aspekte mehr und mehr ausgeblendet werden. In der vorliegenden Studie ging es in erster Linie darum, die *Ähnlichkeit*, die *Gemeinsamkeit* von Problemen unternehmerischen Handelns wissenssoziologisch zu rekonstruieren und verständlich zu machen. Dieser Problemtypus wird vermutlich in einer Gesellschaft an Bedeutung gewinnen, die ihre traditionellen Sicherheitsversprechen mehr und mehr abschwächt; im hier behandelten Zusammenhang das Versprechen, daß die individuelle wirtschaftliche Zukunft allein über Arbeits- und Leistungsbereitschaft und über die Ansprüche, die sich an ein "Normalarbeitsverhältnis" binden lassen, gesichert werden könnte.[353] Vor allem die Forschungsbefunde zu den veränderten Zeitstrukturen von Erwerbskarrieren[354] deuten jedenfalls nicht daraufhin, daß die Interessen am wirtschaftlichen Risiko schwinden würden. Je anonymer die Regeln, je globaler die Verflechtungen, um so ungewisser wird die Zukunft, auch die Zukunft der Arbeit. Und um so zwingender wird es für den Einzelnen sein - sofern er nicht völlig von eigenen Erwerbschancen ausgeschlossen ist -, die wirtschaftlichen Gefährdungen seiner Position zu registrieren, sie als Risiken eigener Entscheidungen einzuschätzen, seine erwerbsbiographischen Interessen an diesen Risiken zu orientieren - und unternehmerisch zu handeln.

---

352 Berger/Hradil 1990, Mayer, Hrsg., 1990.
353 Mückenberger 1990.
354 Siehe nur Kohli 1989, Hörning/Gerhardt/Michailow 1990, Gross 1991, Brose 1990, Brose/Wohlrab-Sahr/Corsten 1993, S.57-158, Garhammer 1994.

Literatur

Afflerbach, Thorsten (1993), Der berufliche Alltag eines spätmittelalterlichen Hansekaufmanns. Betrachtungen zur Abwicklung von Handelsgeschäften, Frankfurt am Main (Peter Lang).

Alheit, Peter und Bettina Dausien (1992), Biographie - ein "modernes Deutungsmuster"? Sozialstrukturelle Brechungen einer Wissensform der Moderne, in: Meuser, Michael und Reinhold Sackmann (Hrsg.), Analyse sozialer Deutungsmuster. Beiträge zur empirischen Wissenssoziologie, Pfaffenweiler (Centaurus), S. 161-182.

Apel, Karl-Otto und andere (1971), Hermeneutik und Ideologiekritik. Mit Beiträgen von Karl-Otto Apel, Claus v. Bormann, Rüdiger Bubner, Hans-Georg Gadamer, Hans Joachim Giegel, Jürgen Habermas, Frankfurt am Main (Suhrkamp).

Aristoteles (1991), Politik. Buch I. Über die Hausverwaltung und die Herrschaft des Herrn über Sklaven. Übersetzt und erläutert von Eckart Schütrumpf, Berlin (Akademie).

Austin, John L. (1975), How to Do Things with Words, Cambridge (Harvard University Press).

Baecker, Dirk (1987), Das Gedächtnis der Wirtschaft, in: Baecker, Dirk und andere (Hrsg.), Theorie als Passion. Niklas Luhmann zum 60. Geburtstag, Frankfurt am Main (Suhrkamp), S. 519-546.

Baecker, Dirk (1991), Womit handeln Banken? Eine Untersuchung zur Risikoverarbeitung in der Wirtschaft, Frankfurt am Main (Suhrkamp).

Baecker, Dirk (1992), Die Unterscheidung zwischen Kommunikation und Bewußtsein, in: Krohn, Wolfgang und Günter Küppers (Hrsg.), Emergenz. Die Entstehung von Ordnung, Organisation und Bedeutung, Frankfurt am Main (Suhrkamp), S. 217-268.

Baecker, Dirk (1992a), The Writing of Accounting, in: Stanford Literature Review, 9, S. 157-178.

Baecker, Dirk (1993), Die Form der Unternehmung, Frankfurt am Main (Suhrkamp).

Baethge, Martin (1985), Individualisierung als Hoffnung und Verhängnis, in: Soziale Welt, 36, H. 3, S. 299-312.

Bardmann, Theodor M. und Reiner Franzpötter (1990), Unternehmenskultur. Ein postmodernes Organisationskonzept? in: Soziale Welt, 19, H. 4, S. 424-440.

Bartlome, Vinzenz (1988), Die Rechnungsbücher des Wirtes Hans von Herblingen. Als Quelle zur Wirtschaftsgeschichte Thuns um 1400, Bern (Historischer Verein des Kantons Bern).

Bauer, Leonhard und Herbert Matis (1989), Geburt der Neuzeit. Vom Feudalsystem zur Marktgesellschaft, München (dtv).

Bauman, Zygmunt (1995), Moderne und Ambivalenz. Das Ende der Eindeutigkeit, Frankfurt am Main (Fischer).

Baxandall, Michael (1972), Painting and Experience in Fifteenth Century Italy, Oxford (Oxford University Press).

Bec, Christian (1967), Les marchands écrivains. Affaires et humanisme à Florence 1375-1434, Paris - La Haye (Mouton).

Beck, Ulrich (1983), Jenseits von Stand und Klasse? in: Kreckel, Reinhard (Hrsg.), Soziale Ungleichheiten (Sonderband 2 von 'Soziale Welt'), Göttingen (Schwartz), S. 35-74.

Beck, Ulrich (1986), Risikogesellschaft, Frankfurt am Main (Suhrkamp).

Beck, Ulrich und Elisabeth Beck-Gernsheim (1990), Das ganz normale Chaos der Liebe, Frankfurt am Main (Suhrkamp).

Beck, Ulrich und Elisabeth Beck-Gernsheim (Hrsg.) (1994), Riskante Freiheiten, Frankfurt am Main (Suhrkamp).

Becker, Howard S. (1973), Außenseiter. Zur Soziologie abweichenden Verhaltens, Frankfurt am Main (Fischer).

Becker, Howard S. und Anselm L. Strauss (1972), Karriere, Persönlichkeit und sekundäre Sozialisation, in: Luckmann, Thomas und Walter Michael Sprondel (Hrsg.), Berufssoziologie, Köln (Kiepenheuer & Witsch), S. 355-371.

Berger, Peter A. und Stefan Hradil (1990), Die Modernisierung sozialer Ungleichheit - und die neuen Konturen ihrer Erforschung, in: dies. (Hrsg.), Lebenslagen, Lebensläufe, Lebensstile. Sonderband 7 von 'Soziale Welt', Göttingen (Schwartz), S. 3-26.

Berger, Peter L. und Thomas Luckmann (1984), Die gesellschaftliche Konstruktion der Wirklichkeit. Eine Theorie der Wissenssoziologie (amerik. Orig. 1966), Frankfurt am Main (Fischer).

Binswanger, Hans Christoph (1991), Geld und Natur. Das wirtschaftliche Wachstum im Spannungsfeld zwischen Ökonomie und Ökologie, Stuttgart (Ed. Weitbrecht).

Bögenhold, Dieter (1987), Der Gründerboom. Realität und Mythos der neuen Selbständigkeit, Frankfurt am Main (Campus).

Bögenhold, Dieter (1989), Die Berufspassage in das Unternehmertum. Theoretische und empirische Befunde zum sozialen Prozeß von Firmengründungen, in: Zeitschrift für Soziologie, 18, H. 4, S. 263-281.

Bögenhold, Dieter und Udo Staber (1994), Von Dämonen zu Demiurgen? Zur (Re-)Organisation des Unternehmertums in Marktwirtschaften, Berlin (Akademie).

Böhme, Gernot (1985), Anthropologie in pragmatischer Hinsicht. Darmstädter Vorlesungen, Frankfurt am Main (Suhrkamp).

Bohn, Cornelia (1991), Habitus und Kontext: Ein kritischer Beitrag zur Sozialtheorie Bourdieus. Mit einem Vorwort von Alois Hahn, Opladen (Westdeutscher).

Boland, Richard Jr (1989), Beyond the objectivist and the subjectivist: learning to read accounting as text, in: Accounting, Organizations and Society, 14, H. 5/6, S. 591-604.

Boland, Richard Jr (1993), Accounting and the interpretive act, in: Accounting, Organizations and Society, 18, H. 2/3, S. 125-146.

Boltanski, Luc (1990), Die Führungskräfte. Die Entstehung einer sozialen Gruppe, Frankfurt a.M., New York (Campus).

Bourdieu, Pierre (1984), Die feinen Unterschiede. Kritik der gesellschaftlichen Urteilskraft, Frankfurt am Main (Suhrkamp).

Bourdieu, Pierre (1990), Was heißt sprechen? Die Ökonomie des sprachlichen Tausches, Wien (Braumüller).

Braudel, Fernand (1990a), Sozialgeschichte des 15.-18. Jahrhundert. Bd.1: Der Alltag, München (Kindler).

Braudel, Fernand (1990b), Sozialgeschichte des 15.-18. Jahrhundert. Bd.2: Der Handel, München (Kindler).

Braudel, Fernand (1990c), Sozialgeschichte des 15.-18. Jahrhundert. Bd.3: Aufbruch zur Weltwirtschaft, München (Kindler).

Braverman, Harry (1976), Labor and Monopoly Capital. The Degradation of Work in the Twentieth Century, New York (Monthly Review Press).

Brose, Hanns-Georg (1990), Berufsbiographien im Umbruch. Erwerbsverlauf und Lebensführung von Zeitarbeitnehmern, in: Mayer, Karl Ulrich (Hrsg.), Lebensverläufe und sozialer Wandel. Sonderheft 31 der 'Kölner Zeitschrift für Soziologie und Sozialpsychologie', Opladen (Westdeutscher), S. 179-211.

Brose, Hanns-Georg und Bruno Hildenbrand (Hrsg.) (1988a), Vom Ende des Individuums zur Individualität ohne Ende, Opladen (Leske + Budrich).

Brose, Hanns-Georg und Bruno Hildenbrand (1988b), Biographisierung von Erleben und Handeln, in: Brose, Hanns-Georg und Bruno Hildenbrand (Hrsg.), Vom Ende des Individuums zur Individualität ohne Ende, Opladen (Leske + Budrich), S. 11-30.

Brose, Hanns-Georg, Monika Wohlrab-Sahr und Michael Corsten (1993), Soziale Zeit und Biographie. Über die Gestaltung von Alltagszeit und Lebenszeit, Opladen (Westdeutscher).

Brosziewski, Achim (1993a), Eine Fallstudie zur Bedeutung von erwerbswirtschaftlicher Selbständigkeit und unternehmerischem Handeln im Strukturwandel - Interpretative Analyse von vier Interviews mit beruflich Selbständigen. Ms, St. Gallen (Soziologisches Seminar HSG).

Brosziewski, Achim (1993b), Unternehmer verstehen - Erste Ergebnisse von Interviewauswertungen, in: Meulemann, Heiner und Agnes Elting-Camus (Hrsg.), Lebensverhältnisse und soziale Konflikte im neuen Europa. 26. Deutscher Soziologentag Düsseldorf 1992. Tagungsband II, Opladen (Westdeutscher), S. 370-373.

Brosziewski, Achim (1994a), Ein 'moderner Unternehmer' - exemplarisch rekonstruiert, in: Schröer, Norbert (Hrsg.), Interpretative Sozialforschung. Auf dem Wege zu einer hermeneutischen Wissenssoziologie, Opladen (Westdeutscher), S. 198-218.

Brosziewski, Achim (1994b), Expertenschaft in Führungskritik. Zur Semantik und Struktur einer kasuistischen Praxis, in: Hitzler, Ronald, Anne Honer und Christoph Maeder (Hrsg.), Expertenwissen. Die institutionalisierte Kompetenz zur Konstruktion von Wirklichkeit, Opladen (Westdeutscher), S. 104-123.

Bruchhäuser, Hanns P. (1989), Kaufmannsbildung im Mittelalter. Determinanten des Curriculums deutscher Kaufleute im Spiegel der Formalisierung von Qualifizierungsprozessen, Köln (Böhlau).

Bude, Heinz (1984), Rekonstruktionen von Lebenskonstruktionen - eine Antwort auf die Frage, was die Biographieforschung bringt, in: Kohli, Martin und Günther Robert (Hrsg.), Biographie und soziale Wirklichkeit. Neue Beiträge und Forschungsperspektiven, Stuttgart (Metzler), S. 7-28.

Burawoy, Michael (1982), Manufacturing consent. Changes in the labour process under monopoly capitalism, Chicago (Chicago University Press).

Burnham, James (1949), Das Regime der Manager (zuerst 1944), Stuttgart

Burrage, Michael und James Polk (1988), Unternehmer, Beamte und freie Berufe. Schlüsselgruppen der bürgerlichen Mittelschichten in England, Frankreich und den Vereinigten Staaten, in: Siegrist, Hannes (Hrsg.), Bürgerliche Berufe: Zur Sozialgeschichte der freien und akademischen Berufe im internationalen Vergleich, Göttingen (Vandenhoeck & Ruprecht), S. 51-83.

Carruthers, Bruce G. und Wendy Nelson Espeland (1991), Accounting for Rationality: Double-Entry Bookkeeping and the Rhetoric of Economic Rationality, in: American Journal of Sociology, 97, H. 1, S. 31-69.

Cassirer, Ernst (1994), Philosophie der symbolischen Formen. Erster Teil: Die Sprache, Darmstadt (Wissenschaftliche Buchgesellschaft).

Cohen, Patricia Cine (1982), A Calculating People. The Spread of Numeracy in Early America, Chicago/London (University of Chicago Press).

Corsi, Giancarlo (1993), Die dunkle Seite der Karriere, in: Baecker, Dirk (Hrsg.), Probleme der Form, Frankfurt am Main (Suhrkamp), S. 252-265.

Corsten, Michael (1994), Beschriebenes und wirkliches Leben. Die soziale Realität biographischer Kontexte und Biographie als soziale Realität, in: BIOS - Zeitschrift für Biographieforschung und Oral History, 7, H. 2, S. 185-205.

Coulmas, Florian (1992), Die Wirtschaft mit der Sprache. Eine sprachsoziologische Studie, Frankfurt am Main. (Suhrkamp).

Covaleski, Mark A. und Mark W. Dirsmith (1990), Dialectic Tension, Double Reflexivity and the Everyday Accounting Researcher: On Using Qualitative Methods, in: Accounting, Organizations and Society, 15, H. 6, S. 543-573.

Eberle, Thomas Samuel (1984), Sinnkonstitution in Alltag und Wissenschaft. Der Beitrag der Phänomenologie an die Methodologie der Sozialwissenschaften, Bern (Haupt).

Eberwein, Wilhelm und Jochen Tholen (1990), Managermentalität. Industrielle Unternehmensleitung als Beruf und Politik, Frankfurt am Main (FAZ).

Edwards, Richard (1981), Herrschaft im modernen Produktionsprozeß (zuerst 1979), Frankfurt am Main (Campus).

Elias, Norbert (1982), Über den Prozeß der Zivilisation. Soziogenetische und psychogenetische Untersuchungen. Zwei Bände, Frankfurt am Main (Suhrkamp).

Elias, Norbert (1984), Über die Zeit, Frankfurt am Main (Suhrkamp).

Fleck, Ludwig (1980), Entstehung und Entdeckung einer wissenschaftlichen Tatsache, Frankfurt am Main (Suhrkamp).

Foucault, Michel (1977), Überwachen und Strafen. Die Geburt des Gefängnisses, Frankfurt am Main (Suhrkamp).

Foucault, Michel (1987), Der Wille zum Wissen. Sexualität und Wahrheit. Erster Band, Frankfurt am Main (Suhrkamp).

Foucault, Michel (1989a), Der Gebrauch der Lüste. Sexualität und Wahrheit. Zweiter Band, Frankfurt am Main (Suhrkamp).

Foucault, Michel (1989b), Die Sorge um sich. Sexualität und Wahrheit. Dritter Band, Frankfurt am Main (Suhrkamp).

Garhammer, Manfred (1994), Balanceakt Zeit. Auswirkungen flexibler Arbeitszeiten auf Alltag, Freizeit und Familie, Berlin (edition sigma).

Girard, René (1987), Das Heilige und die Gewalt, Zürich (Benziger).

Goethe, Johann Wolfgang von (1983), Wilhelm Meisters Lehrjahre. 2 Bde., Zürich (Kilchberg).

Goffman, Erving (1969), Wir alle spielen Theater. Die Selbstdarstellung im Alltag, München (Piper).

Goffman, Erving (1973), Asyle. Über die soziale Situation psychiatrischer Patienten und anderer Insassen, Frankfurt am Main (Suhrkamp).

Goffman, Erving (1981), Strategische Interaktion, München/Wien (Hanser).

Goffman, Erving (1990), Stigma. Über Techniken der Bewältigung beschädigter Identität, Frankfurt am Main (Suhrkamp).

Goody, Jack (1977), The Domestication of the Savage Mind, Cambridge (Cambridge University Press).

Goody, Jack (1977a), Production and Reproduction: Comparative Study of the Domestic Domain, Cambridge (Cambridge University Press).

Goody, Jack (1987), The Interface between the Written and the Oral, Cambridge (Cambridge University Press).

Goody, Jack (1990), Die Logik der Schriftlichkeit und die Organisation von Gesellschaft, Frankfurt am Main (Suhrkamp).

Grondin, Jean (1994), Der Sinn für Hermeneutik, Darmstadt (Wissenschaftliche Buchgesellschaft).

Gross, Peter (1979), Ist die Sozialwissenschaft eine Textwissenschaft? Zum Problem der Datenkonstitution in der Soziologie, in: Winkler, Peter (Hrsg.), Methoden der Analyse von face-to-face Situationen, Stuttgart (J.B. Metzler'sche Verlagsbuchhandlung),

Gross, Peter (1983), Die Verheißungen der Dienstleistungsgesellschaft. Soziale Befreiung oder Sozialherrschaft? Opladen (Westdeutscher).

Gross, Peter (1988), Die Bedeutung des Selbständigen im Strukturwandel. Der Gründerboom und die Entstehung erwerbswirtschaftlicher Formen von Selbständigkeit. Projektantrag für die Stiftung Volkswagenwerk, Bamberg

Gross, Peter (1991), Arbeitszeit, Freizeit, Lebenszeit. Zur gesellschaftlichen Bedeutung von Arbeitszeitveränderung, in: Friedrich, Peter und Peter Gross (Hrsg.), Arbeitszeitveränderung in wirtschaftlicher, gesellschaftlicher und ethischer Sicht, Baden-Baden (Nomos), S. 11-28.

Gross, Peter und andere (1991), Die Bedeutung des Selbständigen im Strukturwandel. Der Gründerboom und die Entstehung erwerbswirtschaftlicher Formen von Selbständigkeit. Zwischenbericht Nr. 2, Bamberg

Gross, Peter (1994), Die Multioptionsgesellschaft, Frankfurt am Main (Suhrkamp).

Gross, Peter (1995), Abschied von der monogamen Arbeit, in: gdi-impuls, 13, H. 3, S. 31-39.

Habermas, Jürgen (1981a), Theorie des kommunikativen Handelns. Band 1: Handlungsrationalität und gesellschaftliche Rationalisierung, Frankfurt am Main (Suhrkamp).

Habermas, Jürgen (1981b), Theorie des kommunikativen Handelns. Band 2: Zur Kritik der funktionalistischen Vernunft, Frankfurt am Main (Suhrkamp).

Habermas, Jürgen (1985), Die Neue Unübersichtlichkeit, Frankfurt am Main (Suhrkamp).

Habermas, Jürgen (1991), Strukturwandel der Öffentlichkeit. Untersuchungen zu einer Kategorie der bürgerlichen Gesellschaft. Mit einem Vorwort zur Neuauflage (zuerst. 1962), Frankfurt am Main (Suhrkamp).

Hagège, Claude (1987), Der dialogische Mensch. Sprache, Weltbild, Gesellschaft, Hamburg (Rowohlt).

Hahn, Alois (1982), Zur Soziologie der Beichte und anderen Formen institutionalisierter Bekenntnisse: Selbstthematisierung und Zivilisationsprozeß, in: Kölner Zeitschrift für Soziologie und Sozialpsychologie, 34, H. 3, S. 408-434.

Hahn, Alois (1987), Soziologische Aspekte der Knappheit, in: Heinemann, Klaus (Hrsg.), Soziologie wirtschaftlichen Handelns, Opladen (Westdeutscher), S. 119-132.

Hahn, Alois (1987a), Identität und Selbstthematisierung, in: Hahn, Alois und Volker Kapp (Hrsg.), Selbstthematisierung und Selbstzeugnis: Bekenntnis und Geständnis, Frankfurt am Main S. 9-24.

Hahn, Alois (1988), Biographie und Lebenslauf, in: Brose, Hanns-Georg und Bruno Hildenbrand (Hrsg.), Vom Ende des Individuums zur Individualität ohne Ende, Opladen (Leske + Budrich), S. 91-105.

Hahn, Alois und Rüdiger Jacob (1994), Der Körper als soziales Bedeutungssystem, in: Fuchs, Peter und Andreas Göbel (Hrsg.), Der Mensch - das Medium der Gesellschaft? Frankfurt am Main (Suhrkamp), S. 146-188.

Hansen, Klaus P. (1992), Die Mentalität des Erwerbs. Erfolgsphilosophien amerikanischer Unternehmer, Frankfurt am Main (Campus).

Hartmann, Heinz (1964), Funktionale Autorität. Systematische Abhandlung zu einem soziologischen Begriff, Stuttgart (Enke).

Hendriksen, Eldon S. (1977), Accounting theory, Homewood, Ill. (Irwin).

Hildebrandt, Eckart und Rüdiger Seltz (Hrsg.) (1987), Managementstrategien und Kontrolle. Eine Einführung in die Labour Process Debate, Berlin (edition sigma).

Hirschman, Albert O. (1970), Exit, Voice, and Loyalty. Responses to Decline in Firms, Organizations, and States, Cambridge, Mass. (Harvard University Press).

Hirschman, Albert O. (1987), Leidenschaften und Interessen. Politische Begründungen des Kapitalismus vor seinem Sieg, Frankfurt am Main (Suhrkamp).

Hitzler, Ronald (1988), Sinnwelten. Ein Beitrag zum Verstehen von Kultur, Opladen (Westdeutscher).

Hitzler, Ronald (1992), Der Goffmensch. Überlegungen zu einer dramatologischen Anthropologie, in: Soziale Welt, 43, H. 4, S. 449-461.

Hitzler, Ronald und Anne Honer (1992), Hermeneutik als kultursoziologische Alternative, in: Kultursoziologie, 1, H. 2, S. 15-23 (Literaturverzeichnis in Heft 3, S.99-103).

Hitzler, Ronald, Anne Honer und Christoph Maeder (Hrsg.) (1994), Expertenwissen. Die institutionalisierte Kompetenz zur Konstruktion von Wirklichkeit, Opladen (Westdeutscher).

Honer, Anne (1993), Lebensweltliche Ethnographie. Ein explorativ-interpretativer Forschungsansatz am Beispiel von Heimwerker-Wissen, Wiesbaden (Deutscher Universitäts-Verlag).

Hörning, Karl H., Anette Gerhardt und Matthias Michailow (1990), Zeitpioniere. Flexible Arbeitszeiten - neuer Lebensstil, Frankfurt am Main. (Suhrkamp).

Husserl, Edmund (1973), Cartesianische Meditation und Pariser Vorträge. Husserliana Bd.1, hrsg. v. S. Strasser, Den Haag (Nijhoff).

Hutter, Michael und Gunther Teubner (1994), Der Gesellschaft fette Beute. Homo juridicus und homo oeconomicus als kommunikationserhaltende Fiktionen, in: Fuchs, Peter und Andreas Göbel (Hrsg.), Der Mensch - das Medium der Gesellschaft? Frankfurt am Main (Suhrkamp), S. 110-145.

Iacocca, Lee und William Novak (1985), Iacocca. Eine amerikanische Karriere., Düsseldorf und Wien (Econ).

Ifrah, Georges (1992), Die Zahlen. Die Geschichte einer großen Erfindung, Frankfurt am Main (Campus).

Jacoby, Henry (1984), Die Bürokratisierung der Welt, Frankfurt am Main (Campus).

Jungbauer-Gans, Monika und Peter Preissendörfer (1992), Frauen in der beruflichen Selbständigkeit, in: Zeitschrift für Soziologie, 21, H. 1, S. 61-77.

Jungbauer-Gans, Monika (1993), Frauen als Unternehmerinnen. Eine Untersuchung der Erfolgs- und Überlebenschancen neugegründeter Frauen- und Männerbetriebe, Frankfurt am Main (Peter Lang).

Jungfer, Victor (1954), Wandlungen des Unternehmerbegriffs im 20. Jahrhundert, in: Proesler, Hans (Hrsg.), Gestaltwandel der Unternehmung, Berlin (Duncker & Humblot), S. 109-128.

Kießling, Bernd (1994), Kleinunternehmer und Politik in Deutschland. Eine Studie zur politischen Konstitution der Reproduktionsbedingungen und Erfolgschancen kleiner und mittlerer selbständiger Unternehmen in der fortgeschrittenen Industriegesellschaft. Habilitationsschrift, Bielefeld (Fakultät für Soziologie der Universität Bielefeld).

Kilby, Peter (1971), Hunting the Heffalump, in: Kilby, Peter (ed.), Entrepreneurship and economic development, New York (The Free Press), S. 1-40.

Knight, Frank Hyneman (1921), Risk, Uncertainty, and Profit, Reprint Chicago 1971 (University of Chicago Press).

Knoblauch, Hubert (1995), Kommunikationskultur. Die kommunikative Konstruktion kultureller Kontexte, Berlin (de Gruyter).

Knorr-Cetina, Karin (1991), Die Fabrikation von Erkenntnis. Zur Anthropologie der Naturwissenschaft, Frankfurt am Main (Suhrkamp).

Kohli, Martin (1988), Normalbiographie und Individualität. Zur institutionellen Dynamik des gegenwärtigen Lebenslaufregimes, in: Brose, Hanns-Georg und Bruno Hildenbrand (Hrsg.), Vom Ende des Individuums zur Individualität ohne Ende, Opladen (Leske + Budrich), S. 33-53.

Kohli, Martin (1989), Institutionalisierung und Individualisierung der Erwerbsbiographie. Aktuelle Veränderungstendenzen und ihre Folgen, in: Brock, Ditmar und andere (Hrsg.), Subjektivität im gesellschaftlichen Wandel, München S. 249-278.

Koselleck, Reinhart (1989), Vergangene Zukunft: Zur Semantik geschichtlicher Zeiten, Frankfurt am Main (Suhrkamp).

Kotthoff, Hermann und Josef Reindl (1990), Die soziale Lebenswelt kleiner Betriebe, Göttingen (Schwartz).

Kruse, Alfred (1959), Geschichte der volkswirtschaftlichen Theorien, Berlin (Duncker & Humblot).

Kübler, Friedrich (1985), Verrechtlichung von Unternehmensstrukturen, in: Kübler, Friedrich (Hrsg.), Verrechtlichung von Wirtschaft, Arbeit und sozialer Solidarität. Vergleichende Analysen, Frankfurt am Main (Suhrkamp), S. 167-228.

Kuhn, Thomas S. (1988), Die Struktur wissenschaftlicher Revolutionen, Frankfurt am Main (Suhrkamp).

Lambelet, Daniel (1993), Sociologie de l'entreprise: la culture en dernière instance? in: Schweizerische Zeitschrift für Soziologie (Revue suisse de sociologie), 19, H. 1, S. 121-134.

Lavoie, Don (1987), The Accounting of Interpretations and the Interpretation of Accounts: The Communicative Function of "the Language of Business", in: Accounting, Organizations and Society, 12, H. 6, S. 579-604.

Le Goff, Jacques (1988), Wucherzins und Höllenqualen. Ökonomie und Religion im Mittelalter, Stuttgart (Klett-Cotta).

Le Goff, Jacques (1993), Kaufleute und Bankiers im Mittelalter, Frankfurt am Main (Campus).

Lehmann, Hartmut (1988), Asketischer Protestantismus und ökonomischer Rationalismus: Die Weber-These nach zwei Generationen, in: Schluchter, Wolfgang (Hrsg.), Max Webers Sicht des okzidentalen Christentums. Interpretation und Kritik, Frankfurt am Main (Suhrkamp), S. 529-553.

Leitner, Hartmann (1990), Die temporale Logik der Autobiographie, in: Sparn, Walter (Hrsg.), Wer schreibt meine Lebensgeschichte? Biographie, Autobiographie, Hagiographie und ihre Entstehungszusammenhänge, Gütersloh (Mohn), S. 315-359.

Lejeune, Philippe (1982), Autobiographie et histoire sociale au XIXe siècle, in: Revue de l'Institut de Sociologie (Solvay), 55, H. 1-2, S. 209-234.

Lemay, Joseph A. Leo und Paul M. Zall (eds.) (1986), Benjamin Franklin's Autobiography. An Authorative Text. Backgrounds. Criticism, New York (Norton & Co.).

Lempert, Wolfgang (1969), Ideologische Synonyma für "Unternehmer" und ihre Rolle in der wirtschafts- und bildungspolitischen Diskussion, in: Neue Sammlung, 9, S. 443-449.

Lévi-Strauss, Claude (1993), Die elementaren Strukturen der Verwandtschaft, Frankfurt am Main (Suhrkamp).

Light, Ivan (1987), Unternehmer und Unternehmertum ethnischer Gruppen, in: Heinemann, Klaus (Hrsg.), Soziologie wirtschaftlichen Handelns. Sonderheft 28 der Kölner Zeitschrift für Soziologie und Sozialpsychologie, Opladen (Westdeutscher), S. 193-215.

Löffler, Reiner und Wolfgang Sofsky (1986), Macht, Arbeit und Humanität. Zur Pathologie organisierter Arbeitssituationen, Göttingen (Cromm).

Lorei, Annegret (1987), Strukturen unternehmerischen Handelns. Eine Fallrekonstruktion auf der Grundlage der strukturalen Hermeneutik. Diss., Frankfurt am Main (Johann Wolfgang Goethe-Universität).

Luckmann, Thomas (1979), Soziologie der Sprache, in: König, René (Hrsg.), Handbuch der empirischen Sozialforschung. Bd. 13, Stuttgart (Enke), S. 1-116.

Luckmann, Thomas (1986), Grundformen der gesellschaftlichen Vermittlung des Wissens: Kommunikative Gattungen, in: Neidhardt, Friedhelm, M. Rainer Lepsius und Johannes Weiß (Hrsg.), Kultur und Gesellschaft. Kölner Zeitschrift für Soziologie und Sozialpsychologie, Sonderheft 27, Opladen (Westdeutscher), S. 191-211.

Luhmann, Niklas (1973), Zweckbegriff und Systemrationalität. Über die Funktion von Zwecken in sozialen Systemen, Frankfurt am Main (Suhrkamp).

Luhmann, Niklas (1984), Soziale Systeme. Grundriß einer allgemeinen Theorie, Frankfurt am Main (Suhrkamp).

Luhmann, Niklas (1984a), Soziologische Aspekte des Entscheidungsverhaltens, in: Die Betriebswirtschaft, 44, S. 591-603.

Luhmann, Niklas (1989), Die Wirtschaft der Gesellschaft, Frankfurt am Main (Suhrkamp).

Luhmann, Niklas (1989a), Vertrauen. Ein Mechanismus der Reduktion sozialer Komplexität, Stuttgart (Enke).

Luhmann, Niklas (1991), Die Form "Person", in: Soziale Welt, 42, H. 2, S. 166-175.

Luhmann, Niklas (1991a), Soziologie des Risikos, Berlin/New York (de Gruyter).

Luhmann, Niklas (1993), Temporalisierung von Komplexität: Zur Semantik neuzeitlicher Zeitbegriffe, in: ders., Gesellschaftsstruktur und Semantik. Studien zur Wissenssoziologie der modernen Gesellschaft. Band 1, Frankfurt am Main (Suhrkamp), S. 235-300.

Luhmann, Niklas (1993a), Ethik als Reflexionstheorie der Moral, in: ders., Gesellschaftsstruktur und Semantik. Studien zur Wissenssoziologie der modernen Gesellschaft. Band 3, Frankfurt am Main (Suhrkamp), S. 358-447.

Luhmann, Niklas (1994), Liebe als Passion. Zur Codierung von Intimität, Frankfurt am Main (Suhrkamp).

Luhmann, Niklas (1995), Die Behandlung von Irritationen: Abweichung oder Neuheit? in: ders., Gesellschaftsstruktur und Semantik. Studien zur Wissenssoziologie der modernen Gesellschaft. Band 4, Frankfurt am Main (Suhrkamp), S. 55-100.

Maas, Utz (1991), Schriftlichkeit und das ganz Andere: Mündlichkeit als verkehrte Welt der Intellektuellen - Schriftlichkeit als Zuflucht der Nichtintellektuellen, in: Assmann, Aleida und Dietrich Harth (Hrsg.), Kultur als Lebenswelt und Monument, Stuttgart (Fischer), S. 211-232.

Machiavelli, Niccolo (1972), Der Fürst. "Il Principe", übersetzt und herausgegeben von Rudolf Zorn, Stuttgart (Kröner).

Mannheim, Karl (1970), Über das Wesen und die Bedeutung des wirtschaftlichen Erfolgsstrebens. Ein Beitrag zur Wirtschaftssoziologie, in: ders., Wissenssoziologie. Auswahl aus dem Werk, eingeleitet und herausgegeben von Kurt H. Wolff, Neuwied und Berlin (Luchterhand), S. 625-687.

Mannheim, Karl (1985), Ideologie und Utopie, Frankfurt am Main (Klostermann).

March, James G. (1987), Ambiguity and Accounting. The Elusive Link between Information and Decision Making, in: Accounting, Organizations and Society, 12, H. 2, S. 153-168.

Martens, Wil (1989), Entwurf einer Kommunikationstheorie der Unternehmung. Akzeptanz, Geld und Macht in Wirtschaftsorganisationen, Frankfurt am Main (Campus).

Mauss, Marcel (1990), Die Gabe. Form und Funktion des Austauschs in archaischen Gesellschaften, Frankfurt am Main (Suhrkamp).

Mayer, Karl Ulrich (Hrsg.) (1990), Lebensverläufe und sozialer Wandel. Sonderheft 31 der 'Kölner Zeitschrift für Soziologie und Sozialpsychologie', Opladen (Westdeutscher).

Meuser, Michael und Reinhold Sackmann (1992), Zur Einführung: Deutungsmusteransatz und empirische Wissenssoziologie, in: Meuser, Michael und Reinhold

Sackmann (Hrsg.), Analyse sozialer Deutungsmuster. Beiträge zur empirischen Wissenssoziologie, Pfaffenweiler (Centaurus), S. 9-37.

Miller, Peter und Ted O'Leary (1987), Accounting and The Construction of the Governable Person, in: Accounting, Organizations and Society, 12, H. 3, S. 235-265.

Mückenberger, Ulrich (1990), Normalarbeitsverhältnis: Lohnarbeit als normativer Horizont sozialer Sicherheit? in: Sachße, Christoph und H. Tristram Engelhardt (Hrsg.), Sicherheit und Freiheit. Zur Ethik des Wohlfahrtsstaates, Frankfurt am Main; (Suhrkamp), S. 158-178.

Nassehi, Armin (1993), Die Zeit der Gesellschaft. Auf dem Weg zu einer soziologischen Theorie der Zeit, Opladen (Westdeutscher).

Neckel, Sighard (1991), Status und Scham. Zur symbolischen Reproduktion sozialer Ungleichheit, Frankfurt am Main (Campus).

Neckel, Sighard (1994), Gefährliche Fremdheit, in: Ästhetik & Kommunikation, 23, H. 85/86, S. 45-49.

Nuth, Hildegard (1991), Die Figur des Unternehmers in der Phase der Frühindustrialisierung in englischen und deutschen Romanen. Ansätze eines Vergleichs. 2 Bände, Frankfurt am Main (Lang).

Oesterdiekhoff, Georg W. (1993), Unternehmerisches Handeln und gesellschaftliche Entwicklung. Eine Theorie unternehmerischer Institutionen und Handlungsstrukturen, Opladen (Westdeutscher).

Pacioli, Luca (1494), Abhandlung über die Buchhaltung. Nach dem italienischen Original von 1494 ins Deutsche übersetzt von Balduin Penndorf, in: Penndorf, Balduin (Hrsg.), Luca Paccioli. Abhandlung über die Buchhaltung 1494 (zuerst 1933), Nachdruck Stuttgart 1992 (Schäffer-Poeschel), S. 83-157.

Pausch, Alfons (1982), Vom Beutesymbol zur Steuerbilanz. Kleine Kulturgeschichte des Rechnungswesens von der Steinzeit bis zur Datev, Köln (O.Schmidt).

Pausch, Alfons und Johann Heinrich Kumpf (1986), Illustrierte Geschichte des steuerberatenden Berufes, Köln (Deubner).

Penndorf, Balduin (1913), Geschichte der Buchhaltung in Deutschland, Leipzig (Gloeckner).

Penndorf, Balduin (1992), Die italienische Buchhaltung im 14. und 15. Jahrhundert und Paciolis Leben und Werk, in: ders. (Hrsg.), Luca Pacioli. Abhandlung über die Buchhaltung 1494 (zuerst 1933), Nachdruck Stuttgart (Schäffer-Poeschel), S. 1-82.

Piguet, J. -Claude (1972), Les origines comptables de la pensée économique contemporaine, in: Revue européenne des sciences sociales (Cahiers Vilfredo Pareto), 10, H. 27, S. 69-100.

Polanyi, Karl (1990), The Great Transformation. Politische und ökonomische Ursprünge von Gesellschaften und Wirtschaftssystemen, Frankfurt am Main (Suhrkamp).

Power, Michael K. (1991), Educating Accountants: Towards a Critical Ethnography, in: Accounting, Organizations and Society, 16, H. 4, S. 333-353.

Power, Michael K. (1993), The Audit Society, Brüssel (European Institute for Advanced Studies in Management, Working Paper 93-12).

Pross, Helge (1965), Manager und Aktionäre in Deutschland. Untersuchungen zum Verhältnis von Eigentum und Verfügungsmacht, Frankfurt am Main (Europäische Verlagsanstalt).

Pross, Helge (1973), Der Unternehmer, in: Reinisch, Leonhard (Hrsg.), Berufsbilder heute, München (Beck), S. 82-101.

Pross, Helge und Karl W. Boetticher (1971), Manager des Kapitalismus. Untersuchung über leitende Angestellte in Großunternehmen, Frankfurt am Main. (Suhrkamp).

Rarisch, Ilsedore (1977), Das Unternehmerbild in der deutschen Erzählliteratur der ersten Hälfte des 19. Jahrhunderts, Berlin (Colloquium).

Redlich, Fritz (1964), Der Unternehmer. Wirtschafts- und Sozialgeschichtliche Studien, Göttingen (Vandenhoeck & Ruprecht).

Reichertz, Jo (1991), Aufklärungsarbeit. Kriminalpolizisten und Feldforscher bei der Arbeit, Stuttgart (Enke).

Rein, Adolf (1989), Über die Selbstbiographie im ausgehenden deutschen Mittelalter (zuerst 1919), in: Niggl, Günter (Hrsg.), Die Autobiographie. Zu Form und Geschichte einer literarischen Gattung, Darmstadt (WBG), S. 321-342.

Riemann, Gerd und Fritz Schütze (1991), "Trajectory" as a Basic Theoretical Concept for Analyzing Suffering and Disorderly Social Processes, in: Maines, David R. (ed.), Social Organization and Social Process. Essays in Honor of Anselm Strauss, Hawthorne, NY (Aldine de Gruyter), S. 333-356.

Sahlins, Marshall (1974), Stone Age Economics, London (Tavistock).

Savary, Jacques (1675), Le parfait négociant. Ou instruction générale pour ce qui regarde le commerce,

Schelsky, Helmut (1978), Der selbständige und der betreute Mensch. Politische Schriften und Kommentare, Frankfurt am Main (Ullstein).

Schimank, Uwe (1981), Identitätsbehauptung in Arbeitsorganisationen - Individualität in der Formalstruktur, Frankfurt am Main (Campus).

Schimank, Uwe (1988), Biographie als Autopoiesis - Eine systemtheoretische Rekonstruktion von Individualität, in: Brose, Hanns-Georg und Bruno Hildenbrand (Hrsg.), Vom Ende des Individuums zur Individualität ohne Ende, Opladen (Leske + Budrich), S. 55-72.

Schneider, Dieter (1987), Allgemeine Betriebswirtschaftslehre, München (Oldenbourg).

Schröer, Norbert (1992), Der Kampf um Dominanz, Berlin/ New York (de Gruyter).

Schröer, Norbert (Hrsg.) (1994), Interpretative Sozialforschung. Auf dem Wege zu einer hermeneutischen Wissenssoziologie, Opladen (Westdeutscher).

Schumpeter, Joseph A. (1928), Der Unternehmer, in: Handwörterbuch der Staatswissenschaften, 4. Auflage, S. 476-487.

Schumpeter, Joseph A. (1961), Konjunkturzyklen: Eine theoretische, historische und statistische Analyse des kapitalistischen Prozesses, Band 1, Göttingen (Vandenhoeck & Ruprecht).

Schumpeter, Joseph A. (1980), Kapitalismus, Sozialismus und Demokratie (zuerst 1942), München (UTB).

Schumpeter, Joseph A. (1993), Theorie der wirtschaftlichen Entwicklung. Eine Untersuchung über Unternehmergewinn, Kapital, Kredit, Zins und den Konjunkturzyklus (zuerst 1911), Berlin (Duncker & Humblot).

Schütz, Alfred (1971), Gesammelte Aufsätze, Band 1: Das Problem der sozialen Wirklichkeit, Den Haag (Nijhoff).

Schütz, Alfred (1971a), Wissenschaftliche Interpretation und Alltagsverständnis menschlichen Handelns, in: ders., Gesammelte Aufsätze, Band 1: Das Problem der sozialen Wirklichkeit, Den Haag (Nijhoff), S. 3-54.

Schütz, Alfred (1972), Gesammelte Aufsätze, Band 2: Studien zur soziologischen Theorie, Den Haag (Nijhoff).

Schütz, Alfred (1972a), Der Fremde, in: ders., Gesammelte Aufsätze, Band 2: Studien zur soziologischen Theorie, Den Haag (Nijhoff), S. 53-69.

Schütz, Alfred (1981), Der sinnhafte Aufbau der sozialen Welt. Eine Einleitung in die verstehende Soziologie, Frankfurt am Main (Suhrkamp).

Schütz, Alfred (1982), Das Problem der Relevanz, Frankfurt am Main (Suhrkamp).

Schütz, Alfred und Thomas Luckmann (1979), Strukturen der Lebenswelt. Band 1, Frankfurt am Main (Suhrkamp).

Schütz, Alfred und Thomas Luckmann (1984), Strukturen der Lebenswelt. Band 2, Frankfurt am Main (Suhrkamp).

Seidl, Christian (ed.) (1989), Lectures on Schumpeterian Economics. Schumpeter Centenary Memorial Lectures, Berlin (Springer).

Shibutani, Tomatsu (1955), Reference Groups as Perspectives, in: American Journal of Sociology, 60, S. 562-569.

Simmel, Georg (1988), Philosophie des Geldes, Frankfurt am Main (Suhrkamp).

Simmel, Georg (1992), Die quantitative Bestimmtheit der Gruppe, in: ders., Soziologie. Untersuchungen über die Formen der Vergesellschaftung, Frankfurt am Main (Suhrkamp), S. 63-159.

Simmel, Georg (1992a), Der Raum und die räumlichen Ordnungen der Gesellschaft, in: ders., Soziologie. Untersuchungen über die Formen der Vergesellschaftung, Frankfurt am Main (Suhrkamp), S. 687-790.

Simmel, Georg (1992b), Die Kreuzung sozialer Kreise, in: ders., Soziologie. Untersuchungen über die Formen der Vergesellschaftung, Frankfurt am Main (Suhrkamp), S. 456-511.

Simmel, Georg (1993), Das Individuum und die Freiheit, Frankfurt am Main (Fischer).

Soeffner, Hans-Georg (1980), Überlegungen zur sozialwissenschaftlichen Hermeneutik am Beispiel der Interpretation eines Textausschnittes aus einem "freien" Interview, in: Heinze, Thomas, Hans-W. Klusemann und Hans-Georg Soeffner (Hrsg.), Interpretationen einer Bildungsgeschichte, Bensheim (päd.-extra), S. 70-96.

Soeffner, Hans-Georg (1989), Auslegung des Alltags - Der Alltag der Auslegung, Frankfurt am Main (Suhrkamp).

Soeffner, Hans-Georg (1989a), Handlung - Szene - Inszenierung. Zur Problematik des "Rahmen"-Konzeptes bei der Analyse von Interaktionsprozessen, in: ders., Auslegung des Alltags - Der Alltag der Auslegung, Frankfurt am Main (Suhrkamp), S. 140-157.

Soeffner, Hans-Georg (1989b), Emblematische und symbolische Formen der Orientierung, in: ders., Auslegung des Alltags - Der Alltag der Auslegung, Frankfurt am Main (Suhrkamp), S. 158-184.

Soeffner, Hans-Georg (1991), "Trajectory" - das geplante Fragment. Die Kritik der empirischen Vernunft bei Anselm Strauss, in: BIOS, 4, H. 1, S. 1-12.

Soeffner, Hans-Georg (1992a), Luther - Der Weg von der Kollektivität des Glaubens zu einem lutherianisch-protestantischen Individualitätstypus, in: ders., Die Ordnung der Rituale. Die Auslegung des Alltags 2, Frankfurt am Main (Suhrkamp), S. 20-75.

Soeffner, Hans-Georg (1992b), Geborgtes Charisma - Populistische Inszenierungen, in: ders., Die Ordnung der Rituale. Die Auslegung des Alltags 2, Frankfurt am Main (Suhrkamp), S. 177-202.

Soeffner, Hans-Georg (1992c), "Wahrheit" und Entscheidung. Polizeiliche und juridische Wahrheitsfindung, in: Reichertz, Jo und Norbert Schröer (Hrsg.), Polizei vor Ort. Studien zur empirischen Polizeiforschung, Stuttgart (Enke), S. 205-221.

Soeffner, Hans-Georg und Ronald Hitzler (1994), Hermeneutik als Haltung und Handlung. Über methodisch kontrolliertes Verstehen, in: Schröer, Norbert (Hrsg.), Interpretative Sozialforschung. Auf dem Wege zu einer hermeneutischen Wissenssoziologie, Opladen (Westdeutscher), S. 28-54.

Sombart, Werner (1917), Der moderne Kapitalismus. Historisch-systematische Darstellung des gesamteuropäischen Wirtschaftslebens von seinen Anfängen bis zur Gegenwart, München und Leipzig (Duncker & Humblot).

Sombart, Werner (1988), Der Bourgeois. Zur Geistesgeschichte des modernen Wirtschaftsmenschen (zuerst 1913), Reinbek bei Hamburg (Rowohlt).

Staehle, Wolfgang H. (1991), Unternehmer und Manager, in: Müller-Jentsch, Walther (Hrsg.), Konfliktpartnerschaft: Akteure und Institutionen der industriellen Beziehungen., München (Hampp), S. 105-121.

Stehr, Nico (1994), Arbeit, Eigentum und Wissen. Zur Theorie von Wissensgesellschaften, Frankfurt am Main (Suhrkamp).

Stichweh, Rudolf (1994), Fremde, Barbaren und Menschen. Vorüberlegungen zu einer Soziologie der "Menschheit", in: Fuchs, Peter und Andreas Göbel (Hrsg.), Der Mensch - das Medium der Gesellschaft? Frankfurt am Main (Suhrkamp), S. 72-91.

Strauss, Anselm (1974), Spiegel und Masken. Die Suche nach Identität, Frankfurt am Main (Suhrkamp).

Strauss, Anselm (1991), Creating Sociological Awareness. Collective Images and Symbolic Representations, New Brunswick, NJ (Transaction Press).

Strauss, Anselm (1993), Continual Permutations of Action, New York (Aldine de Gruyter).

Strauss, Anselm, Shizuko Fagerhaugh, Barbara Suczek und Carolyn Wiener (1985), Social Organization of Medical Work, Chicago (University of Chicago Press).

Taylor, Frederick W. (1947), The principles of scientific management (orig. 1911), New York (Harper & Row).

Trinczek, Rainer (1993), Trends und Desiderate der soziologischen Managementforschung, in: Meulemann, Heiner und Agnes Elting-Camus (Hrsg.), Lebensverhältnisse und soziale Konflikte im neuen Europa. 26. Deutscher Soziologentag Düsseldorf 1992, Tagungsband II, Opladen (Westdeutscher), S. 144-146.

Trump, Donald J. und Tony Schwartz (1988), Trump. Die Kunst des Erfolges, München (Heyne).

Turner, Roy (1973), Words, Utterance, and Activities, in: Douglas, Jack D. (ed.), Understanding everyday life. Toward the reconstruction of sociological knowledge, London (Routledge & Kegan Paul), S. 169-187.

Veblen, Thorstein (1986), Theorie der feinen Leute. Eine ökonomische Untersuchung der Institutionen, Stuttgart (Fischer).

Weber, Max (1958), Wirtschaftsgeschichte. Abriß der universalen Sozial- und Wirtschaftsgeschichte, Berlin (Duncker & Humblot).

Weber, Max (1976), Wirtschaft und Gesellschaft. Grundriß der verstehenden Soziologie, Tübingen (Mohr).

Weber, Max (1991), Die protestantische Ethik I. Eine Aufsatzsammlung. Herausgegeben von Johannes Winckelmann (8., durchg. Aufl.), Gütersloh (Mohn).

Weiand, Christof (1993), "Libri di famiglia" und Autobiographie in Italien zwischen Tre- und Cinquecento. Studien zur Entwicklung des Schreibens über sich selbst, Tübingen (Stauffenburg).

Weise, Peter (1989), Homo oeconomicus und homo sociologicus. Die Schreckensmänner der Sozialwissenschaften, in: Zeitschrift für Soziologie, 18, H. 2, S. 148-161.

Wendorff, Rudolf (1988), Der Mensch und die Zeit. Ein Essay, Opladen (Westdeutscher).

Wrong, Dennis H. (1961), The Oversozialised Conception of Man in Modern Sociology, in: American Sociological Review, 26, S. 183ff.

Xenophon (1992), Ökonomische Schriften, Berlin (Akademie).

Aus dem Programm
Sozialwissenschaften

Christian Kerst
Unter Druck –
Organisatorischer Wandel
und Organisationsdomänen
Der Fall der Druckindustrie
1997. 250 S. (Studien zur Sozialwissenschaft,
Bd. 179) Kart.
ISBN 3-531-12999-6
In diesem Buch wird das Konzept der Organisationsdomäne entwickelt und auf das Beispiel des technischen Wandels in der Druckindustrie angewendet. Die Digitalisierung der Prozesse in der Druckindustrie führt zu einem Verlust angestammter Funktionen. In einer veränderten Umwelt müssen sich die Unternehmen neu verorten.

Johannes Feest / Wolfgang Lesting /
Peter Selling
Totale Institution
und Rechtsschutz
Eine Untersuchung zum Rechtsschutz
im Strafvollzug
1997. 254 S. Kart.
ISBN 3-531-12998-8
Die Untersuchung geht der Frage nach, wie effektiv der gerichtliche Rechtsschutz für Strafgefangene ist. Mittels quantitativer und qualitativer Analyse werden exemplarisch die Hindernisse für einen effektiven Rechtsschutz in totalen Institutionen aufgezeigt und vor allem die behördlichen Strategien der Behinderung und Verhinderung von Gefangenenbeschwerden dargestellt. Die Untersuchung schließt mit kriminalpolitischen Vorschlägen zur Verbesserung der negativen Rechtsschutzbilanz.

Gotthard Bechmann (Hrsg.)

RISIKO
UND GESELLSCHAFT

GRUNDLAGEN UND ERGEBNISSE
INTERDISZIPLINÄRER RISIKOFORSCHUNG

2. Auflage   Westdeutscher Verlag

Gotthard Bechmann (Hrsg.)
Risiko und Gesellschaft
Grundlagen und Ergebnisse interdisziplinärer
Risikoforschung
2. Aufl. 1997. XXX, 402 S. Kart.
ISBN 3-531-13029-3
War die Risiko-Forschung am Anfang auf die Kosten-Nutzen-Rechnung eines Unfallgeschehens oder auf die Fragen der Risikoakzeptanz beschränkt, so zeigte sich bald, daß im Zeitalter der Großtechnologien Fragen der gesellschaftlichen, moralischen und politischen Implikationen von technischen Unfällen und Katastrophen nicht mehr auszuweichen ist. Das Buch dokumentiert die Ausweitung der Risikoforschung von einem naturwissenschaftlichen Ansatz der probabilistischen Risikoanalyse über stärker ökonomisch orientierte Untersuchungen bis hin zu psychologischen und soziologischen Fragestellungen, die die Frage nach der gesellschaftlichen Akzeptanz neuer Technologien in das Zentrum ihrer Forschung stellen.

WESTDEUTSCHER VERLAG
Abraham-Lincoln-Str. 46 · 65189 Wiesbaden
Fax (06 11) 78 78 - 420

MIX

Papier aus verantwortungsvollen Quellen
Paper from responsible sources
FSC® C105338

If you have any concerns about our products,
you can contact us on
ProductSafety@springernature.com

In case Publisher is established outside the EU,
the EU authorized representative is:
**Springer Nature Customer Service Center GmbH
Europaplatz 3, 69115 Heidelberg, Germany**

Printed by Libri Plureos GmbH
in Hamburg, Germany